国家社科基金
后期资助项目

中国本土会计管理观与会计理论创新

Innovation of the Accounting Theory: Based on Chinese Native Accounting Management View

曾雪云　著

中国人民大学出版社
·北京·

国家社科基金后期资助项目
出版说明

　　后期资助项目是国家社科基金设立的一类重要项目，旨在鼓励广大社科研究者潜心治学，支持基础研究多出优秀成果。它是经过严格评审，从接近完成的科研成果中遴选立项的。为扩大后期资助项目的影响，更好地推动学术发展，促进成果转化，全国哲学社会科学工作办公室按照"统一设计、统一标识、统一版式、形成系列"的总体要求，组织出版国家社科基金后期资助项目成果。

全国哲学社会科学工作办公室

序

20世纪80年代，我国会计学界就"会计是什么"展开了广泛而深入的讨论，形成了"会计是信息系统"（信息系统论）和"会计是管理活动"（管理活动论）这两种代表性的观点。西方国家在财务会计概念和理论构建，以及会计准则制定过程中，偏重于强调会计的信息系统职能，而基本没有体现会计的管理活动职能。我国虽曾提出会计管理活动思想，但财务会计概念和理论的发展，以及会计准则的制定，基本是在"借用"西方国家的既有成果。尤其是在企业会计准则国际趋同的过程中，除了极少数情况下保持我国会计准则的独特性之外，绝大多数情况下是引入国际会计准则。因此，在我国企业会计准则制定过程中，基本上不需要中国本土会计理论的指导，这就意味着本土会计理论研究的现实需求是不足的。

曾雪云教授围绕"会计有何功用"这一基本问题，长期耕耘，不断求索，继承发展，创新思维，独立撰写了著作《中国本土会计管理观与会计理论创新》。该书以会计职能为逻辑起点，以中国本土会计管理思想为基本指针，力求基于中国制度背景来完善和改进会计理论。该书立足于中国本土的会计管理观，证实公允价值的可实现性机理，提出预期会计理念，阐述利润表的重要性和报表需求的多样性，辨析前瞻性信息的计量有用性和市价法的计量缺陷，颇具前沿性和思想性。我认为，该书的出版不仅为学术界提供了研究会计理论的新视角，为会计学博士和硕士研究生提供了理论学习的重要参考教材，同时也为准则制定机构和执行主体（如上市公司）提供了理论指导和应用参考。

希望该书的出版能够引起更多同行学者深入研究中国本土会计理论的兴趣和热情,为最终形成中国特色的会计理论体系贡献智慧和力量。

陆正飞

于燕园

前　言

　　会计的理论工具和方法体系如何适应不断发展变化的经济活动，这是重大基础理论课题。在既有的通用财务报告目标下，会计理论与实践的冲突正在变得愈发明显。美国会计学家列夫（Baruch Lev）和谷丰（Feng Gu）在《会计的没落与复兴》（*The End of Accounting and the Path Forward for Investors and Managers*）一书中，指出了这一问题的严重性。他们以大量事实和数据作为佐证，讨论了财务报告在向市场传递估值信息时的功能弱化。面对这一严峻挑战，本书从会计的职能出发，强调建立具有中国特色的会计理论与实践体系，以更好适应和服务于经济社会的发展。

　　会计有何功用？本书围绕这一基本问题，扎根中国制度背景，立足本土会计思想，以会计的管理职能为逻辑起点，力求完善现行会计理论。长期以来，国际会计准则理事会（IASB）和美国财务会计准则委员会（FASB）引领了会计准则的制定，形成了以《财务报告概念框架》（以下简称"概念框架"）和《国际会计准则》为基础的规范体系。但现有规范体系并没有完整解释和定义会计的功能和角色。特别是在 IASB 和 FASB 的规范体系中，鲜有论述会计的属性、会计的职能、会计的本质等基本问题。事实上，我国与西方会计理念不同。我国素有"大会计"观念，学者们普遍认同会计是管理活动。本书正是在这一思想下，从会计的职能角度展开论述，提出会计具有反映和规制两个基本职能的双重功用观，挖掘本土会计理念对于完善国际会计理论的意义。

　　全书分为上中下三篇。其中，上篇围绕财务报告概念框架展开，共有五章四个方面的理论内容。它们分别是：

（1）评议现行概念框架。分析现行财务报告概念框架的困境，深层原因在于其目标设定偏重于通用财务报告的外部决策有用性，较为忽视会计的管理有用性。本书提出会计信息作为公共品应有利于各利益相关方的决策，也包括助益国家经济和金融发展。但现行《财务报告概念框架》缺乏对这些管理实践的容纳，建议编制"会计管理报告"，以弥补通用财务报告的缺陷。

（2）探索中国本土情境。从国家管理体制、公司治理结构、企业发展角度，论证中国的会计管理体制更有助于会计对内管理职能的发挥，提出应把长远发展和价值创造放在概念框架中并作为会计的目标之一。这是中国以国有企业为主导、以大股东控制为特征的公司治理结构决定的。

（3）构建会计管理理论。论证会计的逻辑起点、利润表的重要性、会计与经济的深层关系，提议在现行概念框架中增加职能导向。推演利润表的理论改进，论证财务报表使用者的多样性引致信息需求的差异化，提出新的报告理念和收益结构三重划分原则，提议通过改进利润表来整合会计的职能，以切实提升会计在宏观经济管理与国家治理层面的有用性。

（4）探索社会会计理论。阐述社会会计视域下的会计职能与理论建构，提出社会会计视域下的新职能主要有报告国家资产负债表、报告自然资源和环境、报告生物多样性、报告并核算数据资源。这些新职能将从概念和技术两个层面拓展财务报告概念框架，进一步延展会计在适应商业模式变革、信息技术变革、管理理念变革方面的有用性和实践意义。

书稿的中篇聚焦公允价值会计，共有七章四个方面的内容。概述如下：

（1）拓展金融行为研究。研究金融危机和公允价值会计双重影响下的证券投资行为，论证管理层的公允价值会计策略和金融危机应对行为。此前研究普遍以公允价值信息为研究对象，局限于会计信息的决策有用性，而较少解读公允价值会计准则的制度后果。本论著开拓了公允价值会计下的公司金融行为研究，从这一新视域诠释会计的功用。

（2）提出可实现性机理。提出公允价值信息的决策有用性存在数据可得性、收益相关性、交易活跃度、价格平稳度等四个约束条件，论证收益可实现性是公允价值信息产生决策有用性的作用机理，讨论可实现性作为会计信息决策有用性机理的一般意义，指出公允价值信息决策有用性的缺陷在于计量不确定性。

（3）证实可实现性机理。探索可实现性机理的实证研究，首度证实公允价值信息决策有用性的内在逻辑在于可实现性。研究公允价值信息的不确定性及金融风险，分析计量误差和市场波动两类信息风险。

（4）公允价值概念辨析。分析公允价值会计的形成过程、概念基础、计量特征、准则发展历程及采用过程。给出公允价值信息决策有用性的优化建议，包括优化计量工具、增加披露内容、调整披露位置、完善公司治理和完善市场环境五个关键方面。

书稿的下篇围绕预期会计展开分析，共有六章三个方面的内容。概述如下：

（1）预期会计基础概念。将预期会计定义为基于未来事项估计资产或负债现行价值的计量活动；对预期会计与公允价值会计以及类公允价值会计进行辨析，三者都有未来现金流预期，但预期会计以前瞻性信息为计量基础。分析现行《财务报告概念框架》中有关前景评价目标、前瞻性信息、资产定义、现行价值的概念，并从中提炼出与预期相关的内容。

（2）预期会计实践分析。分析决策有用性计量观下的金融估值理念，从会计与经济的关系以及会计在经济体系中的作用两方面探究预期会计；强调可实现性和混合计量模式在预期会计理论建构中的作用，并提出概念框架改进建议。

（3）预期会计理论建构。探究预期会计的理论建构，规划四个限定条件和三个适用情境，解析预期会计在减轻公允价值会计顺周期效应上的作用。

综上所述，本书作为一部立足于本土会计思想的学术著作，开宗明义地提出会计理论的逻辑起点在于会计的功用，并从多个重要方面进行了开拓性研究。一是基于本土会计思想阐述了现行概念框架的痛点和深层原因（理论设定缺失、管理体制缺失、计量工具缺失）。二是提出职能导向概念框架的设想，提议编制内部管理报表和改进利润表。三是论证公允价值会计决策有用性的约束条件，实证检验其决策有用性的机理在于可实现性，阐述公允价值会计下的证券投资行为并得到"金融危机应对策略"的解释，提出公允价值会计优化方案。四是定义了预期会计这个新的计量方式，解释了预期会计与公允价值会计的异同，探讨了预期会计对于减轻公允价值会计的顺周期效应的有用性。这些内容对于完善会计理论和更好发挥会计在经济体系中的作用具有重要学术价值及实践意义。

最后，您的建议和任何我的疏漏，请邮件联系 zengxueyun@bupt.edu.cn。谢谢。

曾雪云

于学清苑

目　录

第1章　导　论 ⋯⋯⋯⋯⋯⋯⋯⋯⋯⋯⋯⋯⋯⋯⋯⋯⋯⋯⋯⋯⋯⋯⋯⋯ 1
　　1.1　研究背景与基础 ⋯⋯⋯⋯⋯⋯⋯⋯⋯⋯⋯⋯⋯⋯⋯⋯⋯⋯⋯ 1
　　1.2　研究问题与目标 ⋯⋯⋯⋯⋯⋯⋯⋯⋯⋯⋯⋯⋯⋯⋯⋯⋯⋯⋯ 3
　　1.3　研究方法与数据 ⋯⋯⋯⋯⋯⋯⋯⋯⋯⋯⋯⋯⋯⋯⋯⋯⋯⋯⋯ 5
　　1.4　研究内容与框架 ⋯⋯⋯⋯⋯⋯⋯⋯⋯⋯⋯⋯⋯⋯⋯⋯⋯⋯⋯ 7
　　1.5　研究意义与启示 ⋯⋯⋯⋯⋯⋯⋯⋯⋯⋯⋯⋯⋯⋯⋯⋯⋯⋯⋯ 9
　　1.6　学术创新及不足 ⋯⋯⋯⋯⋯⋯⋯⋯⋯⋯⋯⋯⋯⋯⋯⋯⋯⋯ 10

上篇　本土会计管理理念与财务报告概念框架优化

第2章　现行财务报告概念框架的困境与争议 ⋯⋯⋯⋯⋯⋯⋯⋯⋯ 15
　　2.1　制度缺失 ⋯⋯⋯⋯⋯⋯⋯⋯⋯⋯⋯⋯⋯⋯⋯⋯⋯⋯⋯⋯⋯ 16
　　2.2　学术争议 ⋯⋯⋯⋯⋯⋯⋯⋯⋯⋯⋯⋯⋯⋯⋯⋯⋯⋯⋯⋯⋯ 28

第3章　论会计的对内管理职能 ⋯⋯⋯⋯⋯⋯⋯⋯⋯⋯⋯⋯⋯⋯ 34
　　3.1　从会计管理体制做分析 ⋯⋯⋯⋯⋯⋯⋯⋯⋯⋯⋯⋯⋯⋯⋯ 35
　　3.2　从公司治理做分析 ⋯⋯⋯⋯⋯⋯⋯⋯⋯⋯⋯⋯⋯⋯⋯⋯⋯ 37
　　3.3　从企业发展做分析 ⋯⋯⋯⋯⋯⋯⋯⋯⋯⋯⋯⋯⋯⋯⋯⋯⋯ 40

第4章　在职能导向下完善财务报告概念框架 ⋯⋯⋯⋯⋯⋯⋯⋯⋯ 44
　　4.1　职能导向概念框架的理论基础 ⋯⋯⋯⋯⋯⋯⋯⋯⋯⋯⋯⋯ 45
　　4.2　职能导向概念框架的现实基础 ⋯⋯⋯⋯⋯⋯⋯⋯⋯⋯⋯⋯ 51
　　4.3　在职能导向下改进利润表 ⋯⋯⋯⋯⋯⋯⋯⋯⋯⋯⋯⋯⋯⋯ 58
　　4.4　概念框架的适应性拓展 ⋯⋯⋯⋯⋯⋯⋯⋯⋯⋯⋯⋯⋯⋯⋯ 65

第 5 章　在社会会计视域下拓展财务报告概念框架 …………… 71
5.1　本土会计管理观下的社会会计视域 ……………………… 71
5.2　社会会计视域下的财务报告 ………………………………… 73
5.3　社会会计视域下的前景分析 ………………………………… 80

第 6 章　上篇总结 ……………………………………………………… 88

中篇　本土会计管理理念与公允价值会计优化

第 7 章　公允价值会计的理论基础 …………………………………… 93
7.1　公允价值会计的形成过程 …………………………………… 93
7.2　公允价值会计的概念基础 …………………………………… 95
7.3　公允价值会计的计量特征 …………………………………… 102

第 8 章　公允价值会计的决策有用性 ………………………………… 107
8.1　约束条件 ………………………………………………………… 108
8.2　决策有用性机理 ………………………………………………… 114
8.3　决策有用性优化 ………………………………………………… 119

第 9 章　公允价值的可实现性 ………………………………………… 126
9.1　引　言 …………………………………………………………… 126
9.2　文献述评与理论分析 …………………………………………… 128
9.3　研究设计 ………………………………………………………… 132
9.4　描述性统计 ……………………………………………………… 134
9.5　"股灾前"实证检验 …………………………………………… 137
9.6　"股灾后"实证检验 …………………………………………… 144
9.7　结论与启示 ……………………………………………………… 151

第 10 章　公允价值的计量不确定性 ………………………………… 153
10.1　计量不确定性下的财务行为 ………………………………… 153
10.2　公允价值的信息风险来源 …………………………………… 155
10.3　公允价值信息风险的证据 …………………………………… 157

第 11 章　公允价值会计下的避税行为 ……………………………… 162
11.1　引　言 ………………………………………………………… 162

11.2　文献与理论分析 ………………………………………… 163
　　11.3　避税动机检验 …………………………………………… 165
　　11.4　结论与建议 ……………………………………………… 166

第12章　公允价值会计下的金融危机应对 ……………………… 168
　　12.1　引　言 …………………………………………………… 168
　　12.2　制度背景与理论分析 …………………………………… 172
　　12.3　研究设计 ………………………………………………… 177
　　12.4　描述性统计 ……………………………………………… 181
　　12.5　实证检验 ………………………………………………… 186
　　12.6　进一步研究 ……………………………………………… 193
　　12.7　结论与讨论 ……………………………………………… 195

第13章　中篇总结 ………………………………………………… 198

下篇　本土会计管理理念与预期会计理论建构

第14章　预期会计的概念基础 …………………………………… 203
　　14.1　预期会计概念的提出 …………………………………… 203
　　14.2　预期会计概念的辨析 …………………………………… 204
　　14.3　预期会计的研究进展 …………………………………… 208

第15章　极致公允主义下的预期会计构想 ……………………… 210
　　15.1　极致的预期构想 ………………………………………… 210
　　15.2　对极致构想做评议 ……………………………………… 215

第16章　财务报告概念框架中的预期理念 ……………………… 220
　　16.1　前景评价目标 …………………………………………… 220
　　16.2　前瞻性信息 ……………………………………………… 221
　　16.3　潜在经济利益 …………………………………………… 222
　　16.4　现值计量技术 …………………………………………… 224

第17章　基于会计管理观诠释预期会计 ………………………… 227
　　17.1　会计与经济的关系 ……………………………………… 227
　　17.2　会计在经济体系中的作用 ……………………………… 229

17.3 预期会计的理论导向 ………………………………… 230

第 18 章 基于会计管理观建构预期会计理论 ………………… 233
 18.1 预期会计的应用基础 …………………………………… 233
 18.2 预期会计的列报方式 …………………………………… 237
 18.3 前景评价目标下的未来财务报表 ……………………… 240
 18.4 预期会计的未来职能 …………………………………… 244

第 19 章 下篇总结 ………………………………………………… 247

参考文献 …………………………………………………………… 249

第 1 章　导　论

1.1　研究背景与基础

本书第一个背景是当前正在崛起的中国道路自信、理论自信、制度自信和文化自信。党的十八届三中全会以来，习近平总书记多次提到中国文化与思想价值，强调了建立我国哲学社会科学自主知识体系的重要性。国家的政策导向增加了学术界对于本土会计思想、基础概念和会计管理体制的价值认同。这也是中国经济高速发展和综合实力增长的必然体现。在新的时代背景下，应基于中国本土会计思想创新基础概念和基础理论，来应对当前会计理论体系面临的重大挑战。

本书第二个背景是现行会计理论体系正在面临的困惑与挑战。近年来，会计基础理论建构，特别是概念框架和会计准则在决策有用性目标的推动下，有越来越偏重资本市场和金融估值的趋势。这导致会计作为一门独立学科与金融学和估值理论的界限模糊，约束了对会计的职能、属性、作用等基础理论问题的理解和定义。同时，当前的会计基础理论正面临一系列挑战，突出表现在通用财务报告的复杂性与职能缺失、资产负债表理念与收益实现理念的冲突、相关性原则与稳健性原则的冲突、会计信息对于估计宏观经济与加强公共监管方面的低有用性等五个方面。现行理论体系的局限性与挑战需要寻求基础概念和基础理论的创新，以更好地适应、规范和指导会计的实践活动。

本书第三个背景是本土会计管理理念对于改进现行会计学的基础概念和基础理论的独特价值。在现行会计理论体系中，一个不可忽略的基础假设，就是信息技术观坚持认为会计是经济体系的外部因素，会计信息是一个反映系统，会计准则坚持中立性，不偏向任何一方，包括国家利益、经济发展、金融稳定似乎都只是财务报告主体的责任，而与采用何种会计制度无关。信息技术观的基本观点归为一句话就是：会计的反映性形同一面镜子，会计信息决策有用性的基础在于尽可能充分地反映经济和业务的原貌。这种纯粹以会计为信息技术的理念是否完整地解释了会计的职能与角色呢？

这不是一个新话题。早在20世纪80年代，国内学者就提出了"会计管理"的概念，并发展了会计管理活动论思想体系。杨纪琬和阎达五（1980）基于中国特色社会主义经济体系提出"会计管理活动论"，认为会计本身具有管理职能。会计工作离不开会计管理，会计管理职能与会计监督职能密不可分（杨纪琬、阎达五，1982）。王世定（1993）提出管理活动论具有哲学基础，从辩证关系角度指出会计的反映和控制职能相辅相成，会计具有技术属性和社会属性。会计管理活动论对于促进会计职能的发展以及提高会计人员的地位起着积极作用（戴德明等，2005）。会计管理概念具有未来前景（曾雪云，2011）。会计管理活动论克服了信息系统论的缺陷，使会计理论的研究有实质性进展，为发挥会计职能奠定了基础（叶康涛等，2020）。

并且，国内持信息技术观的学者并不反对会计具有管理参与性。现代会计要向参与管理、参与决策等高级职能方向发展，这是大势所趋（裘宗舜，1985）。信息系统论与管理活动论的观点在日趋接近（吴水澎，1987；葛家澍，2000）。信息系统论承认会计是管理活动的一部分，认为会计通过提供决策有用的信息和管理咨询服务参与管理活动（葛家澍，2000）。管理工作实质上是信息处理加工的过程，而任何一种信息的处理加工都离不开会计，因此会计参与管理活动与把其定义为信息系统，这两者在逻辑上并无矛盾（裘宗舜，1985）。葛家澍在《会计基础知识》一书中指出："会计工作是会计机构和会计人员提供会计信息、实行控制和监督、参与各项经济和财务决策的活动，是一项必不可少的经济管理工作。在此意义上，会计可以理解为一种管理活动。"

本书第四个背景是近年来本土会计学者对会计管理职能的强调日益增加。会计管理职能的重要性逐渐凸显，正在成为社会领域的共同需要（葛家澍、高军，2013）。并且，数字化转型还会促进会计管理职能的发挥，以及对会计管理职能提出更高要求。现阶段的会计已经不再局限于反映和监督职能，还增加了分析、评价、预测和决策等方面的管理职能（曾雪云，2016b；吴水澎，2020；曾雪云，2021）。

综上所述，在当前背景下，基于中国本土的会计管理理念深入系统地分析现行会计理论的缺陷与挑战，创新会计理论，更好发挥会计的管理职能，为在全球范围内完善概念框架和会计准则做出贡献，这是本书的初衷。

1.2 研究问题与目标

以国际财务报告准则（International Financial Reporting Standards，IFRS）和国际会计准则（International Accounting Standards，IAS）为指引的目标导向会计理论体系，致力于在全球范围内提供通用会计概念和计量理论，对于提升全球主要国家的会计信息质量和会计信息有用性做出了重要贡献。中国是国际财务报告准则基金会的成员，在国际会计准则理事会（International Accounting Standards Board，IASB）的 14 个常任理事中代表亚太地区占有 1 席，是全球会计治理体系与规则体系的建设者、推行者，也是领导者。在全球合作与融通日益深化的国际治理环境下，完善和创新会计理论体系，应对商业模式变革和信息技术挑战，适应新经济的发展，服务于经济质量的提升，是我国学者的历史使命。

本研究并不试图重建会计理论框架，而是旨在立足于当前经济金融和信息技术的实践活动，提出完善会计理论的若干构想。核心理念是阐述职能导向财务报告，并基于职能导向论证"会计管理"的重要性。这一研究目标建立在两个基础假设之上。一是会计信息作为公共品,不应局限于为资本市场服务,而应有利于各利益相关主体的决策,其中也包括国家经济和金融发展。二是相对于西方国家特别是美国而言,中国的会计管理体制、公司治理结构、企业发展目标更有利于突显会计的管理职能,从而为理解职能导向财务报告理念提供了重要的实践基础。以此为原点,本书的研究由一系列逻辑紧密且层层递进的研究问题所引导。现对其中的关键性研究问题,依篇章的结构安排分述如下:

上篇是关于概念框架的研究,主要研究问题包括:

(1) 从安然事件到金融危机,灾难性事件一再把会计推到"风口浪尖",引发了关于会计信息估值有用性和公允价值会计加速器效应的质疑。如何思考与之相关的重大理论问题?

(2) 怎么看待现行财务报告概念框架存在的问题?深层原因何在?深层的制度渊源是什么?在不改变现行概念框架主体架构的情况下,如何优化和完善?

(3) 如何立足中国国情在概念框架层面改进会计理论和会计的制度设计,以有效发挥会计对于金融稳定和经济高质量发展的护航作用,并有效缓解顺周期效应?以职能导向完善目标导向概念框架的关键性理论问题有哪些?

(4) 在社会会计视域下,会计有哪些新职能?这些新职能将如何拓展财务报告概念框架?概念框架拓展后将在哪些方面提升会计信息的适应性?

中篇是关于公允价值会计的研究,主要研究问题包括:

(1) 公允价值的内在含义是什么?公允价值信息从表外披露到表内计量经历了怎样的进程?公允价值会计的准则体系是如何发展的?有何计量特征?相对于成本会计而言,公允价值会计的计量原则作何解释?我国如何采用公允价值会计?

(2) 公允价值信息的决策有用性是内生的,还是有约束条件?从实证研究中可以发现决策有用的规律性和边界条件吗?可否从共有的约束条件中提炼出具有一般意义的决策有用性机理?

（3）应从哪些方面优化公允价值信息的决策有用性？

（4）本著作提出的"可实现性"机理，是否适应其他计量属性？可否通过实证研究加以检验？

（5）公允价值计量的不确定性，若不加以限制将会导致怎样的后果？不确定性有哪些信息风险来源？现有经验证据得到了哪些关于公允价值信息风险的解释？

（6）公允价值会计作为一种制度安排，对企业的投融资行为有何影响？金融危机期间，上市公司在公允价值会计下都有怎样的金融投资行为？有无发挥应对金融危机的作用？公允价值会计在其中扮演了什么角色？

下篇是关于预期会计的研究，主要研究问题包括：

（1）如何定义预期会计概念？如何解释预期会计的含义和计量特征？预期会计与公允价值会计以及类公允价值会计在计量方面的异同何在？

（2）若采用全面公允价值会计，财务报表将如何变化？将导致什么样的后果？

（3）《财务报告概念框架》修订稿（IASB 于 2018 年正式发布）中，有无预期理念？具有哪些预期理念？有何积极意义？

（4）会计的管理职能对预期会计的采用有约束吗？从会计与经济的互动关系出发，怎么分析这一问题？从会计在经济体系中的功能性出发，又将如何分析？

（5）考虑了会计在经济体系中的宏观管理职能后，预期会计的理论范畴如何建构？适用条件如何界定？如何披露预期损失和预期收益？是表内确认还是表外披露？未来财务报表如何改变？预期会计有望减轻公允价值会计的顺周期效应吗？

1.3 研究方法与数据

本书采用定性研究与定量研究相结合的方法。首先，在定性研究方面，通过梳理与各项内容有关的理论、观点和实证证据以及通过文献梳理和案例分析，提出研究问题、理论假设，展开逻辑分析，阐明分析意见。然后，在定量研究方面，实证研究是当今会计信息与资本市场领域被广泛采用的方法，本书也通过实证研究对关键理论问题加以检验和证实。对主要研究方法具体说明如下：

（1）文献研究法。本书是在大量阅读与长期思考的基础上形成的。本书稿共引用国内外会计学、金融学和经济学的重点文献252篇，实际阅读文献超300篇。这些文献包括对《财务报告概念框架》的形成、变更、修订等内容的系统梳理，特别是对IASB 2015年发布的《财务报告概念框架（征求意见稿）》进行深度分析，以及对公允价值会计准则从形成到变迁进行系统梳理。

（2）案例研究方法。本书选取了大量有代表性的公司以获得丰富的资料。在案例的选取上，力求找到影响重大的上市公司作为分析对象。其中，第4章列举了长江电力（600900）的案例，提出了基于未来资产的现时交易如何定价的问题。第7章分析了獐子岛（002069）巨额存货损失事件。第11章讲述了一个利用公允价值会计进行避税操作和盈亏时机管理的典型案例。第18章分析"用于反映预期损益的几种列报方式"时，列举了怡球资源（601388）海外并购案例。

（3）实证研究方法。本书第9章和第12章采用了实证研究方法。其中既有Probit回归分析、Logit回归分析、OLS回归分析、双重差分模型（difference-in-differences model，DID），也包括单变量检验和ANOVA分析。本项目实证检验的数据来源如下：一是上市企业的财务报表数据，从国泰安CSMAR数据库和Wind数据库收集。二是上市企业的金融投资数据，从上市公司年度报告和季度报告中手工收集。数据内容有：可供出售金融资产公允价值变动损益期末数、可供出售金融资产处置及结转损益表的时点和金额、交易性金融资产处置而结转投资收益的时点和金额、可供出售金融资产的组成成分、交易性金融资产的组成成分等。三是市场流动性方面的数据，从国泰安CSMAR数据库、Wind数据库、同花顺金融研究数据库采集。

1.4 研究内容与框架

本研究由导论和上、中、下三篇构成。导论是对研究背景与基础、研究问题与目标、研究方法与数据、研究内容与框架、研究意义与启示，以及创新与不足的阐述，以便读者整体把握和引导式阅读。在篇章结构上，财务报告概念框架是会计理论的基石，计量基础是会计理论的核心，两者共同影响和决定了会计理论的其他内容。鉴于此，本研究选择对概念框架、公允价值会计和预期会计展开基础理论研究，而非着重于具体会计准则。

书稿的研究框架如图1-1所示。

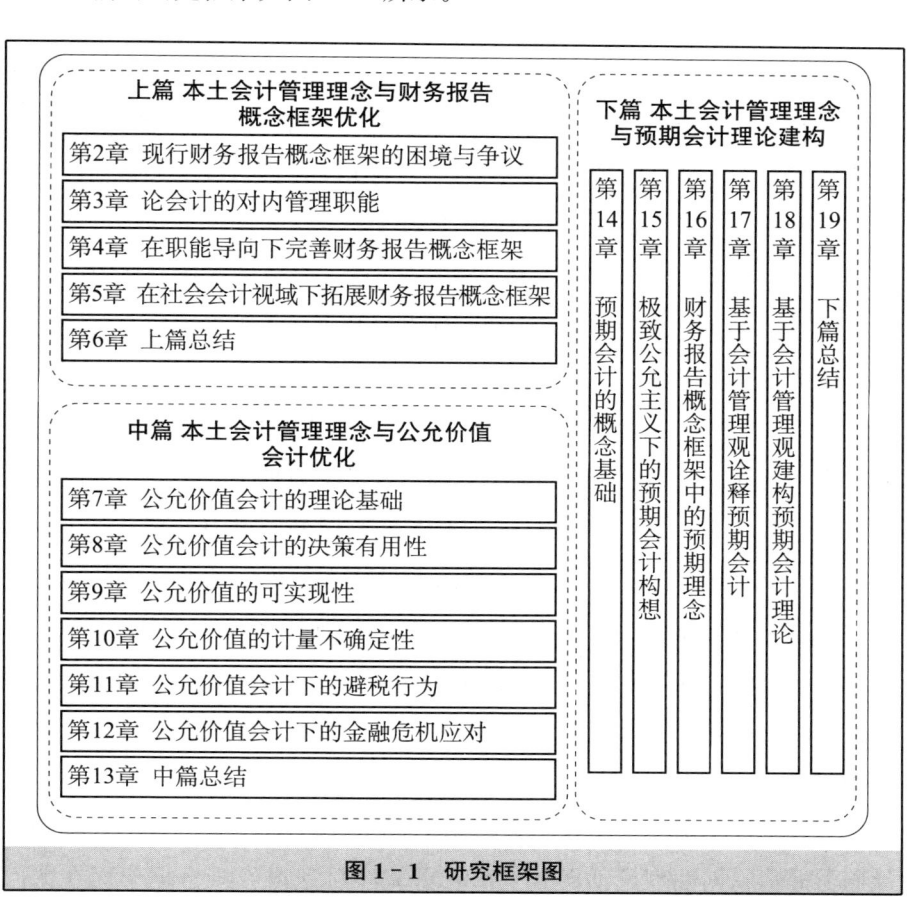

上篇 本土会计管理理念与财务报告概念框架优化
- 第2章 现行财务报告概念框架的困境与争议
- 第3章 论会计的对内管理职能
- 第4章 在职能导向下完善财务报告概念框架
- 第5章 在社会会计视域下拓展财务报告概念框架
- 第6章 上篇总结

中篇 本土会计管理理念与公允价值会计优化
- 第7章 公允价值会计的理论基础
- 第8章 公允价值会计的决策有用性
- 第9章 公允价值的可实现性
- 第10章 公允价值的计量不确定性
- 第11章 公允价值会计下的避税行为
- 第12章 公允价值会计下的金融危机应对
- 第13章 中篇总结

下篇 本土会计管理理念与预期会计理论建构
- 第14章 预期会计的概念基础
- 第15章 极致公允主义下的预期会计构想
- 第16章 财务报告概念框架中的预期会计理念
- 第17章 基于会计管理观诠释预期会计
- 第18章 基于会计管理观建构预期会计理论
- 第19章 下篇总结

图1-1 研究框架图

全书主要内容如下：

上篇，财务报告概念框架是关系会计理论建构方向和原则的基础性理论。内容建构遵循提出问题、分析问题、解决问题的发展逻辑。其中，第 2 章讨论现行财务报告概念框架存在的问题，并进行深层原因分析，提出构想。第 3 章和第 4 章分别阐述会计的对内管理职能以及如何在职能导向下优化概念框架，其中既有本土会计理论，也有对利润表优化构想等原创性内容。第 5 章以职能导向为基础结合新近动态阐述会计在宏观领域的作用，本书定义为"社会会计"，以此丰富学界和业界对会计宏观功能的理解和价值发现。

中篇，公允价值会计在计量理论中具有基础重要性。从资产负债表理念、计量原则，到具体准则层面的计量、确认、报告，无不与公允价值计量紧密相关。所以，公允价值会计当之无愧是会计基础理论研究的重中之重，从而需要一个专门篇章加以讨论。在内容安排上，中篇从第 7 章到第 13 章，共有 7 章和五个专项内容，分别是：公允价值会计的理论基础，见第 7 章，主要是概念辨析和准则历程；决策有用性，见第 8 章，主要分析约束条件和作用机理；可实现性，见第 9 章，主要阐述可实现性的一般原理和实证检验；计量不确定性，见第 10 章，主要阐述信息风险；经济后果，见第 11 章和第 12 章，主要阐述金融危机冲击下经理层在公允价值会计下的投融资行为及其后果。

下篇，预期会计是未来会计的发展方向，它与中篇具有自然承启关系。预期会计是比公允价值会计更具前沿性的计量属性，突显了前瞻性信息的计量有用性。下篇的内容从第 14 章到第 19 章，共有 6 章。其中，除第 19 章是总结与讨论外，其他各章的安排如下：辨识预期会计的概念基础，见第 14 章；阐述并评议极致公允主义下的预期会计，见第 15 章；解析财务报告概念框架中的预期理念，见第 16 章；基于会计管理观诠释预期会计的理论导向，见第 17 章；基于会计管理观建构预期会计理论，见第 18 章。

总体来说，本研究致力于以中国本土的会计管理理念为基石，在职能导向下揭示原创性理论话题。上篇着重关注财务报告概念框架存在的问题、深层原因、争议与改进，职能导向下的中国本土会计管理体制，从企业发展角度论证编制"会计管理报告"的有用性；基于职能导向提出改进公允价值、优化利润表、提升决策有用性的若干构想。中篇和下篇探究公允价值会计的决策有用性、经济后果、计量优化与预期会计，原创性地提出了公允价值信息的决策机理等若干理论见解，涵盖国际前沿趋势和未来发展方向，以及会计理论正在面临的重大挑战，进而增进学术思考，深化理论研究。

1.5 研究意义与启示

本书的研究意义与启示主要体现在以下五个方面：

（1）基于本土会计管理观提出以职能导向完善现行财务报告概念框架，深度阐述现行概念框架及通用财务报表的存在问题及制度根源，提出建立资产负债表理念与利润表理念的协同机制，提出利润表优化方案及其理论基础和制度基础。这对于更好发挥概念框架的指导性和引领性，提升会计在经济体系中的功能具有现实意义。

（2）从会计管理体制、公司治理结构、企业发展角度论述会计管理的概念，提议编制"会计管理报告"，以弥补通用财务报告的缺陷。这对于解释会计信息的决策有用性机理和完善理论体系具有重要意义，对于完善会计政策和制度、促进企业发展和提升会计监管等全局性问题具有重要理论和现实意义。

（3）在职能导向下，提出"社会会计"概念，从国家资产负债表、自然资源与环境、生物多样性、数据资产四个角度展开，分析宏观层面的会计报告职能。这对于在新兴技术的冲击下实现数字化、网络化、智能化，对于产业链、供应链背景下微观会计与宏观会计的互通互融具有前瞻性意义。

（4）分析公允价值会计有利有弊的两面性，梳理公允价值会计的概念基础、计量特征、准则形成、制度变迁、实践活动，揭示公允价值信息决策有用性的约束机制、作用机理、优化路径、计量不确定性的风险来源与后果，探究公允价值会计下可实现性机理以及管理层的投融资行为。这对于引领公允价值理念回归本位、完善理论与制度设计、理解公允价值会计的作用边界具有重要意义。

（5）发掘《财务报告概念框架》中前景评价目标、前瞻性信息、资产定义、现值计量技术等基础概念中的预期理念，通过分析会计与经济的关系以及会计在经济体系中的作用等职能导向，讨论预期会计的理论建构，论述预期会计的适用条件、列报方式以及未来财务报表。这些内容对于构想未来会计的理论建设具有创新意义，对于思考当前重大理论与实践问题具有启发性和指导性。

1.6 学术创新及不足

现行会计理论较多强调会计作为信息系统的目标导向，在概念建构方面偏离会计作为价值管理活动的职能，导致了一系列理论挑战和学术困惑。国内在较多接受西方会计理论的同时，对本土原创性会计思想关注较少，对中国经济内生动力中会计的角色与功能的解释尚有很大不足。在这个背景下，基于中国本土的会计管理观完善现行会计理论，是中国管理情境下值得体系化研究的重大课题。本著作为发挥会计在经济体系中的决策参与、经济调节、经济预测作用提供学术支持。学术创新主要在于：

（1）提出和论证"在职能导向下完善财务报告概念框架"的构想。尽管会计目标历来是会计理论体系的出发点，但会计管理观向来重视会计的职能。在与国际会计准则趋同之前，国内的会计法规和制度体系历来以会计的反映和监督职能为原点开展制度建设和监管体系设置。这种会计职能观，在早期的会计教学和近期的会计研究中均有体现。基于文献梳理，本著作提出"在职能导向下完善财务报告概念框架"，包括且不限于：在管理职能导向下定义会计的逻辑起点；重新解释会计与经济的关系；重建资产负债表与利润表的均衡关系；在"社会会计"视域下建立会计的报告职能等新理念和新基础。这些内容为完善概念框架和会计理论提供了新起点和新选择，对于推动现行会计理论体系中的重大改进具有新颖性和切实的指导性。

（2）在深入分析现行财务报告概念框架存在的问题、深层原因与制度根源的基础上，基于中国国情从会计管理体制、公司治理结构、企业发展三个角度论证财务会计的对内管理职能，提出编制"会计管理报表"的设想，提出在职能导向下优化利润表的具体举措。主要内容在于：满足报表使用者的多样性需求和提升企业财务报表对宏观经济分析的意义；分析信息技术变革和商业模式变革对概念框架的挑战，分析技术变革引发的会计的新职能和新动向。

（3）推演和证实公允价值信息的决策有用性在于"可实现性"机理和四个约束条件，研究发现存在利用公允价值会计进行避税管理、盈亏时机管理、金融危机应对的行为。这些内容对会计基础理论问题做出了新的解释，为协调学术争议和改进公允价值会计提供了新的见解。

（4）定义预期会计，从限制条件和适用情境两方面展开分析，建构了有关未来事项的计量基础和计量理论。"预期会计"概念适合于面向未来的经济模式，可减轻公允价值会计的顺周期效应，可深化会计理论的职能导向，发挥会计在决策参与、经济调节、经济预测方面的作用，是重要的前沿概念和理论创新。

本书为读者呈现了相对完备的前瞻性知识体系，但也存在一些不足。一是本书着眼于本土会计管理观展开原创性研究，其中难免存在异议。二是本书在职能导向下完善概念框架的理想可能是遥远的，也可能引发学术争议。三是会计管理职能和社会会计的论述，从会计管理体制、公司治理结构和企业发展角度展开，所涉领域较多，所涉问题重大，还关系国家的会计管理体制、国家治理体制和信息技术发展。由于本书侧重引发新的思考和立意，未来尚需展开更为深入的专门分析。

上　篇

本土会计管理理念与财务报告概念框架优化

近年来,关于会计理论的讨论常以财务报告概念框架和会计准则作为起始和参考,本书也不例外。尽管直接用财务报告概念框架及会计准则表示会计理论是有局限的,但不可否认概念框架是一个逻辑严密、体系完整的基础理论体系,在会计理论建构中具有基础重要性。本篇将以会计的职能作为会计理论的逻辑起点,在分析现行财务报告概念框架的缺陷与制度根源的基础上,从中国的会计管理体制和中国企业的实践活动出发,基于会计的管理职能导向提出完善概念框架理论建构的若干建议。依据本研究,会计将在多个领域参与国家治理。

第 2 章 现行财务报告概念框架的困境与争议

财务报告概念框架由一系列逻辑缜密、表述严谨的基本概念组成，相当于会计活动的"基本法"，在指导准则制定、准则评估、准则优化和例外事项等多个方面具有重要性。本章深度分析了现行财务报告概念框架存在的问题、深层原因、监管制度根源，提出在现行概念框架体系下的优化方案。

现行财务报告概念框架存在的问题在于：（1）信息含量受到格式约束，难以提供有助于充分了解企业经营与管理特征的信息；（2）报表信息在公允价值会计下变得愈加复杂、难以理解和难以核验；（3）强调市场价格变动对资产价值的影响，存在额外的系统性风险；（4）在薪酬激励和债务契约等方面存在与公允价值会计有关的管理操纵问题；（5）在理论层面尚未很好重视真正关心企业价值成长的长期控股股东和监管部门的信息需求；（6）以外部投资者的决策有用性为报告目标，这实际上也会为市场投机者利用，容易助推市场投机行为，与企业的长远发展相冲突，不利于国家经济发展。

以上问题的深层原因在于：现行财务报告概念框架仅以目标导向为理论起点，存在制度缺失。一方面，过度强调会计信息的外部决策有用性；另一方面，较为忽视会计的管理有用性、宏观治理职能和会计准则的非技术逻辑这三个现实基础。更为深刻的原因在于会计准则制定机构自身的职能缺失。美国财务报告概念框架目标设定的缺陷在于其主要作为一项资本市场会计信息监管制度存在，而缺乏全国性集中式会计管理的制度安排。

美国证券交易委员会（SEC）的监管职能约束导致其公认会计准则的报告目标偏重于资本市场，因此其概念框架不可避免地主要服务于资本市场，而缺乏对企业管理职能和国家治理职能的定义。但会计准则作为经济政策在中国的制度安排下有这两项职能，这将引导我国建立更为完善的会计理论与会计政策体系。

2.1 制度缺失

从安然事件到金融危机，这些重大事件一再把会计推到"风口浪尖"，但同时会计也正在对金融稳定和经济发展产生重大影响。一方面，这些事件对会计信息估值有用性提出了严重质疑，会计操纵和市场投机降低了会计信息质量；另一方面，公允价值信息是否助推了金融危机和经济波动。对此，总有不同的回答。部分学者认为，会计是经济的外生因素，仅有反映职能，经济体系的责任不在会计；另有学者认为，会计是经济的内生因素，是经济的重要组成部分，需要从会计制度本身寻找原因和解决方案。其实，这两方面因素是并存的。就会计与经济的关系而言，会计既有反映性，也有参与性，两者不能截然分开。在这个意义上，现今的财务报告概念框架一定程度上阻碍了人们对会计作为一项管理活动的认识，不利于更好发挥会计在经济体系中的作用和功能。

2.1.1 概念框架的缘起

1. 概念框架中的基本要素

财务会计概念框架（conceptual framework for financial accounting，CF）作为一个术语，最早出现在1976年美国财务会计准则委员会（Financial Accounting Standards Board，FASB）公布的《财务会计与报告概念结构：财务报表的要素及其计量》以及《概念框架项目的范围和含义》中。FASB第一次对概念框架的定义是：财务会计概念框架是一部章程（constitution），是由目标（objectives）和与之相互联系的基本概念（fundamentals）组成的前后一贯的理论体系，用于指引会计处理事项的选择、确认、计量、总结和传递。1980 年，FASB 公布的《财务会计概念公告第 2 号》(Statements of Financial Accounting Concepts No. 2)，对概念框架的定义有所修改："财务会计概念框架是由目标和相互关联的基本概念组成的相互连贯的理论体系。这些目标和基本概念能够导致前后一贯的准则。通过制定财务会计和财务报告的结构与方向，促进和提供公正的财务会计信息，以便协助资本市场和其他市场的有效运行。预期这一概念框架将能够为公众利益服务。"

英国会计准则委员会（Accounting Standards Board，ASB）发布的"财务报告原则公告"（Statement of Principles for Financial Reporting，SP），加拿大特许会计师协会（Chartered Accountants of Canada，CICA）发布的财务报表概念公告（Financial Statement Concepts，FSC），与 FASB 发布的概念公告类似，分别定义了财务报表的目标、信息质量、报表要素、确认、计量、财务信息列报、报告主体等基础概念。

IASB 早期的理论建设很大程度上跟随美国的会计准则。例如，国际会计准则委员会（International Accounting Standards Committee，IASC）在《编制和列报财务报表的框架》（Framework for The Preparation and Presentation of Financial Statements，SF）中提出，"本框架为外部使用者编报财务报表所依据的概念"，"包括财务报表的目标、基础假设、决定财务报表信息有用性的质量特征、构成财务报表的要素的定义、确认和计量，以及资本和资本保全的概念等"。

2. 现行财务报告概念框架

20 世纪 90 年代以来，会计实务的发展日新月异，概念框架作为连接会计准则和会计实务的桥梁，为更好发挥统驭和指导性，在结构与内容上进行了多次修订。1989 年，IASC 发布了《编制和列报财务报表的框架》，该框架在指导现有标准的制定和评价中发挥着重要作用。2004 年，IASB 与 FASB 共同发起概念框架修订联合项目，但金融危机之后由于双方意见不同而暂停财务报告概念框架的修订工作。此后，IASB 于 2012 年重启概念框架修订项目，并于 2013 年发布了讨论稿（CF-Draft），于 2015 年发布了征求意见稿（CF-ED），于 2018 年正式发布了修订后的《财务报告概念框架》，并沿用至今。当前《财务报告概念框架》从结构上共分为 8 章，如图 2-1 所示。

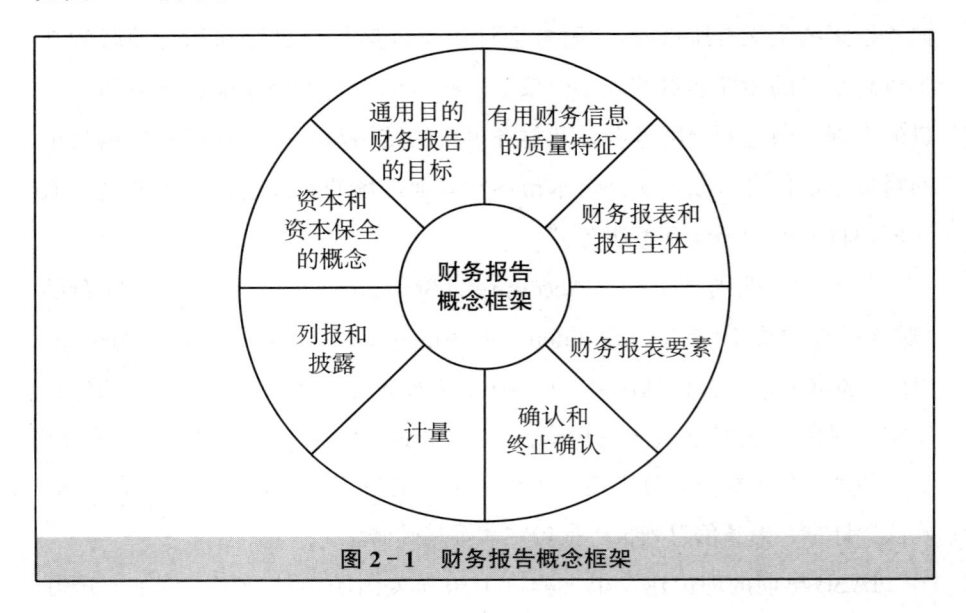

图 2-1　财务报告概念框架

现行《财务报告概念框架》的内容架构中，第 1 章为"通用目的财务报告的目标"，主要涉及通用目的财务报告的目标、有用性及其局限性，关于主体的经济资源、资源索取权及其变动信息，以及关于主体经济资源使用的相关信息等内容。第 2 章为"有用财务信息的质量特征"，主要涉及有用财务信息的质量特征以及对有用财务信息的成本制约因素等内容。第 3 章为"财务报表和报告主体"，主要涉及财务报表的范围界定和报告主体的界定等内容。第 4 章为"财务报表要素"，主要涉及财务报表要素的组成及其定义等内容。第 5 章为"确认和终止确认"，主要涉及财务报表要素的确认过程、确认标准以及终止确认等内容。第 6 章为"计量"，主要涉及可选择计量基础的组成及其所提供的信息、选择计量基础时所应考虑的因素等内容。第 7 章为"列报和披露"，主要涉及财务报表列报和披露的目标及其原则、财务报表要素分类的原则、财务报表信息归总的原则等内容。第 8 章为"资本和资本保全的概念"，主要涉及资本、资本保全、利润的决定、资本保全的调整等内容。

该概念框架的修订主要有八项内容（陆建桥，2018）。一是引入"通用目的财务报告"的概念，明确通用目的财务报告的使用者为现有和潜在的投资者、债权人以及其他信贷者这些基本使用者，明确通用目的财务报告满足的基本使用者的决策主要是资源配置决策。二是对有用的财务信息应当具备哪些质量特征做了进一步明确和规范，并建立了有用财务信息质量特征的层次结构。三是新增了有关"财务报表和报告主体"的内容。四是对财务报表要素定义做出部分改变。五是"确认"部分做了较大幅度的修订完善，同时增加了"终止确认"的内容。六是计量方面进行了较为系统的梳理。七是具有很强的针对性，明确了财务报表列报和披露的目标、原则以及财务报表项目的分类、抵销、汇总等原则，尤其是损益及损益表、其他综合收益及其转回等的列报和披露原则。八是对资本和资本保全的概念及其对利润决定的影响进行文字修改。

3. 我国的《企业会计准则——基本准则》

目前，我国是以《企业会计准则——基本准则》代行概念框架。基本准则在结构上共分 11 章，包括："总则""会计信息质量要求""资产""负债""所有者权益""收入""费用""利润""会计计量""财务会计报告""附则"。如图 2-2 所示，这些内容可以概括为三个类别：(1) 定义财务报告的目标；(2) 定义财务报告信息有用性的质量特征；(3) 定义会计要素及其确认、计量和报告的原则以及报告主体等。

企业会计准则——基本准则	
第1章《总则》	
第2章《会计信息质量要求》	
第3章《资产》	第6章《收入》
第4章《负债》	第7章《费用》
第5章《所有者权益》	第8章《利润》
第9章《会计计量》	
第10章《财务会计报告》	
第11章《附则》	

图 2-2 《企业会计准则——基本准则》的构成

2.1.2 困境与挑战

财务报告概念框架的理论导向作用，主要在于指导、发展、评估会计准则的制定和修改，还可用于解决现有会计准则未曾涉及的特殊会计问题。但实践过程中，各准则制定机构在实现"为公众利益服务"的目标方面都遇到了困境和挑战。主要体现在表 2-1 所示的几个方面。

表 2-1　现行概念框架的困境与挑战

困境与挑战	具体描述
格式约束	通用财务报告的信息含量受到格式约束，增加了提供有助于了解企业管理与经营特质充分信息的难度，难以实现有效的投资者保护和抑制会计操纵行为。
复杂性	通用财务报告日趋复杂，使得报表信息在公允价值会计等计量理论下变得难以理解、难以核验。
系统性风险	公允价值下的财务报表中含有的管理者难以控制的外部（市场）风险强化了市场变动对资产价值的影响，会带来系统性风险。
质量问题	一些源于公允价值计量的投融资行为异化也在影响报表质量，主要是指薪酬激励和债务契约两方面。
企业管理实践难题	通用财务报告倾向于以外部市场信息作为报表编制基础，并不体现真正用于提升管理效能的信息，给企业管理实践制造难题。
助推市场投机行为	通用财务报告以外部投资者的决策有用性为目标导向，容易助推市场投机行为和迎合市场的行为，一定程度上与企业的长远发展相冲突，因此有不利于经济高质量增长的一面。
迟滞于社会发展	信息技术发展、行业融合及企业商业模式革新对通用财务报告模式、概念框架提出了新的要求，出现了会计准则与会计实践脱节的问题。

如表 2-1 所示，一是通用财务报告的信息含量受到格式约束，难以提供有助于了解企业管理与经营特质的充分信息。财务通用信息的格式约束和内容限制，难以反映企业经营与管理的特质和过程，所以很难有效减轻内部管理人与外部投资者之间的信息不对称，从而也难以抑制会计操纵行为。例如，有些会计主体在利润表中把直接生产成本和管理费用合计列示，这种将不相似的项目汇总列示的情况，可能会掩盖一些重要的差异性信息（张金若、宋颖，2009）。

二是通用财务报表信息在日益复杂的计量理论的影响下正变得难以理解和难以核验。葛家澍（2007）认为将公允价值计量与确认相结合的公允价值会计是估计数字，而估计数字若在资产、负债、权益（净资产）和收益中确认，就歪曲了财务报表的数字（真实数与估计数相混合，已实现收益与未实现收益相混合）。对于投资者而言，利用财务报表信息进行估值的困难和挑战越来越明显。除非有较深的专业背景，否则很难真正懂得公允价值会计下的并购商誉、资产证券化、可变权益主体、综合收益等复杂概念和专有信息，这使得通用财务报告对普通投资者的实际意义及决策有用性可能比此前更低了。

三是通用财务报告建立在公允价值会计上，强化了市场变动对资产价值的影响，这会带来系统性风险。虽然在价格平稳条件下，公允价值信息有助于提供决策相关信息（薛爽等，2009），但公允价值下的财务报表中往往含有管理者难以控制的外部（市场）风险，从而公允价值的应用可能增加了财务报表的波动性（Barth，2004）。特别是对持有金融工具的企业而言，采用公允价值计量需要对金融工具的市场价格进行重新估计，并确认由于价格波动所引起的未实现利得或损失，这会导致企业利润剧烈波动，增加金融风险（周明春、刘西红，2009）。

四是一些源于公允价值计量的投融资行为异化也在影响报表质量。这主要是指薪酬激励和债务契约两方面。在经理层薪酬激励方面，我国资本市场上存在着对公允价值变动收益的非理性激励和对公允价值变动损失的惩罚乏力，也即"重奖轻罚"现象（徐经长、曾雪云，2010）。从实证研究来看，决策层不能辨别公允价值计量下持有利得与现实财富之间的差异性（徐经长、曾雪云，2010），这可能助长管理层的机会主义行为和增加企业风险，对上市公司的价值成长存在负面影响。在债务契约方面，上市公司会出于债务契约动机而选择公允价值模式（张瑞丽等，2014），而不同的债务契约也可能会影响到公允价值的计量（刘浩、孙铮，2008）。例如，经理人员可能利用资产的公允价值升值来掩盖资产流动性的实际降低。

五是通用财务报告选择以资本市场作为主要报告目标，因而倾向于以外部市场信息作为报表编制基础。但在企业管理实践中真正关心企业价值成长的是控股股东、战略投资者、经营管理者和监管部门,他们实际上很难从通用财务报表中获取提升管理效能的信息,往往需要对企业的生产情况、运营情况、市场情况、行业背景等做更多分析才能得到真实可靠的价值判断。这些信息是否需要体现在现行财务报告概念框架的定义和制度设计中呢?这里存在一个重大的理论空白。

六是通用财务报告以外部投资者的决策有用性为目标导向,实际上容易助推市场投机行为和迎合行为,一定程度上与企业的长远发展相冲突,因此有不利于经济质量增长的一面。具体来说,它有以下几个不足:(1)资本市场的股票持有人很可能是证券炒作者,并不真正关心公司成长;(2)外部资本供给者很大程度上是出于对资本利得的风险偏好,而非对企业价值的追求;(3)当外部市场普遍以财务绩效和股价变动作为估值基础时,管理层更可能看重短期经营业绩和短期财务指标,以业绩来迎合市场,而忽视企业的长远发展。

七是随着信息技术的发展,企业商业模式不断革新,出现了会计准则与会计实践脱节的问题。一方面,信息技术的发展为现存财务报告提供新的技术条件,也对通用财务报告模式提出了新的要求。IASC(1999年)和FASB(2000年)先后提及信息技术对财务报告的冲击与影响后,会计准则制定者通过采用减少可选择的方法和披露更多信息这两种方式来改进通用财务报告,但通用报告模式在信息内涵上仍有欠缺,并不能满足使用者多样化的信息需求。另一方面,随着信息技术与业务的深度融合,企业持续创新商业模式,导致概念框架出现了与会计实践脱节的情况。首先,缺乏对商业模式的明确定义。IASB虽在《国际财务报告准则第9号:金融工具》中首次明确提及商业模式,但没有给商业模式下定义,此举容易让财务报告编制者和使用者产生混淆(黄晓韡、黄世忠,2016)。在商业模式不断创新的时代背景下,IASB应当直面商业模式这一新问题,在财务报告概念框架层面厘清商业模式的定义,明确商业模式在财务报告中的角色、地位和作用(Jones,2014;黄世忠,2015;黄世忠、黄晓韡,2018)。然后,现行会计准则在规范新商业模式方面存在诸多"真空地带"。企业基于商业模式进行资产和负债的分类和计量属性的选择，财务报告才能反映经营特质。例如，电商类、团购类、广告类和游戏类互联网企业在收入确认和成本核算方面的准则缺失；平台型企业的商业模式创新亟须放宽会计确认的标准，并赋予企业更大的计量属性选择权；而采用第三方付费商业模式的企业则需要完善财务报告特别是分部报告，否则将严重高估有偿服务的盈利能力和误导投资者（黄世忠，2015）。

2.1.3 关键性缺失

现行概念框架在生成什么样的会计信息方面是完备的，但在为谁生成会计信息以及会计信息的使用用途方面是有关键性缺失的，如图 2-3 所示。

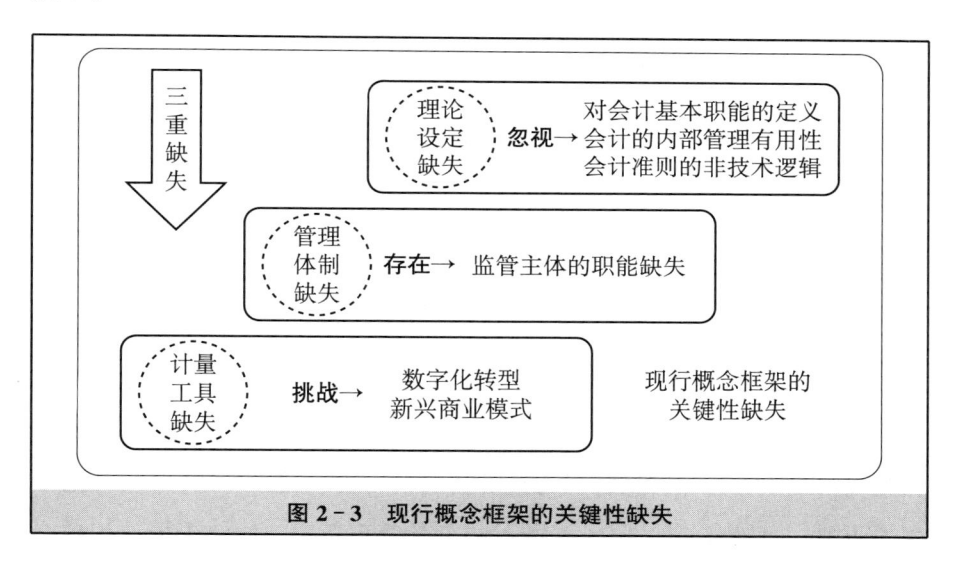

图 2-3 现行概念框架的关键性缺失

1. 理论设定缺失

前文所提问题的深层原因在于，现行财务报告概念框架的目标设定存在理论缺失。现行财务报告概念框架过于强调通用会计信息的外部决策有用性，忽视了以下三个管理立场：（1）对会计基本职能的定义；（2）会计的内部管理有用性；（3）会计准则的非技术逻辑（如图 2-4 所示）。这三重理论缺失一方面导致如今的会计规范体系一定程度上局限了会计职能的发挥，不利于发挥会计在资本市场中的作用以及资本市场在经济体系中的作用。另一方面，一些控股股东和管理层致力于迎合市场估值，而忽视企业发展和价值创造，也不利于国家经济金融发展和提升资源配置效率。

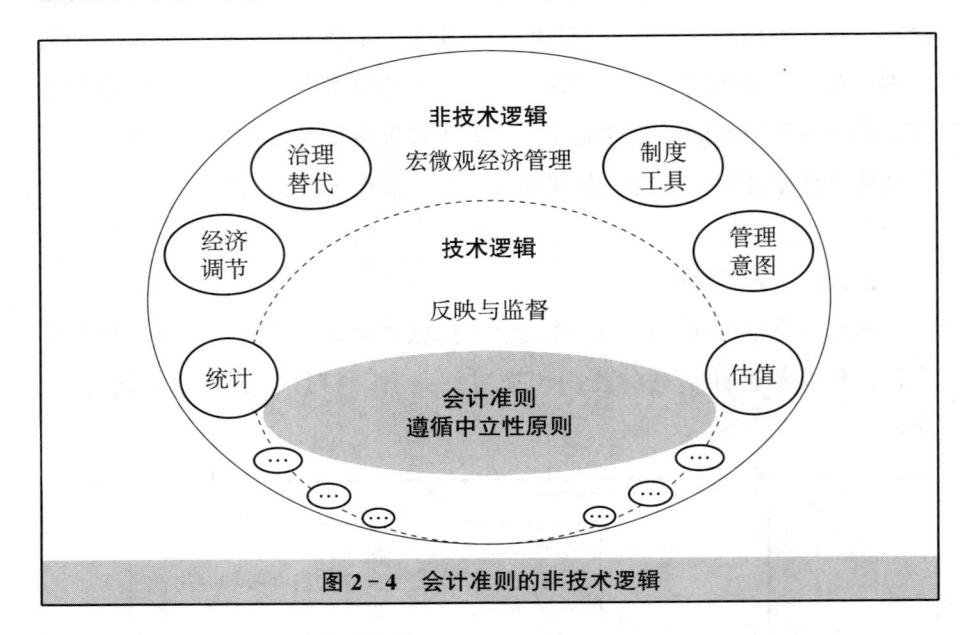

图 2-4 会计准则的非技术逻辑

以目标作为会计理论的起点，而不是以职能作为会计理论的起点，这是导致财务报告的目标存在偏颇和理论存在重大局限的根本原因。由于对会计职能的忽略，因此准则制定者在过去很长时期主要关注会计信息在资本市场的决策有用性，而严重忽视了会计信息的内部有用性和其他重要方面的管理有用性。部分人士长期以来相信会计准则只能以信息技术作为逻辑基础，希望将会计信息解释为经济活动的一面"镜子"，坚持会计的中立性原则，而忽略了如图 2-4 所示的会计管理逻辑，始终未能认识到会计活动和会计信息也不可避免地存在治理替代、经济调节、制度工具、管理意图等，它们在真实地影响着会计准则的实际执行和经济后果。

2. 管理体制缺失

更为深层的原因在于监管主体的职能缺失。概念框架起源于美国，财务报告概念框架理论发展的桎梏一定程度上也起因于美国的监管体制。FASB 作为一个专业组织，其准则制定需要得到 SEC 的认可。问题就在于 SEC 是一个金融监管机构，它没有全国会计工作的管理职能，因此其概念

第 2 章　现行财务报告概念框架的困境与争议

框架不可避免地主要服务于资本市场。

但服务资本市场是会计的内在职能吗？显然，会计作为公共品，不应局限于为资本市场服务，应当有利于多方使用者的决策，特别是有利于国家经济和金融发展大局。这些问题在全球学术界存在争议，但至今也没有解决。首先，FASB 的官员很难接受其他主张，其官方立场在于满足 SEC 关于加强会计信息监管的合规性要求，宗旨是给资本市场投资者提供决策有用信息，至于其他方面则不是 SEC 的职责范围。这种会计监管体制是导致美国会计准则体系长期以来在资本市场目标导向下运行的制度根源。

这是资本市场导向理论体系不断发展的后果，造成了会计信息对内管理职能的缺失和金融稳定职能的挑战。以安然事件为代表，美国安然公司和安达信会计师事务所为骗取市场估值而制造虚假会计信息。这不仅是对资本市场信任机制的挑战，也是会计职能缺失的一个教训。直到《萨班斯-奥克斯利法案》（Sarbanes-Oxley Act）出台，一定程度上弥补了概念框架的功能性不足。但值得强调的是，《萨班斯-奥克斯利法案》的治理目标仍然受制于 SEC 的信息披露监管职能，而没有强调会计信息的内部管理职能，也没有规定会计管理对于企业发展和价值创造的重要性。

有的会计人士可能认为，会计信息的对内管理职能是内部控制或者管理会计的职责，而不是财务会计的职责。正是这种职能分割导致了概念框架的局限性。无论是通用财务报告，还是内部管理和内部控制，实际上都是以财务会计为基础的，应当在财务报告概念框架中有全面阐述和系统性设计。

IASB 的概念框架制度理念与 FASB 有所区别。在 2015 年发布的《财务报告概念框架（征求意见稿）》中，除了决策有用性作为财务报告的目标，还有"前景评价"和"受托责任"这两个报表目标。我认为"前景评价"和"受托责任"目标并重，是对会计理论起点的一个新思考，是对会计管理职能的认同。毕竟，IASB 的常任理事们来自全球不同国家和地区，在文化差异和制度背景差异下，更可能建立积极创新的基础概念和基础理论，也更可能深化和优化概念框架理论体系。

进一步分析，中国的会计管理体制有利于突显会计的职能。中国在管理体制上有财政部作为全国会计工作的主管部门,在制度设计上有《中华人民共和国会计法》(以下简称《会计法》)和《企业会计准则》作为全国(企业)会计工作的基础性制度框架。这一管理体制对于突出会计管理职能的存在性和重要性的意义在于三个方面:一是先验性地认识到会计与国家经济治理存在关联关系,而非把会计作为一个纯粹的信息技术工作;二是先验性地假定会计的监管逻辑具有全局性,而非局限于资本市场;三是先验性地认识到会计工作需要由政府权力部门进行统一管理,而非仅由行业协会进行自律性管理。

3. 计量工具缺失

新的问题在于,传统的会计处理方法滞后于不断革新的业务场景,当前的计量工具很难表达新业态。以阿里集团为例,当前99.9%的数据和计算都在阿里云数字平台上,正如阿里云高级数据仓库专家陈鹏宇的观点,"未来一切业务将会数据化,一切数据将会业务化"。随着数字经济的发展,企业产生的高容量、高速度的信息数据,亟待新的会计处理形式,以用于加强决策有用性、优化管理流程以及更好地履行受托责任。

计量工具的缺失主要源于业务数字化挑战了会计信息的及时性和相关性。新兴技术提高了生产效率,大量业务数据的实时获取、记录、分析、利用等工作都不是传统的财务报告工具所能适应的,从而凸显了会计信息的滞后性。由于5G和6G通信技术和区块链技术的发展,业务端的数据更新实现分秒级,而财务数据处理则总是不够及时和连续,业务端和财务端尚未形成实时连接,并且更多的数据在业务部门发生和就地分析利用。这会使得数据的主导权从会计部门转移到业务部门。

新型商业模式进一步降低了概念框架的适应性和会计信息的有用性。黄世忠(2018)指出,"旧标尺衡量不了新经济"。会计信息的相关性正在恶化。当前工业互联网平台大致有四种商业模式,分别是个性化定制(海尔集团OSMOPlat个性化定制平台)、网络化协同(航天云网公司CMSS云制造支持系统)、智能化生产(富士康集团BEACON智能制造系统)和服务延伸(树根互联公司的基础云服务平台)。无论是哪一种商业模式,核心都是将全产业链各环节的业务场景数据化,并且数据治理的内容量增大、复杂度提高。会计人员的管理素养与参与管理的能力不足以满足决策层、经营层、操作层的需求，制约了企业经营价值和战略价值的实现。因此，会计不应继续做数据孤岛，而要从财务报告体系转向数据治理体系，更多地关注业务端的实时性信息和前瞻性信息，做到数据层面的"业财融合"。

新兴商业模式还挑战了账实相符的基础。随着业财融合的深化，各种与传统标准化流程看似无关的数据也被纳入管理决策体系。例如，消费金融业依据借款人的学历判断是否具有还款能力。在此之前，学历是私人信息，但现在还是银行或贷款人关注的具有商业价值的数据资源。传统会计处理工作要求做到账实相符、账证相符，这是会计信息如实反映的必要基础。业财融合的不断深化，使得大量新的业务数据缺乏严格实物证据支撑，许多业务数据难以找到源头，也难以进一步追踪。价值产业链的支持性资料作为财务数据的补充，可以加强会计信息的相关性，但支持性资料的低可溯源性和低可追踪性，使得财务分析过程更加强调数据变量之间的相关性，而降低数据变量的因果性。

伴随数字经济的高速发展，许多先进的企业和财务技术专家都致力于探索新兴的工具来解决业财融合和账实相符问题。一方面，企业资源管理计划（ERP）、可拓展的商业报告语言（XBRL）、财务共享中心、企业数据中台等技术应用的发展，使得业务数据和财务数据不断整合；另一方面，区块链等新兴技术的发展给业务数据账实相符提供了一种可行的解决思路。以再保险业务为例，业务信息会以通证（token）的形式公布于区块链公用平台，各家保险公司可以共同监督该业务的发生。在分布式监督的情况下，可以将通证看作业务数据的一种技术信任解决方案。但问题在于，数据存储和流转方式的变革并没有体现在财务会计概念框架中。以概念框架为基础的理论体系至今还以财务数据孤岛情境作为编制基础，还远没有反映信息技术的变革。

2.2 学术争议

2.2.1 目标导向与职能导向

目标导向作为现行概念框架的假设前提，是"会计理论体系的根基"。但当前概念框架的目标导向真的能担负起会计的起点这样重大的职责吗？这里重点关注会计理论的另一个逻辑起点——"职能导向"。职能导向是由会计的属性决定的，它指向会计的根本和社会的共同需要。目标导向与职能导向的差异，如图 2-5 所示。

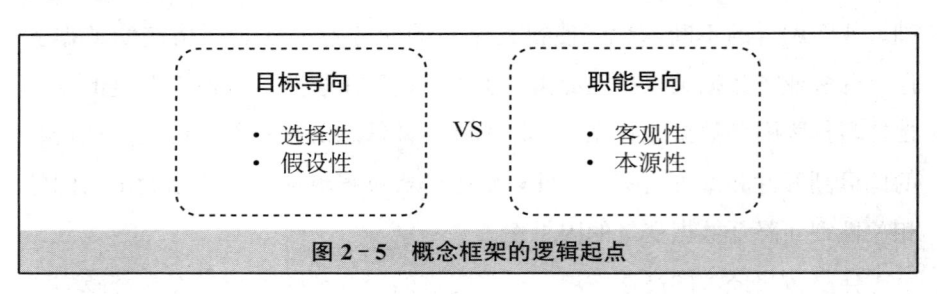

目标导向
- 选择性
- 假设性

VS

职能导向
- 客观性
- 本源性

图 2-5　概念框架的逻辑起点

目标具有选择性和假设性，而职能具有本源性和客观性。会计目标作为会计理论研究逻辑起点有着固有局限，难以揭示更高层次的会计理论，也无法揭示会计发展的真正原因。起初的一些学术讨论，在现今看来，尽管略显偏激，但仍具有思想性。例如，以会计目标为逻辑起点建立的理论体系是局部的、不完整的、较低层次的（谢德仁，1995）。会计目标受会计本质、会计职能和会计环境制约，是会计本质、对象、职能的产物，因此不能超越会计本质和职能来谈会计目标，根据会计目标来构建会计理论的"大厦"是不可行的（吴水澎，2001）。近来再次出现学术反思。会计的本质和功能是内生的，是由会计的根本属性决定的，而会计的目标则是外生的，是人为设定的，因此会计目标必须局限在会计本质的规定性和会计功能的范围内，不可能脱离会计的本质和功能而随意设定（任世驰等，2017）。

也有学者直接对比会计目标与会计职能的差异，认为会计目标含有主观成分，而会计职能具有更多的客观性（刘峰、葛家澍，2012），并且明确指出会计职能是会计在社会的基本之需与共同需要，会计目标则是企业在"两权分离"后资本供给者的特殊需要（葛家澍、高军，2013）。还有学者通过梳理当代会计理论体系及其发展脉络，从信息论和系统论两个理论基础以及历史成本原则着手，反思当代"目标导向的会计理论体系"的构建，指出当代会计理论的矛盾冲突，认为这一理论体系（指会计信息论）误导了会计目标的确定，难以有效纠正会计信息系统论的错误、真实反映企业财务状况和经营成果（任世驰、李继阳，2010）。

部分学者认为对于会计目标的局限性，应当从另一个角度来加以完善。即从会计职能上完善和改进会计目标导向下的功能性缺陷。杨纪琬（1985）强调《会计法》的立法宗旨是要通过会计本身的职能来实现的，其核心就是发挥会计核算和监督职能。会计是人们生产过程的一种社会活动，其基本职能是反映（观念总结）和监督（控制），马克思的"过程的控制和观念总结"，更是对会计管理职能的高度概括。会计的产生和发展既和生产力的发展有关系，又同生产关系的变革紧密联系，因此会计学是一门职能科学（杨纪琬、阎达五，1980；1982）。马克思在阐述价值学说时，曾多次提到簿记，把簿记作为资本的生产和流通过程，亦即将价值运动进行确定和控制的一种活动对待。马克思还指出，簿记的职能虽然不会形成产品和价值，但它是价值的形成、增值、实现的资金运动中不可少的。随着生产规模的扩张，这种必要性就更大（阎达五，1983a）。同时，在企业决策方面，从问题的提出到多种解决方案的比较再到方案的确定，都离不开会计的反映和分析等决策职能（王世定，1993）。而随着信息技术的不断发展，会计职能在当今时代是更为重要的，信息的多样性为会计管理职能的发挥提供了有利条件（叶康涛等，2020）。

2.2.2 受托责任观与决策有用性

财务报告概念框架是评价现有会计准则和指导会计准则制定的理论基础。同时，概念框架是由目标、信息质量特征和其他与之相关的基本概念组成的一个相互协调、内在一致的理论体系。但财务报告的目标定位一直备受争议，学术界就此围绕受托责任观与决策有用观的关系进行了广泛讨论。如图2-6所示，在1989年IASC发布的《财务报告概念框架》中，将决策有用性和受托责任并列为财务报告的"双目标"。但后来仅保留决策有用性目标，直到2015年IASB发布《财务报告概念框架（征求意见稿）》，受托责任作为次级目标再次出现在概念框架中。

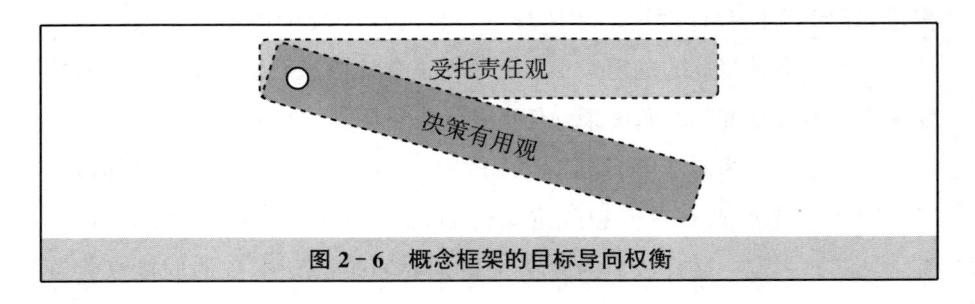

图2-6　概念框架的目标导向权衡

"决策有用观"的形成与资本市场日益壮大、资产证券化程度日益提升、信息披露监管日益规范的背景相关，并且被认为是FASB在其财务会计概念框架制定过程中的创新。此前，FASB和IASB认为决策有用性包含了受托责任，并在《财务报告概念框架（2010）》修订中删除了"受托责任"这一目标，其理由是决策有用性已经包含了受托责任（FASB，2010）。这种有意弱化受托责任重要性的行为，引发了学者们对财务报告目标更为热烈的讨论。而后《财务报告概念框架》进行了多次修改，FASB和IASB对于财务报告目标的描述始终围绕着决策有用观包含受托责任观还是取代受托责任观进行（郑安平，2020）。在《财务报告概念框架（2018）》中，虽对这种描述有了更改，在秉持决策有用观单一目标的基础上，重新引入了评估管理层受托责任的表述，并澄清财务报告信息在评估投资预期回报和评估管理层有效履行责任、合理使用主体经济资源方面都十分重要，但IASB坚持认为：受托责任不能作为单独的目标，因为评估受托责任不是最终目标，最终目标应为是否提供资源，是否解雇、续聘管理者，此外双目标会导致混乱（毛新述等，2019）。

"受托责任观"是指由于所有权和经营权的分离，资源所有者将其资源委托给代理人，代理人便承担了受托责任。受托责任观强调可靠性，采用历史成本计量属性对财务报告要素进行计量，主要用于评价经营者的经营业绩。一直有学者认为，受托责任并不完全从属于决策有用，将决策有用观作为单一目标是有问题的。第一，不能体现不同产权所有者对会计目标的不同要求。无论在两权合一的企业里，还是在两权分离通过资本市场形成委托受托关系的企业里，产权所有者对会计的目标要求并不是或不仅是决策有用。第二，正如夏冬林（2015）强调的，对股权高度集中的市场和非上市公司而言，投资者买卖和持有证券的决策信息可能不是财务报告，只有在规模大、流动性强、股权高度分散的资本市场，采用单一的决策有用观才是合适的。并且，除美国等极少数资本导向性经济体外，其他国家和地区可能很少会满足这一前提条件。第三，决策有用观不是会计目标的本原，它是在会计信息系统演变到服务于股份制上市公司后才产生的会计目标。会计的原本目标是服务管理观，服务管理观是可以单独存在的会计目标（郑安平，2020），但决策有用观是会计信息系统在上市公司形成报告的间隙产生的，需要以公众公司这一实体为前提而不能单独存在。

支持"决策有用观"的学者发表了一些新的观点，认为将受托责任作为财务目标可能不具有可操作性。客观评价受托责任履行情况的前提是从公司业绩中分离出管理层无法控制的因素所产生的影响，但这很难实现。此外，双目标的信息要求似乎存在很多重叠，采用决策有用性为主、受托责任为辅的方式可以减少成本提高效益。例如，按照受托责任目标编制的信息必须包含资产负债表所反映的期末时点信息，而该信息又不可避免受到未来预期现金流的影响。另外，支持决策有用观的学者认为，受托责任目标的支持者可能混淆了财务报告和公司治理的问题，将评价受托责任作为公司治理的要求更合理。有效的公司治理确实要求管理层向股东提供有关受托责任履行情况的信息，但这些信息似乎并不完全属于财务会计的报告范围（黄晓韡、黄世忠，2016）。

2.2.3 可靠性与相关性

会计的目标是提供决策有用信息。FASB 认为，有用的会计信息必须具备可靠性和相关性。在符合效益大于成本及重要性这两个约束条件下，相关性和可靠性的提高能使信息符合需要并且决策有用。因此，相关性和可靠性是使会计信息决策有用的两个主要质量特征，但这两者存在冲突，如图 2-7 所示。

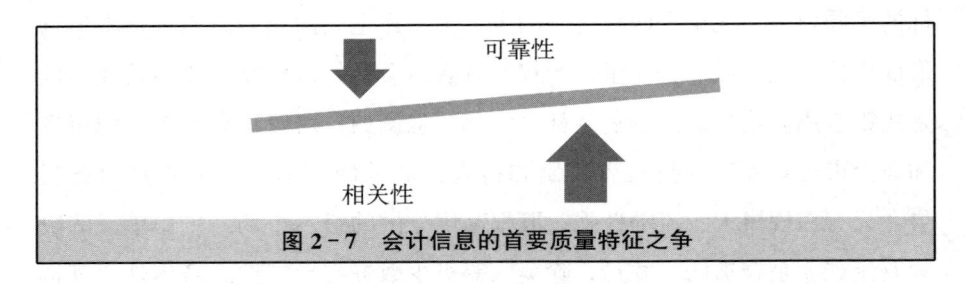

图 2-7　会计信息的首要质量特征之争

会计信息的相关性是指会计信息应当与投资者等财务报告使用人的经济决策需要相关，要求有助于投资者等财务报告使用人对企业过去、现在或者未来的情况作出评价或者预测。会计信息的可靠性要求企业应当以实际发生的交易或者事项为依据进行确认、计量和报告，如实反映符合确认和计量要求的各项会计要素及其相关信息，包括会计信息的真实性和完整性。可靠性和相关性，二者经常存在矛盾，既可能对立，也可能统一，在不同的计量模式下会有不同的侧重。因此，针对相关性和可靠性的权衡问题，也有着不同的观点。

（1）会计信息相关性优于可靠性。从 20 世纪 80 年代起，理论界与实务界一直呼吁财务报告改革，这些改革举措的落脚点都在于会计信息的相关性。例如，美国注册会计师协会在其调查报告中提出的许多建议明显侧重于会计信息相关性的改进，如披露前瞻性信息、披露资产和负债计量的不确定性等（AICPA，1994）。FASB 和 IASB 联合概念框架研究组（2010）也认为会计信息相关性优于可靠性。

（2）会计信息可靠性优于相关性。葛家澍（1999）提出，可靠性是会计信息的灵魂，也是基础与核心，并把可靠性优先作为我国财务会计概念框架会计信息质量考量的前提。会计信息质量特征研究课题组（2006）在共同组成我国财务会计信息质量特征体系的 16 个质量特征中，真实性特征居于首位，相关性特征及其组合是次要质量特征。2006 年，财政部发布《企业会计准则——基本准则》，可靠性位列会计信息质量要求的首位。

(3) 会计信息相关性与可靠性同等重要。理想状态下，同时具备这两方面质量的会计信息对投资者等财务报告使用人的经济决策才是有用的。过于强调相关性和过于强调可靠性都不适宜，要正确处理会计信息的相关性和可靠性的关系（朱元午，1999），这对我国全面会计改革具有现实意义。当然，相关性和可靠性二者既对立又统一，共同服务于会计信息有用性，要同时兼顾并根据实际的会计环境进行权衡。为保证会计信息的有用性，相关性和可靠性都不可少，应具体情况具体分析，从具体的交易、事项、场景、环境来权衡两者的关系。

第 3 章　论会计的对内管理职能

　　单纯重视会计信息的外部决策有用性是有缺陷的。既要强调会计信息对外部报告使用人的决策有用性，更要强调会计信息和会计活动对决策层的有用性。会计活动的首要服务对象是管理者，最关注会计信息质量的也是内部管理者和实际控制人。引导企业管理层重视会计信息并强化会计活动的价值观，才能真正提升内部控制水平、风险管理能力、会计信息质量，才能改善企业的价值创造和资源配置。企业发展是市场完善的前提，企业若不能发展，市场也很难完善。从这个角度来说，概念框架及理论体系更应充分关注会计的对内管理职能，也就是应当重视内部决策和企业发展。这个改革思路着重于会计活动及信息服务的内部有用性，是具有普适性的会计思想。这里主要基于中国国情，从会计管理体制、公司治理结构、企业发展角度讨论会计活动的对内管理职能，并提议编制"会计管理报告"，以弥补现行概念框架下财务报告的不足。

　　需要说明的是，本研究提倡的"职能导向""对内管理职能""会计活动"，是从"财务会计"角度出发的，并非常言中的"管理会计"。"管理会计"主要指向成本核算、预算编制、业绩考评和薪酬激励，但会计的"对内管理职能"主要指概念框架和会计准则在影响企业投融资决策和管理层经济行为方面的功能，可以解释为会计活动和会计信息的内部决策有用性。举例来说，以公允价值核算证券投资与以历史成本核算相比，会使管理层更倾向于将资金配置到金融资产而减少产业投资吗？这就是会计制度在财务行为规制方面的管理职能，也是会计准则的经济后果。同样，会计的基础概念也可以影响管理层行为。例如，改变资产的定义将如何影响保险业的收入确认呢？诸如此类，在以下章节和各章中都有讲述和讨论。

3.1 从会计管理体制做分析

全球各国会计管理体制总体上分为行业自我管理型和政府集中管理型。如图 3-1 所示，中国属于政府集中管理型，美国属于行业自我管理型。

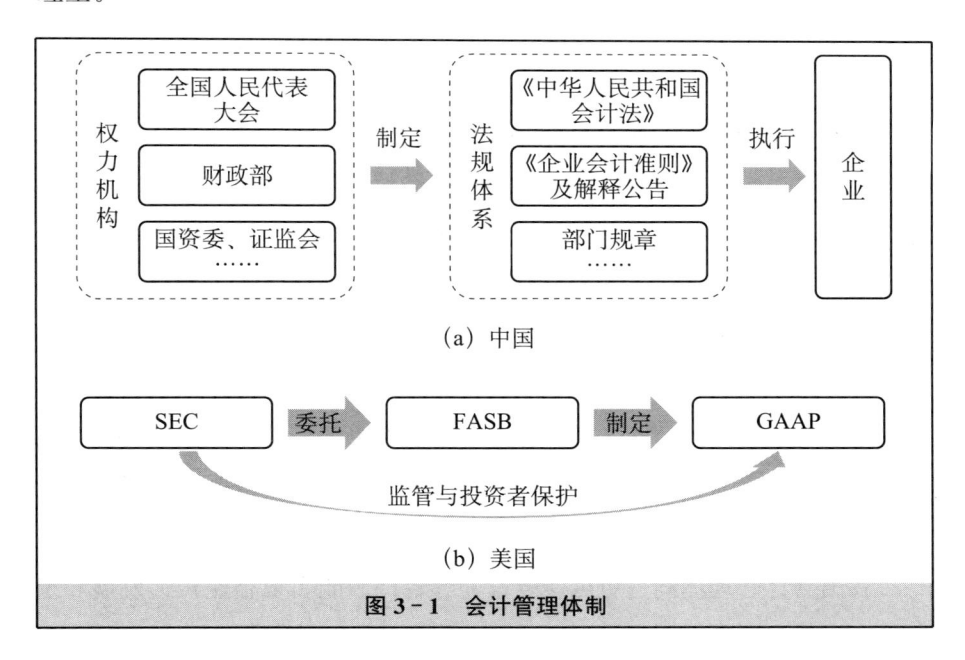

图 3-1 会计管理体制

在产权私有制下，美国国会及其政府管理部门并不直接对企业的会计活动提出规范性要求，但我国会计管理权归属于国家财政部门，并且与会计的管理职能紧密相关。这一管理体制的差异在定义会计的管理职能方面具有决定性影响。与欧美国家相比，我国更加强调会计的对内管理职能以及会计在促进企业发展中的作用。在国家体制层面，因为生产资料私有制的采用，美国会计准则的制定，SEC 行使金融监管职能，FASB 行使会计准则制定权。这都属于会计信息监管，并非会计活动规制。也就是说，

SEC的监管职责在于会计信息质量。因此，SEC并不直接干预会计准则的制定，也不涉入企业内部的会计活动，而是采取行业自律的方式，通过定期公开财务报告实现合规性审查。这种会计信息监管型管理体制，政府管理者和外部投资者都会偏重财务报告，而忽略会计活动的内部管理职能，因此也带来了相应的金融监管挑战。极端情况如1929年10月，纽约证券市场价格崩盘，导致破产、失业等问题，美国陷入经济危机。查特菲尔德（1989）指出，缺乏会计管制是1929年经济萧条的原因之一。

在生产资料公有制下，政府管理部门必然重视企业内部的会计管理活动。就我国会计管理体制来说，也确实体现了这样的制度安排。一方面，由财政部实行全国统一的会计管理，制定全国统一的会计准则，并且会计行业的各个专业学会、协会和各级组织也都接受财政部的业务指导，包括中国会计学会和中国注册会计师协会；另一方面，在政府的部门设置中，由各级国资委系统实行国有企业（会计）绩效管理，由审计署对国有企事业单位实行政府审计，由证监会实行上市公司（会计）信息监管，这三个部委也是会计管理的重要部门。所以，就中国来说，会计工作既与企业发展密切相关，也与市场监管、财政监管、税收监管、社会审计、政府审计等经济金融管理活动联系密切。从这个意义上说，会计既是维护社会主义国家市场经济秩序的监管工具，也是加强国有资产管理和促进国家经济增长的政策工具。这就更有必要强调会计管理职能在财务报告概念框架中的重要性。综上所述，我国会计管理体制有助于发挥会计的对内管理职能。

我国会计管理体制也更可能通过会计管理职能实现企业长远发展和宏观经济目标。这是因为，根据我国社会制度和管理体制，企业的会计工作大量涉及如何处理整体利益与局部利益的关系、原则性与灵活性的关系、资产使用价值与经济价值的关系等（杨纪琬、阎达五，1982）。这些都是重要的理论问题，也有重大的现实意义，但在西方会计理论中显然都不曾受到重视。两相比较，更有必要强调会计的对内管理职能，并且也更需要探索解决中国问题、具有中国特色的会计管理理论。

关于会计的内部管理职能究竟能做什么的问题，杨纪琬（1984）指出是为建立一个具有中国特色的会计理论体系打基础。在证监会的监管框架下,会计的外部治理职责需要保护投资者权益和公众利益。在《公司法》的规范下,会计的对内管理职责意味着保护职工权益、公司法人资本和其他利益相关者的合法权益。会计人员的职责所在,也是会计人员的权利所在,它有利于强化员工的成本意识和管理意识,更加强调会计在市场治理中的作用(夏冬林、刘峰,1995)。

3.2 从公司治理做分析

公司治理与会计的对内管理职能是紧密相关的。一方面,公司治理是会计对内管理职能的重要基础,不同的公司治理下有着差异化的会计管理;另一方面,会计的内部管理与公司治理相互影响,公司治理机制可以保障治理目标和控制目标的实现(程新生,2004)。不健全、不合理的公司治理结构则是导致会计信息失真进而出现财务舞弊的原因,完善公司治理结构可以为会计的对内管理职能的执行提供有效保障(陈汉文等,1999;程新生,2003)。

就会计职能的预设目标而言,需要首先回答公司治理旨在优先保护谁的利益的问题。也即,公司治理特征影响和决定一个国家或组织对会计职能的选择。在这方面,如图3-2所示,各国的公司治理设置各有特色。

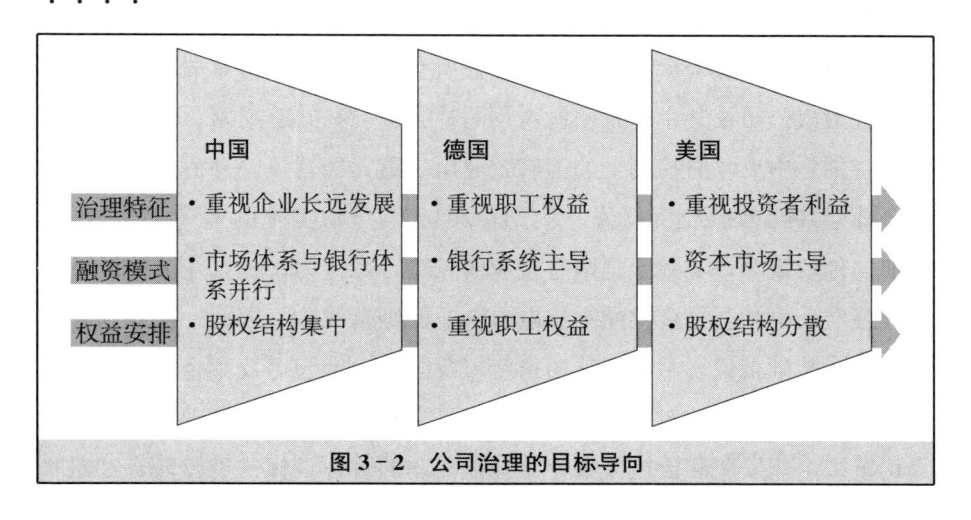

	中国	德国	美国
治理特征	·重视企业长远发展	·重视职工权益	·重视投资者利益
融资模式	·市场体系与银行体系并行	·银行系统主导	·资本市场主导
权益安排	·股权结构集中	·重视职工权益	·股权结构分散

图3-2 公司治理的目标导向

美国的公司治理机制重视投资者保护。美国的会计信息监管就以外部决策有用性作为首要的财务报告目标，强调对外部投资者的权益保护。这个会计目标是与美国经济以公众公司为主导以及美国上市公司股权高度分散的治理特征相适应的。

德国的公司治理机制重视职工权益保护，日本则重视主债权银行权益和职工权益保护。德国、日本通过银行控制企业的融资以及公司治理方面，以受托责任观为导向，强调对职工的权益保护（张炎兴，2001）。在德国，职工拥有共同参与决策的权利，在重大决策上享有表决权（金芳，1996）。在日本，企业采取终身聘用制，重视职工的福利，促进企业团结一致，稳步发展（杨胜刚、安青松，2003）。因此，德国和日本也应制定与这一目标相适配的会计理论和制度体系。

就我国而言，财务报告的目标应把企业长远发展和价值创造放在首位，这是由我国以国有企业为主导、以大股东控制为特征的公司治理结构决定的。当然，即便是资本市场高度发达的国家，也应把企业可持续发展和长远利益诉求放在首位，而不是把资本市场上投资人的经济利益和投资回报放在首位。企业的发展应以人类的长期生存与高质量发展为终极目标，这在任何经济体和国家治理体制下都是同一的。

具体来说，其一，国有经济是我国市场经济的重要组成和主导形式，代表了全体民众的共有社会财富，对国有企业的会计管理活动进行过程控制是有必要的。国有财产属于全民所有，国有资产主管部门代表人民行使所有者职能，社会公众是实质上的权益所有者，即便不持有股份，也应享有国有上市公司及其企业集团所占用的社会资源和共有财富。而一旦国有企业特别是中央政府控制下的国有企业出现重大经营风险和亏损，必然导致全社会共同承担经济损失。例如，2010年开始实施的电力加价政策、燃油加价政策等，实际上是国有企业的风险转嫁行为，把企业风险转嫁到社会公众，由社会公众共同承担电力企业的经营风险。因此，就我国社会主义经济基础来说，站在会计的角度，我国的上市公司及其企业集团不仅需要重视会计报表的对外决策有用性，更应当重视会计的管理职能，要把真正重视企业发展和价值成长作为会计活动的管理目标（曾雪云，2021）。

通过会计管理活动在企业经营中的核心地位和制约作用（阎达五，1983b），发挥国有企业的价值创造性。因为，企业真实的价值创造能力是比向市场报告会计经营业绩更为重要的。这也是说，会计对价值运动进行过程控制和参与决策的职能，是比对外报告职能更为本质和更基础的。

其二，民营上市公司以产权私有为前提，存在财富转移和利益输送行为，有必要通过加强会计管理职能以实现股东之间的利益制衡。重视民营上市公司的会计管理职能，就意味着重视民营上市公司的企业发展和投资者保护。同时，研究表明我国民营上市公司往往存在较为复杂的政治关系。民营上市公司建立政治关系不仅出于政治资本投资的需要，而且是控股股东利益输送的需要（潘红波、余明桂，2010）。从这个意义上说，民营企业的财富积累并不必然出自价值创造，而与对社会资源和共有财富的占用和转移有密切联系，这就更有必要披露内部管理活动和生产经营过程，以促使实际控制人和管理层把公司业绩和长远发展放在第一位。

其三，我国上市公司普遍存在股权高度集中、非整体上市、金字塔控股结构等公司治理特征，导致投资者保护程度较弱、证券市场信息监管困难。在制度设计上，有必要把重视企业发展和价值成长放在第一位，促使大股东转变价值取向，真正重视上市公司财务业绩。这个内部管理目标将要求会计从职能出发，对财务报告概念框架、计量基础选择、会计准则设置等，也就是那些用于衡量企业资产、负债、权益、收入、费用、利润的概念以及确认、计量、报告、披露活动，都重视从企业发展和价值成长的角度做出选择和制定规则，而非直接接受以资本市场为"底板"的目标导向会计理论体系。

就我国资本市场来说，一方面，待解决的公司治理问题在于关联方利益输送和利益攫取行为，以及存在公司治理泛化现象；另一方面，其独特性在于，管理层很大程度上代表控股股东利益，并非真正意义上的职业经理人，这为控股股东实现控制权私有收益提供了条件。解决之道在于，积极鼓励上市公司高质量增长，给控股股东带来实际、持续的财富增量，在此情境下，控股股东就很可能增加对上市公司的支持行为，从而创造出共享收益。

3.3 从企业发展做分析

财务会计的对内管理职能在企业发展的不同阶段会得到不同体现（曾雪云，2021）。Dickinson（2011）通过现金流模型将企业发展分为初创期、成长期、成熟期、震荡期和衰退期。以下从生命周期视域分析会计的角色，解释职能导向下的会计理论体系是如何被需要的？又是如何挑战当前目标导向概念框架的？

企业在初创期的业务活动较少，需要投入大量资金和精力做市场开拓，此时需要会计充当"管家"的角色，做到精打细算和节约资金。这些当然与管理会计和财务管理也有一定关联性。至于它们各自在学术和理论层面的概念归属和区分，则应属于同一事物的不同侧度。因此，初创期的会计活动主要承担一些基础职能。

企业在成长期的业务蓬勃开展，需要建立规范有序的内部管理制度和内部管理实践；在成熟期，市场地位稳固，需要完善管理，加强控制，提升利润，维持可持续发展。需要注意的是，当管理实践活动发生变革时，管理制度也应发生改变和适应新实践。在这一点上，会计概念框架及其计量基础等理论体系，虽然是作为全球统一规则提出，但在执行层面仍然是个别的、有差异的。这就需要重视会计的对内管理职能。财务会计是资金统筹管理、业务统一核算、现金统一监管的技术平台和信息中心。企业（集团）为了加强控制、反映和监督，实现信息的及时传递和高效决策，往往会在集团层面设立多个统一的会计核算中心，将此前由各分子公司独立核算的会计权限收归总部。现在回顾国内大型企业集团建立统一会计核算中心的改革之举，已经是20年前就开始的一场会计组织方式的大变革。至于近十年，各企业集团更是基于互联网信息技术，开始了积极组建财务共享中心的改革。突出表现就是组织层的共享中心和业务层的业财融合得以实现。这种新的组织方式和互动方式是对会计核算中心的替代。如果说上一轮变革还仅涉及会计核算组织方式的改变，现在则是会计核算端与业务流程端在人员互动和数据连接上的双重变革。

目前，国内的大型企业已经普遍建立财务共享中心。这种会计组织方式的改变，正在将基础的会计服务性工作转移到非会计人士，同时也在为会计和财务专家带来新的机遇，会计和财务专家将有可能成为企业的战略家。他们正在或已经由财务共享服务实现了从会计和财务专家向业务的跨越。在思考企业价值和组织的未来方面，单一的专业技术视角、人力管理视角、业务视角都有桎梏，反而需要整合性思维和管理性思维。这些经济金融领域的专业人士，在长期严谨而艰涩的专业学习和实践活动中，已经熟悉经济金融法律法规、公司治理、内部控制、风险管理、战略、税收筹划等，在多个领域拥有完备的知识，能够驾驭、熟练运用众多专业知识。在有了洞察企业业务的新机制之后，会计和财务专家成长为战略专家就不只是一种可能性，而是一种必然性。

这一过程将挑战会计的概念框架、计量基础、准则体系，以容纳新的职能、解决新的问题、适应新的改变。这就好像资本市场推动了财务报告概念框架的发展，会计的职能变迁将会促进会计理论变革。会计理论的形成和发展自古以来都是实践推动的，过去是，现在是，将来也是。会计理论体系并无一个固定不变的模式，而是随着企业实践活动的发展而发展，随着社会的进步而进步。典型的理论变迁就是，最近十年会计信息质量特征从可靠性偏向相关性、从稳健性偏向公允价值。至于将来会出现什么样的改变，现在还难以断言，但本书提供了一些思考和洞见。

企业进入震荡期和衰退期，说明正在失去活力、组织老化，因此需要进行重构以维系生存。这时，企业会被迫或主动削减一批重要业务和资产。这些业务活动也必然引发会计产生新的职能。例如，债务重组的核算在国内就曾经过多次会计政策变更。从深层来讲，债务重组是一个有关企业退出机制的会计理论问题。

可以说，会计就是经济活动的数据化。我国早在明清时期，西方早在中世纪，就发展了一套行之有效的数字逻辑和商业语言，用于理解企业的状态和支持企业的活动，这就是会计。会计理论从企业中来，会计活动要到企业中去。

由此，我们可以看到会计理论形成于企业发展之中，并且也服务于企业发展。从企业发展角度来看，重视财务会计的管理职能，把企业的长远发展作为财务报告的价值管理目标，要求上市公司披露会计管理报告，可以弥补通用财务报告的局限性。同时，还可以形成与通用财务报告并行的多层级报告体系，以此提升会计信息质量和提供决策相关信息。这将有助于减轻企业内外信息不对称，进而发挥会计在促进企业发展方面的作用。具体如图3-3所示。

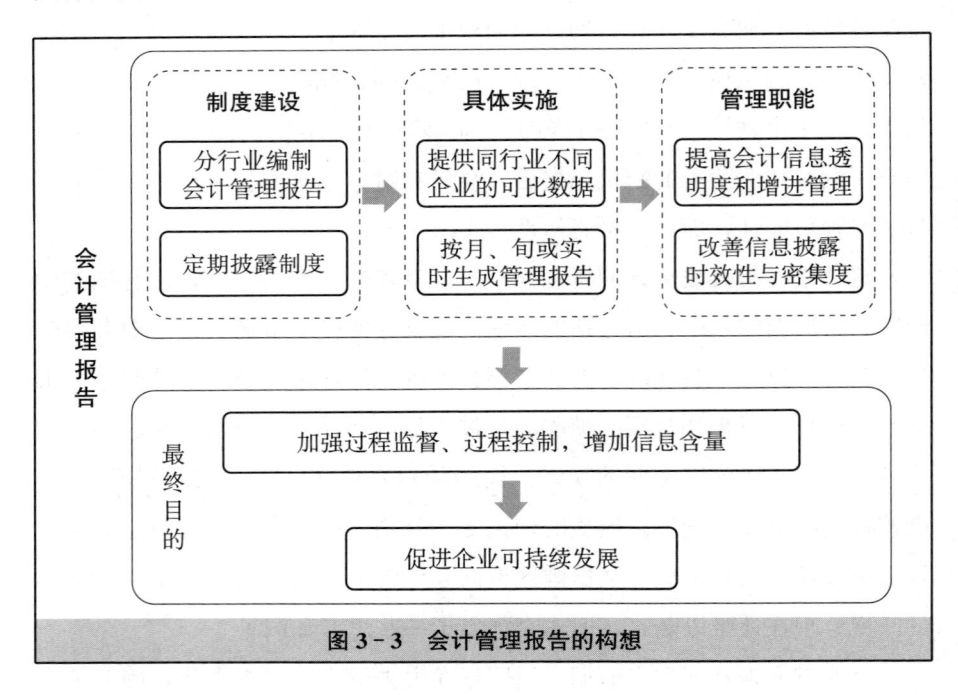

图3-3 会计管理报告的构想

考虑编制会计管理报告的目的是加强过程监管、过程控制以及增加信息含量，因此可以实行分行业编制和定期披露制度。具体来说，如图3-3所示。第一，建立分行业的会计管理报告制度，有助于增强会计管理对于生产与经营业务的统领性，从而在制度层面实现会计管理活动对其他生产经营职能的制约作用（阎达五，1983b），这也有助于会计管理从微观经济层面向宏观经济层面过渡。第二，使会计管理报告与通用会计报告并重，形成多层次的财务报告体系。同一行业内不同企业的经营业绩、产出规模、管理效率等质性数据，可以反映企业真实的经营能力，有助于报表使用者进行横向比较并发现影响企业发展和提升内在价值的信息,并且提高会计信息透明度,从而也有助于市场监管和市场估值。第三,按月、旬或实时生成会计管理报告,改善信息披露的时效性和密集度,可以减轻盈余操纵;并且分行业的经济信息往往与复杂业务直接相关,可以突显经营特质。第四,编制和披露会计管理报告,可以引导管理层更多地"向内看",关注企业经营与管理过程中的价值创造能力,这就有助于加强成本分析和价值管理;还能够鼓励行业内部的市场竞争,通过市场竞争实现企业价值和改善资源配置。

第 4 章　在职能导向下完善财务报告概念框架

本章提出依托本土会计思想，在职能导向下致力于满足报表使用者的多样性需求。通过融入新的报告理念，实现会计在资本市场的估值职能、在内部管理中的决策参与职能、在经济发展中的效率提升这三重职能的融合，有望使会计信息的决策有用性、反映与监管有用性和公共管理有用性得到均衡发展，并最终大力提升会计在国家治理和经济发展中的重要性。

本章对会计管理活动论的时代背景、理论贡献和用于改进概念框架的意义进行了讨论，认为有必要在理论层面对公允价值会计、资产负债表观、会计的逻辑起点、利润表的重要性、会计与经济的关系等问题进行定义和解释。进而，提出与构建职能导向概念框架理论体系相关的关键问题，它们是：会计准则在纯粹计量逻辑导向下可能出现的计量异化与投融资行为异化；提议重视财务报表使用者的多样性会引致需求的多样性；提议重视利润表的决策有用性；建议采用新的财务报告理念，包括与宏观经济相协调、揭示财务柔性、满足需求的多样性；建议在新的理念下，按照把利润与利得分开、把实体资产收益与金融资产收益分开、把生产经营收益与资产转让收益分开的原则划分收益结构，以增强会计的信息监管职能和对宏观经济决策的有用性。

本章还提出，应当把企业的长远发展和社会价值创造写入企业基本会计准则中，作为会计管理的目标。这是由我国以国有企业为主导、以控股股东为特征的公司治理结构所决定的。

4.1 职能导向概念框架的理论基础

我国本土会计思想对于改进现行概念框架的意义，这并不是一个新问题。早在 20 世纪 80 年代，我国著名会计学家杨纪琬和阎达五两位教授就提出了会计管理活动论，对会计的基础理论建构做出了思考。与此同时，如图 4-1 所示，会计信息系统论也认同会计是管理工作和具有决策参与性。可以说，会计在协调宏观经济效益和微观经济效益关系方面的作用，得到了会计管理活动论、会计信息系统论、会计管理工具观等流派的一致认同，形成了我国本土独特的会计管理思想。

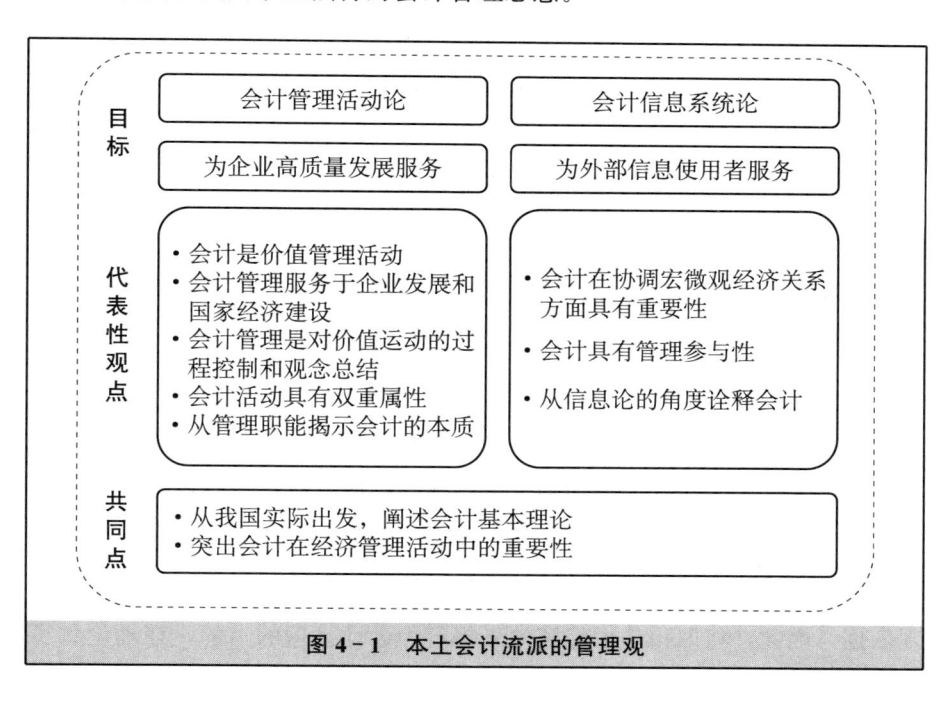

图 4-1 本土会计流派的管理观

目标	会计管理活动论	会计信息系统论
	为企业高质量发展服务	为外部信息使用者服务
代表性观点	・会计是价值管理活动 ・会计管理服务于企业发展和国家经济建设 ・会计管理是对价值运动的过程控制和观念总结 ・会计活动具有双重属性 ・从管理职能揭示会计的本质	・会计在协调宏微观经济关系方面具有重要性 ・会计具有管理参与性 ・从信息论的角度诠释会计
共同点	・从我国实际出发，阐述会计基本理论 ・突出会计在经济管理活动中的重要性	

4.1.1 本土会计管理活动论

1. 会计管理活动论的时代背景

20 世纪 80 年代，会计基础理论研究处于百家争鸣时期。国内有多个学术流派，包括会计管理活动论、会计信息系统论、会计控制系统论等。

当时，国内会计理论建设刚刚起步。学者们一方面积极引入国外先进的会计理论和准则体系，另一方面对会计的角色与地位做出了早期思考，既重视社会制度和会计实践对于会计理论的影响，也重视会计对于企业发展和国家经济的促进作用。不同流派，形成了一些共识，主要包括：（1）财务与会计工作确有管理职能和社会属性（杨纪琬、阎达五，1980；杨纪琬、阎达五，1982；郭复初，1985；葛家澍、李翔华，1986；杨时展，1991a）；（2）财务与会计工作在现实经济中不可分离，在理论研究上不可分离（杨纪琬、阎达五，1980；郭复初，1985；杨时展，1991b）。

"会计管理"作为学术概念，由我国著名会计学家杨纪琬和阎达五提出，后来逐渐发展形成会计管理活动论。具体来说，会计管理理论从内容、目的、方法及其与其他管理的关系等方面构建了会计管理的概念框架。根据马克思的价值学说，在商品货币经济存在的条件下，将会计管理的内容抽象为价值运动。价值是商品经济的产物，而价值的存在又将引发价值的耗费和形成（包括价值的增值）、价值的实现、价值的分配、价值的补偿、价值的积累等经济现象，这些经济现象统称为价值运动。

会计管理活动论认为，会计产生于管理的需要，管理的最初形态就是计量、计算，即原始形态的会计。管理的内容和方式随着经济活动的发展而不断发展，由简单的计量、计算发展成为对劳动过程的指挥和调节，以获得更好的效果。伴随着管理中监督和控制职能的产生，会计的职能也由计量、计算发展为对经济活动的监督与控制。换言之，一直以来会计与经济效果都具有紧密联系，人们讲求经济效果的社会实践制约着会计的发生与发展，现有的会计理论与方法都可从人们讲求经济效果的实践中找到客观依据。因此，将取得最大经济效果规定为会计管理的目的，在理论和实践上都是合理的。

管理的基本职能是计划和控制，要根据价值运动的规律和特点，研究哪些计划和控制方法能使其取得更好的经济效果。除了总结已有的方法，还要将会计管理的方法分为几个层次，对一般方法、具体的技术方法分别进行研究。会计管理和其他管理的关系体现在三个方面：一是作为价值管理的会计管理与作为使用价值的其他管理的关系；二是会计管理与其他价值管理活动的关系；三是会计管理与具有双重性的其他管理的关系（阎达五，1983c）。

2. 会计管理活动论的基本内容

会计管理活动论是一系列有关会计管理职能和社会属性的解释、说明、定义，旨在揭示会计活动的本质及其规律性，是一个用于指导并预测会计发展的知识体系。这里提炼了会计管理活动论的基本观点。

其一，会计是价值管理活动。会计是人类有意识的价值管理活动，会计管理的目的是为了提高经济效益（阎达五，1983c；阎达五，1988）。从这个论断可以看出，会计管理活动论所解释的会计的目标不同于现行财务报告概念框架所解释的会计的目标。会计管理活动论中的会计目标是为企业服务的，而现行概念框架中的会计目标是为外部信息使用者服务的。会计管理活动论认为会计是价值管理活动，而现行概念框架认为会计是中立的信息系统。这是两者对于会计本质的认识差异。

根据马克思的价值学说，在价值运动中需要对价值的耗费、价值的形成以及新创价值与价值消耗进行记录、计算、分析、考核和监督，而这些实践活动正是会计工作的具体内容，因而把会计管理的内容抽象为价值运动是可行的（阎达五，1983c）。这个理论假设有大量国外文献支持，马克思的《资本论》、法国以费尧为代表的管理过程学派、美国学者载尔的著作《管理的理论与实践》、日本学者三井口一雄的著作《会计机能的发展》等都对现代会计的管理职能做了比较客观的分析（杨纪琬、阎达五，1980）。也就是说，在会计管理活动论看来，会计既是计量技术，也是管理过程，是人们应用计量技术对社会生产进行价值管理的实践活动（杨纪琬、阎达五，1980）；会计学则是研究人们如何应用计量技术对社会生产活动进行管理的一个科学体系（杨纪琬、阎达五，1980）。

其二，会计管理服务于企业发展和国家经济建设。把会计管理确定为价值运动、把会计学确定为管理科学，对于促进企业发展和国家经济建设将大有裨益。这是因为三个方面的作用：（1）有助于在会计工作中正确处理经济价值与使用价值的关系，使两者实现最优结合；（2）有利于正确处理局部利益与整体利益的矛盾；(3) 有助于取得更好的经济效果和资本配置效率。可见，会计管理活动论从来不认为会计是独立于经济体系之外的信息系统，而认为会计是经济体系的内部因素，并且是重要的内部管理因素。

其三，会计管理是对价值运动的过程控制和观念总结。根据马克思在《资本论》中的描述，"簿记是人们对生产过程的控制和观念总结"（杨纪琬、阎达五，1980）。"过程控制"表明会计是对经济活动的监督，"观念总结"表明会计是对经济活动的反映。"过程控制"在先，"观念总结"在后，两者结合起来解释了反映与监督这两项会计的基本职能。这两项职能尽管在理论上可以分成不同学科分支，在实践中可以设成不同岗位，但学科与学科之间、岗位与岗位之间是紧密联系的。会计的监督职能需要以真实反映为前提，否则会计监督将失去意义；会计的反映职能需要以有效监督为前提，否则会计信息很可能失真。如果单方面强调"观念总结"，而不注重"过程控制"，会计信息的失真和扭曲将难以避免。这些论述体现了会计管理活动论所具有的系统思维和全局观，依然可以用于指导今天的理论改进和实践工作。

其四，会计管理活动具有双重属性（如图4-2所示）。根据《资本论》的解释，人类的管理活动既要合理地组织生产力，又关系到社会劳动的组织和分配，因而具有双重属性。由此引申出，会计管理也有双重属性。首先，会计有技术属性，与合理地组织生产力有关系；其次，会计也有社会属性，与妥善处理人们在生产经营活动中的经济关系紧密联系（杨纪琬、阎达五，1980；杨纪琬、阎达五，1982）。虽然西方会计理论的指导思想是会计属于应用技术范畴，是外在于经营管理活动的一种信息技术，并且与社会政治条件没有直接联系（阎达五，1983b），但是会计管理职能的提升将来还会进一步强化会计的社会属性。这有两个方面的原因：一方面，会计计量将受到社会制度和生产方式的更多影响；另一方面，会计的对内管理职能将更多地体现出会计的社会属性。这是因为在阶级社会中，决定会计性质的主要还是生产关系，而不是生产力（杨纪琬、阎达五，1980）。

图 4-2　会计的双重属性

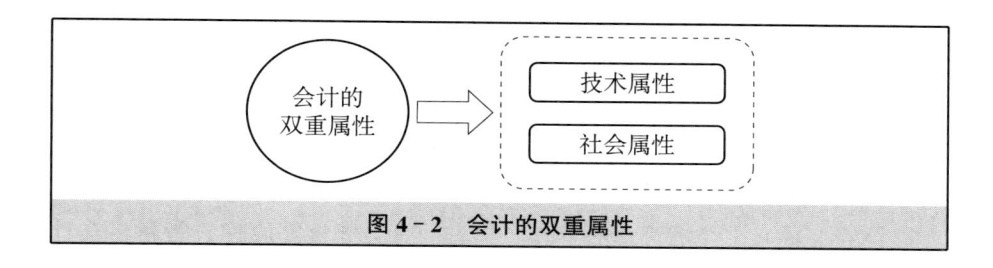

而且必须认识到，会计的社会属性大于会计的技术属性（阎达五，1983b）。因而在不同社会制度下的会计，既有共性、也有特性（杨纪琬、阎达五，1980；阎达五，1983b）。就资本主义经济制度来说，劳动和管理都是从属于资本的协作力量，体现的是所有者的意志和要求，是资本所有者对经营管理者的监督（杨纪琬，阎达五，1980；阎达五，1983b）。上述论述精辟地揭示了为何美国会计理论体系服务于资本市场的本质，所以必须清醒地认识到我国的会计理论建构应当服务于国家的大政方针和社会进步的本质。

3. 对于改进现行概念框架的意义

会计管理活动论最重要的贡献在于提出并且系统论证了"会计是一项管理活动"。相对于主流思想普遍认同的会计是一个信息技术系统，会计管理活动论体现了中国学者的本土思想。会计管理活动论对会计的本质、职能、属性等基本问题进行了讨论，为思考全球化背景下面临的会计理论变革提供了新的选择。它用于改进现行概念框架的意义体现在两方面：

一是建立符合中国管理体制和社会制度的基本会计准则或财务报告概念框架，用于指导会计管理工作以及会计理论体系的发展和完善。特别是国民经济快速增长的环境下，会计管理促进企业发展和加强监管的意义还将越来越重要，这是未来会计研究和会计改革的重要方向。

二是对公允价值会计、资产负债表观、会计的逻辑起点（职能导向）、利润表的重要性、会计与经济的关系等进行定义和解释，建设支持中国式现代化的本土会计理论。这些理论内容也是本书致力于完成的，将在后面各章节中展开深入讨论。

4.1.2 本土会计信息技术观

本节阐述本土会计信息技术观（也称信息系统论）对会计属性的解释。学者们认为，作为信息技术的会计，具有管理参与性。从20世纪50年代起，根据我国当时的国情，会计界认为会计是反映和监督社会主义生产过程的工具，或经济管理的工具。早先的《会计核算原理》教材将会计核算归为经济核算的一种，认为会计核算是反映经济过程中各个经济事实或经济现象的工具。此后，《会计原理》、《辞海》和《会计基础知识》等书将会计定义为管理经济的工具。吴水澎（1987）将会计视为管理工作中得心应手的工具，赋予了会计相当高的地位。

随着经济的发展与社会的进步，信息技术观的学者们指出，会计在协调宏观经济效益和微观经济效益关系方面具有重要作用（葛家澍、唐予华，1983）。会计人员可以科学地分析企业经济管理活动的开展情况、利用相关的数据信息对企业经济活动的开展进行全方位的把控，这也是整个企业内部管理工作的核心内容。会计的作用是不言而喻的，可以降低运营成本、保持资金链条稳定、提供决策有用信息、提高经济效益以及促进市场经济的良性发展。还有学者提出，会计信息系统是管理系统的一个子系统，系统中的凭证、报表等信息载体是根据管理需要设置和调整的，有利于加强经济管理，提高经济效益。

本土信息技术观并不反对会计具有管理参与性。将会计定义成信息系统，是因为会计信息系统可以向各有关部门或个人提供各种有用的经济信息，如各种管理报表和会计报表。会计信息系统是企业的主要信息来源，是经营管理决策的基础；并且，现代会计要向参与管理、参与决策等高级职能方面发展。所以，将会计定义为信息系统，与会计的管理职能在逻辑上并无矛盾，此两者存在内在联系，没有理由把它们割裂开来，更不应该使其对立（裘宗舜，1985）。还有学者认为，会计信息系统论和会计管理活动论有着共同内涵，都突出了会计在经济管理活动中的重要性，只是认识方法和角度存在差异，会计管理活动论从经济管理的职能来揭示会计的本质，而信息系统论则从信息论的角度和观点对会计进行描述（吴水澎，1987）。

4.1.3　中国本土会计的职能观

会计职能一直是本土会计学者的重要关注对象。会计职能的不断完善，能有力地促进经济的发展和社会的进步（朱德惠，2000）。我国会计界一致认同，马克思提出的簿记是"对过程的控制和观念总结"的论断，是对会计职能的科学概括（赵玉珉，1983）。马克思认为，簿记的职能是价值实现运动中必不可少的。随着生产规模的扩张，这种必要性就更大（阎达五，1983a）。我国《会计法》的立法宗旨要通过会计本身的职能来实现，其核心就是发挥会计核算和监督职能（杨雄胜，1999；杨纪琬，1985）。学者们指出，会计基本职能的发挥，可以保证企业的经济效益与财务的真实性（葛家澍、黄世忠，1999）。企业决策中的问题提出、多种解决方案比较和方案确定都与会计职能密切相关（王世定，1993）。这进一步证实了会计反映和财务分析等职能的重要性，而探讨会计的职能、阐明会计的作用，对于促进会计改革和经济发展具有比较具体和直接的影响（葛家澍，2000）。

在近年来的信息化和数字化浪潮下，本土会计学者对会计职能的观点变得丰富起来，会计成为全社会的共同需要，而信息的多样性则为会计管理职能的发挥提供了有利条件（叶康涛等，2020）。丁胜红和吴应宇（2019）对现阶段会计的管理职能与计量方法的创新从人本经济角度进行了讨论。同时，信息技术的发展也使得技术环境与会计职能的关系发生了变化，两者不再是技术影响职能的单向联系，财务信息化和会计职能的转型变得更为紧密。现阶段的会计职能也不再局限于反映和监督，还增加了分析、评价、预测和决策等新职能（曾雪云，2016b；吴水澎，2020）。在此基础上，会计管理还可以通过主动利用新一代信息技术，获取、加工、整理、分析和报告信息，为企业开展业务活动提供实时的数据支持。

4.2　职能导向概念框架的现实基础

4.2.1　需关切现行制度的经济后果

纯粹把会计作为信息技术，必将导致计量理论的异化和投融资行为的异化。其中影响最大的就是纯粹从技术角度思考公允价值会计的功用。第一类经济后果是计量异化。这主要影响会计信息质量。如图4-3所示，目前倍受质疑的问题主要有四个。

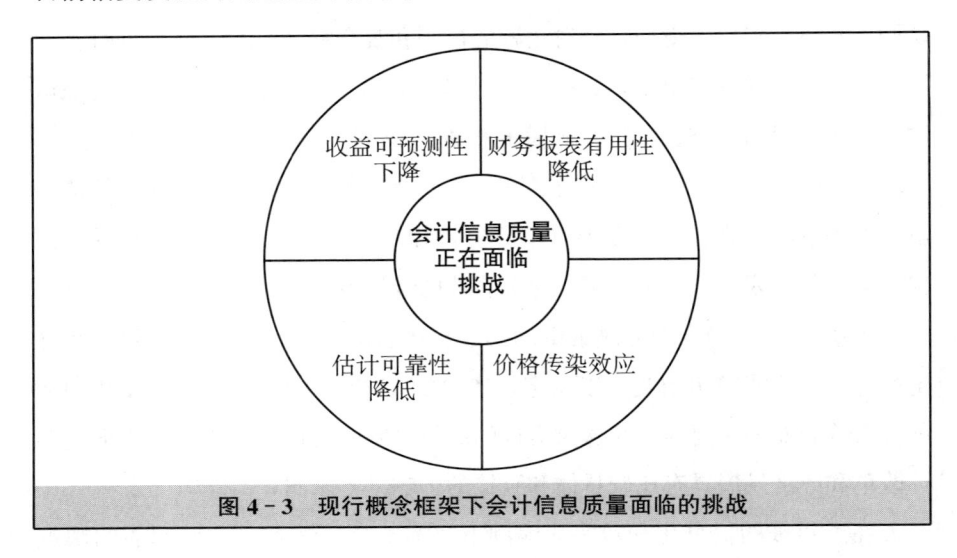

图4-3 现行概念框架下会计信息质量面临的挑战

会计信息质量正在面临挑战：收益可预测性下降、财务报表有用性降低、估计可靠性降低、价格传染效应。

（1）收益可预测性下降。在当期财务报表中包含更多对未来的估计，这将对利润确认产生重大影响。如果将更多的估计包含在今天的财务报表中，那么财务报表就是对未来期间的当前估计，会计收入反映的是当前期与未来期的价值变化，而不再是对当期经营活动的记录。在这样的趋势下，留在未来财务报表予以确认的收入极少，用利润表预测未来收入将失去客观基础。

（2）财务报表有用性降低。依据西方主流理论的设定，四大主表在理解现实经济方面的有用性将下降。资产负债表是关于价值的估计，股东权益变动表是对资产负债表的补充解释，利润表将失去原有的期间价值并且净利润的要素构成是混乱和掺杂的。全面综合收益还会更重要，其性质是对除投入资本以外其他权益变动的补充说明。在此情况下，唯有现金流量表还能大致影射实体在当期的经营活动和经营特质。

（3）估计可靠性降低。首先，第三层次的公允价值估计需要用到估值参数、估值模型，这些数据来源的可靠性较低，是公认的难解之题。对预期合同、预期交易、预期损失的估计都要大量用到模型、参数、折扣率，

第4章　在职能导向下完善财务报告概念框架

这些估计大多是主观的。这些可靠性极低、可辨性极差的数据真能提供决策有用信息吗？谁会信任这些数字？其次，第一、二层次的公允价值在理论上提供了最可靠的信息，但因为有价格波动这个估值风险，所以资产价格本身的不确定性会降低会计数字的可靠性和有用性。人们可以辩解说会计是一面镜子，会计的如实反映就发挥了它在经济体系中的作用。但当市场价格本身存在噪声、泡沫或者严重偏离价值时，盯市会计（mark-to-market）还符合公允价值的假设吗？

（4）价格传染效应。由于上市公司交叉持股的现象日益普遍，因此在资产价格上涨的情况下，利润表上的资本利得会在不同公司间传递，进而很可能放大实际收益能力。在资产价格下跌的情况下，利润表的损失数额也会在公司间传染，进而放大资产损失的总量。不同主体通过资产负债表发生联系，一方的资产对应另一方的债务或权益。通过这种联系形成了市场主体之间的价格传染效应，价格的局部动荡可能由此蔓延而引发整体的价格波动。这种传染效应在资本市场低迷时期可能加剧债务危机，在资本市场高估时期可能加剧资产价格泡沫，从而形成助涨助跌现象，并引发恶性循环。

第二类经济后果是财务行为异化。具体如图 4-4 所示。此前的研究发现，我国上市公司存在对金融资产持有损益的"重奖轻罚"现象（徐经长、曾雪云，2010；张金若等，2011）。对公允价值持有收益进行重奖的非理性行为，将出现管理漏洞并引导经理层更大的私利动机，进一步放大企业风险和导致代理问题。对盈余分项目损失进行轻罚，也是一种非理性行为，会助长管理层的机会主义和导致公司治理问题。这其中颇为重要和亟待研究的内容还有：（1）与金融投资有关的盈余操纵、市场投机、价格泡沫等问题，如证券利得交易和对金融资产初始分类的选择性；（2）与资产证券化相关的流动性和金融稳定性问题；（3）与资产收购、租赁、并购、无形资产、商誉有关的价格操纵、税收规避、利益输送等舞弊问题。

第二类行为异化与第一类计量异化的性质截然不同。首先，行为异化的发生虽然也与公允价值会计的经济后果有关，但很大程度上是由经理层、投资者的非审慎行为或者操纵和滥用所引起的，而非公允价值会计作为一种计

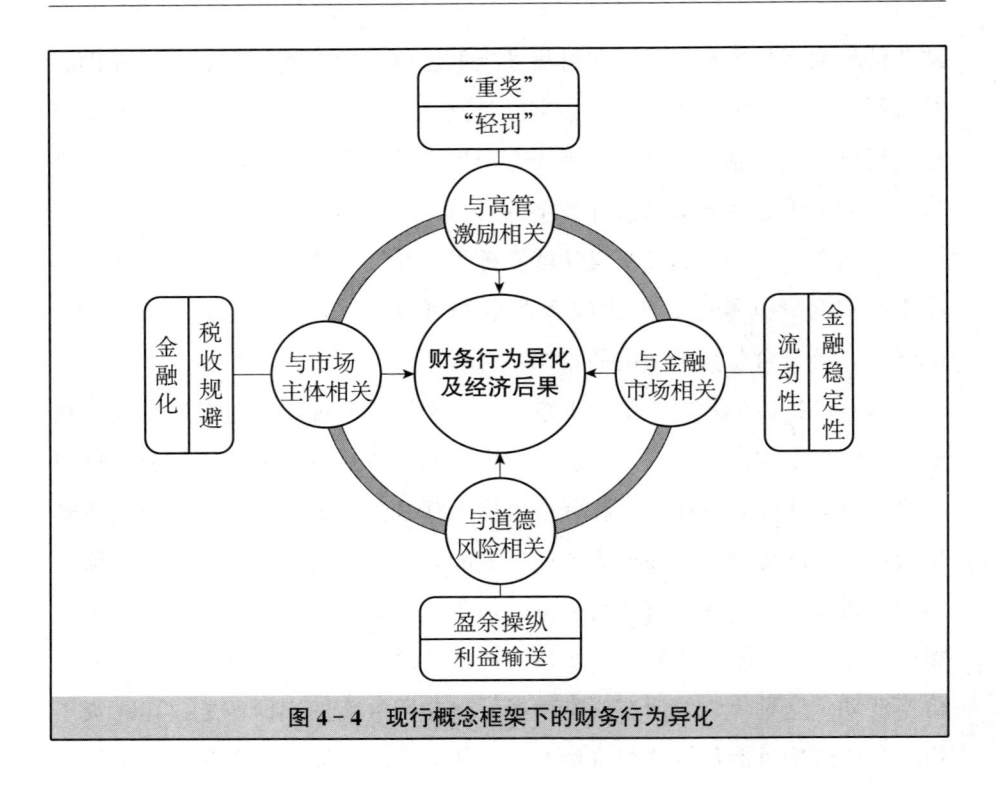

图 4-4　现行概念框架下的财务行为异化

量方法本身有弊端。其次，此类财务行为看似遵从了会计准则和合规性，它的隐藏危害却是日益深重的实体金融化趋势、金融市场的不确定性和市场震荡。特别是实体企业的金融投资行为在我国并不罕见，我于较早时期发表在《经济理论与经济管理》和《金融研究》的实证文章已经讨论了会计的角色扮演，但后来的研究几乎都直接聚焦实体金融化问题（胡奕明等，2017；刘贯春等，2018；杜勇等，2019；郝项超，2020），而较少讨论会计制度在其中扮演的重要角色。

甄别这两类问题的性质，有助于厘清纯粹把会计作为计量技术的弊端。会计可以是计量技术；但概念框架定义下的会计不能只用计量技术做解释，而是要看到技术背后的管理实质和行为导向。

4.2.2　需关注报表使用者的多样性

财务报表使用者的多样性会引致需求的差异化（曾雪云，2013）。由于报表使用者的信息需求具有多样性，所以很难用单一尺度衡量财务报告的决策有用性。财务报告的使用者,特别是上市公司财务报表的使用者,是诸多的特定或不特定群体。如图 4-5 所示,有控股股东、机构投资者、中小投资者、金融中介、审计机构、监管机构(如税务部门、财政部门)、内部职工、公益组织,也有研究机构、竞争者、同行、客户、供应商及评级机构,等等。所以,以资本市场投资者的信息需求作为会计理论的起点,肯定不是会计本身应有的全部内在逻辑。由于不同的财务报表使用者对决策有用性有不同的衡量标准和需求,因此,财务报表的设计者需要兼顾各类报表使用者的信息需求,至少需要兼顾资本市场的估值需求和实体经济的核算需求,既反映资产负债和权益的当前价值,也反映资产负债的权益、损益在实体层面的变动情况,也就是需要同时满足资本市场和实体经济两方面的信息需求。

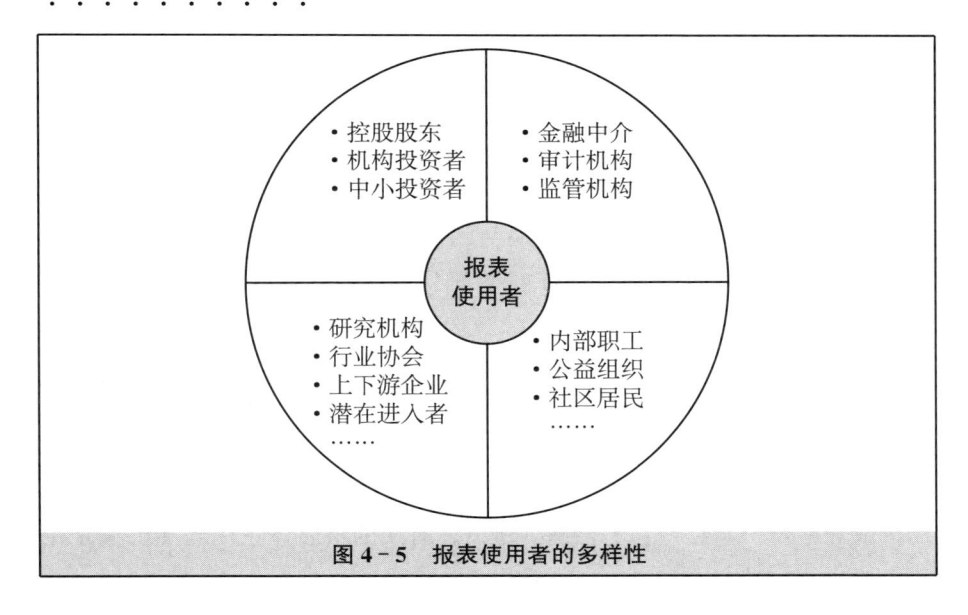

图 4-5 报表使用者的多样性

债务契约的提供者更重视偿贷期的资金安全,而不是资产负债表在未来期间的估值,因此在他们看来,财务报表的有用性首先在于能够揭示财务风险、道德风险、价格风险等风险因子,此时资产持有利得的决策有用性可能较低,但资产或有损失的决策可用性相对较高。

薪酬契约的设定者更可能看重经理层在当前合同期的绩效,此时财务报表的决策有用性在于能够提供当期经营活动与财富变化的准确信息,而预期未来交易则可能被视为成本较高而有用性较低的会计活动。

审计机构需要测评会计信息的可验证性,而不是验证估值模型的有用性,此时财务报表的决策有用性在于,提供了具有可验证性和符合可靠性计量标准的信息,因此稳健性原则下的会计信息可能比相关性原则下的会计信息更有用。例如,管理层对资产减值转回的估计在会计师看来可能是有用度较低的信息,但资产减值损失是评估经营风险的有用信息。

对于证券监管部门来说,财务报表的有用性在于揭示道德风险和违法行为。例如,某些会计操纵能通过报表勾稽关系被预警和查处。并且,监管部门通常关注企业的合规性甚过关注企业的绩效,除非收益估计有数据操纵迹象。因此,财务报告需要在可验证性和可穿透性方面提供更多信息。

政府管理者会将资本市场视为经济活动的"晴雨表",希望从企业财务报表中获取评估经济发展、经济结构、经济总量、经济周期的信息。但是,这些信息属于统计类数据分析,而非对未来的预期。如果财务报告提供的是大量包含未来预期与当前估计的混合结果,那么公共管理的决策者将很难区分和识别这两个部分,从而降低了会计在经济决策中的有用性。

对于多样性信息需求,如果会计准则的制定者和会计理论的预设者全然不顾,而纯粹把资本市场的估值有用性作为会计的报告目标,则无异于以某一类主体的信息需求替代了其他财务报表用户对企业经营情况的要求权。这合理吗?显然,它不合理。所以,有用的报表体系应当能够满足用户需求的差异化,而非仅仅偏重计量技术。在会计准则制定时,需要注意一个问题。那就是并非会计理论越完美,指导实践越有用。①

考虑到用户的需求多种多样,财务报表决策有用的标准还应包含实

---

① 一些例外情况可能会推动会计准则的发展。譬如,基于未来资产的现时交易如何定价?这是一个真实的问题,虽然此前没有讨论过。以长江电力(600900)2003年收购首批三峡机组为例,该笔交易以及交易所产生的现金流是现时的,但右岸拦河工程在当时还没有建成,那么三峡机组的定价要不要包含未来的右岸大坝?是否预计未来资产?这些以未来资产为交易对象的特定情况,将来势必引起更多关注,进而推动会计改革与计量创新。

用,而非理论的完善性。在这里,"实用"的含义是能让多数财务报表使用者较便捷地找到信息,并且在理解和识别上的困难较小。"困难"(hard)这个词在讨论某个经济活动的计量改进或者某项会计要素的确认时经常被提到。例如,在 Barth(2006)对多重计量属性进行评价时就提出它给报表使用者带来了困难。问题是这些"困难"应该如何解决?近乎完美的理论体系是不是有效的解决方案?还是会带来理解上的困难?在社会科学领域,实用的基础在于能够兼容不同用户与不同主体基于依存关系的自主需求,而不是以会计主体的价值估计替代使用者的价值估计。考虑到财务报告用户需求的多样性,就需要在完美的概念框架与实用的报表体系之间进行协调。

4.2.3 需重视利润表的有用性

尽管资产负债表的重要性居于首位,但也不能减轻对利润表的重视程度。

其一,利润表所展示的资产获利能力、盈余结构、当期价格变动等是资产负债表不能替代的。这些信息始终为投资、信贷、监管、厂商等各方关注。虽然资产负债表反映了当前时点的资产状况,但对这些状况的解释依然来源于利润表。并且,对资产状况形成过程的解释比资产状况本身更重要。这是因为只有弄清楚资产状况的形成过程,才能理解当前状况是否有真实的价值和可持续性。

其二,既然资产负债表的重要性替代不了利润表的有用性,那就不能因为资产负债表的重要性提升而降低利润表的价值和实用性。利润表的实用性在于它能满足不同报表用户的多样性需求。通常来说,资产负债表以特定格式提供了资产价值、负债价值、权益价值的变化结果,而利润表则更可能提供给报表使用者多样化的信息。其中,有来自营业活动的收益与成本信息,有来自金融资产价格变动的利得与损失,也有来自金融资产处置与持有的收益,等等。这些丰富的信息展示了价值变动过程和收益结构,它们应是实用、可理解的信息。所以,财务报告的决策有用性很大程度上也取决于利润表的实用性和有用性。

其三，利润表的信息含量取决于能在多大程度上满足报表使用者的多样性需求。报表使用者的多样性需求是需要着力研究的学问，这不是当前衡量决策有用性常用的价值相关性研究所能解释的。价值相关性研究在一定程度上代表了会计信息的资本市场决策有用性[①]，但会计的监管职能和公共管理职能很难从价值相关性角度做衡量。这必须深究会计的职能以及如何实现会计的职能。"职能"一词是对会计在经济体中所扮演角色的概括。如果会计的职能能够被接受，那么以财务报告作为载体的会计的职能应至少包括决策参与、监管和公共管理三个角色。考虑到会计的职能是多元的、而非单一的，所以会计的基础理论应考虑差异化需求，重视利润表的有用性，而非将利润表作为资产负债表的附属。

4.3 在职能导向下改进利润表

尽管有大量关于利润表处于次重要地位的讨论，但理性的市场参与者、管理层和公司股东会始终重视收益能力评估。报表使用者对主体的收益实现、收益结构、收益可持续性的关注是不可少的。人们的实践活动会将利润表与资产负债表等同起来。本节将分析利润表与资产负债表协同并重的重要性，并就利润表有用性的改进提出优化方案（见图 4-6）。

4.3.1 利润表与资产负债表协同并重

现在普遍存在一个观点，在资产负债表观下，利润表不再具有重要性。理由大概是，在概念框架层面，对资产和负债的计量影响和决定了收入和费用的计量，由于收入计量是依附于资产的概念，所以利润表的重要性下降了。例如，Barth（2006）强调利润表的重要性存在争议。但更早提出这一观点的是 Hicks（1946）。他认为一个特定时期的收入等于那一时期财富的变化，因此收入计量的关键是识别资产及负债的变化。这些变化取决于两点，

[①] "公允价值计量是否为经济决策提供了有用信息？"对这个问题的解释十分复杂。尽管近期的很多文献支持公允价值信息具有价值相关性和契约有用性，但不能排除决策无用的可能。一是那些不显著的实证结果也可能只是没有发表，而非不存在。二是即便对投资、负债、激励决策有用，但该决策可能产生负面效应，如顺周期效应、超额激励、价格泡沫、投机等。

图 4-6 在职能导向下改进利润表

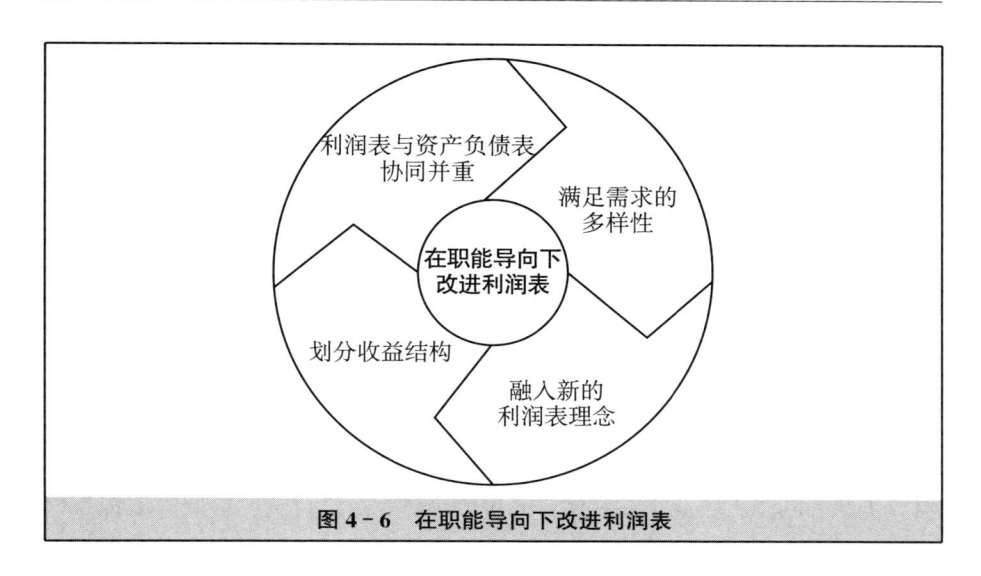

一是资产和负债的计量属性,二是资产和负债的定义范围。按照这个逻辑,未来的发展趋势似乎是:几乎所有未来资产和负债都要在资产负债表中确认,也就是说几乎所有的预期未来收益都要在利润表中确认,反映实体从一个时点跨越到另一个时点时财富的所有变动。在 Barth(2006)的计量规划下,这个变动包含了三部分内容:一是该时期内预期的变化;二是这期间的期望与实际之间的差异;三是折扣率的改变。照此逻辑,当期实际的经营绩效似乎已经不重要,人们只需知道当期现金流量变动就可以,而不再重视当期经营绩效。但事实上,学者们并没有去征集实务界的意见和看法。假若真是如此,今后的利润表将变得比现金流量表更加繁复和难以验证。

一个重要的事实是,凡是在财务报表中增加经理层主观性的制度设计,实际上都弱化了报表使用者根据可靠信息做出独立判断的能力。当会计学者以自己擅长的理论来推演会计实践时,实际上也在影响甚至决定会计准则,但学者们并没有注意到这实际上不利于引导实业的发展,而仅仅便于市场估值。

利润表与资产负债表应当协同并重。可能有人认为,正是利润表操纵导致了会计信息失真,所以应降低利润表的重要性。但我认为资产负债表与利润表是彼此关联的。随着资产负债表重要性的提升,利润表的重要性也会提升。关于资产负债表重要性提升之后利润表就无足轻重的认识是错误的。原因在于以下几点。首先，由于收益计量正在变得比以往更加复杂，因此对收益结构的分类务必认真，并科学对待，但如何完善利润表的结构还未曾引起监管部门的足够重视。其次，收益可实现性是定价的基础，有些未实现收益也在计入利润表，但它们的可实现性被忽略了，并且还取得了与已实现收益对等的地位，这两者应当有明确区分。再次，全面综合收益、其他综合收益与本期利润共同解释了主体的收益构成与收益质量，但是它们并没有被严加区分。这来自资产负债表观重塑了利润表的内涵，致使从利润实现观走向综合收益观，这种变化需审慎对待。

最后，需要强调的是，正由于资产负债表观对利润表有重建作用，所以引出了新的问题。企业正在利用公允价值会计手法进行资产价值的虚构与权益操纵。众所周知，在引入公允价值会计之前，盈余操控主要局限于应计项目管理，而现在的盈余操控正在变成对资产交易、债务工具和权益交易的管理，衍生出商誉的定价问题、资产证券化的投机问题、金融资产交易的择时问题等一系列以市值管理为目标的实质性操控活动。这些活动都映射出这样一个新的担忧，在利润操纵被管控之后，资产操控策略开始出现并发展到了更难以监管的程度。

4.3.2 适配需求的差异化

受资产负债表观影响的利润表和综合收益应如何更好发挥决策有用性？利润表观的原则与理念何在？利润表的结构如何呈现？针对这些理论问题，需要结合资产负债表来报告经营主体的利润质量和利润来源，需要将公允价值理念下的资产利得与传统收益实现制下的营业利润区分开来。这是为了避免企业利用公允价值会计手法进行资产价值的虚构与权益操纵。我认为利润表应该满足需求的差异化，而不是仅强调它在资本市场的有用性。现讨论如下。

有的学者设想，在以资产为核心的概念框架下，利润表相当于附属品，其作用是记录除资本投入、分配与转增以外的权益变动（或称为资产价值变动）。然而，这一做法难以提升会计信息对经济实质的解释力。主要有两方面原因：一是资产理念不能根治盈余管理行为；二是资产负债表观下的公允价值会计存在较大的信息风险。所以，以资产负债表理念改造利润表数字无异于"头疼医脚"。用貌似有理的方法解决不相关问题。与其"头疼医脚"，不如推陈出新，从利润表本身的有用性角度探求解决方案。

利润表的有用性出自两个方面。首先，利润表是衡量企业经营结果的报表，诸多的经济评价指标都只在利润表中得到体现，所以利润表具有不可替代性。其次，利润表中的损益数字是经理层的主要操纵对象，所以直接改进利润表，更加重视利润表的信息质量，才可能帮助使用者识别盈余操纵，帮助外部使用者了解企业的经营过程和经济特质。只有找对问题，才能解决问题，利润表的问题需要从规范利润表本身探寻解决方案，而非当前认为的引入资产负债表观来降低利润表的重要性这一形而上的做法。

4.3.3 融入新的利润表理念

前面已经讨论，会计信息对不同利益主体并不具有价值一致性，但现行概念框架却基于一致性假设做制度安排。这使得当前会计信息对于合约订立、内部管理和宏观经济的有用性不足，将会加重金融市场的不稳定。

这里，将资产负债表观下单纯强调投资决策有用性的资产负债表理念称为资产负债表的市场主义。它导致了两个缺陷。一是很难与宏观经济发展相协调。"与宏观经济发展相协调"，本应是会计的重要职能，但在当前的财务报告中鲜有体现，这是第一个缺陷。二是很难满足不同报表用户需求的多样性（曾雪云，2013）。"不同报表用户需求的多样性"，本应是管理常识，但现行财务报告与此相悖，致力于以公允价值作为衡量企业价值最重要甚至唯一重要的标尺，这是它的第二个缺陷。

这两个理论缺陷应作为利润表优化设计的起点。这里提出用收益实现观改进综合收益观的想法。收益实现观是指在利润表中清晰地呈报本期收益的结构与质量层次，其重点是必须以清晰、简明的方式呈报本期已实现收益和未实现收益，并且已实现收益需以简明的方式展现来自营业活动的收益和来自金融活动的收益两个类别。这个收益划分可以提升利润表的信息质量，是基于完善利润表质量标准而提出的，而非基于资产负债表质量标准而提出的方案。

如图4-7所示，在收益实现观下，对利润表的改进需要融合三个新的报告理念。

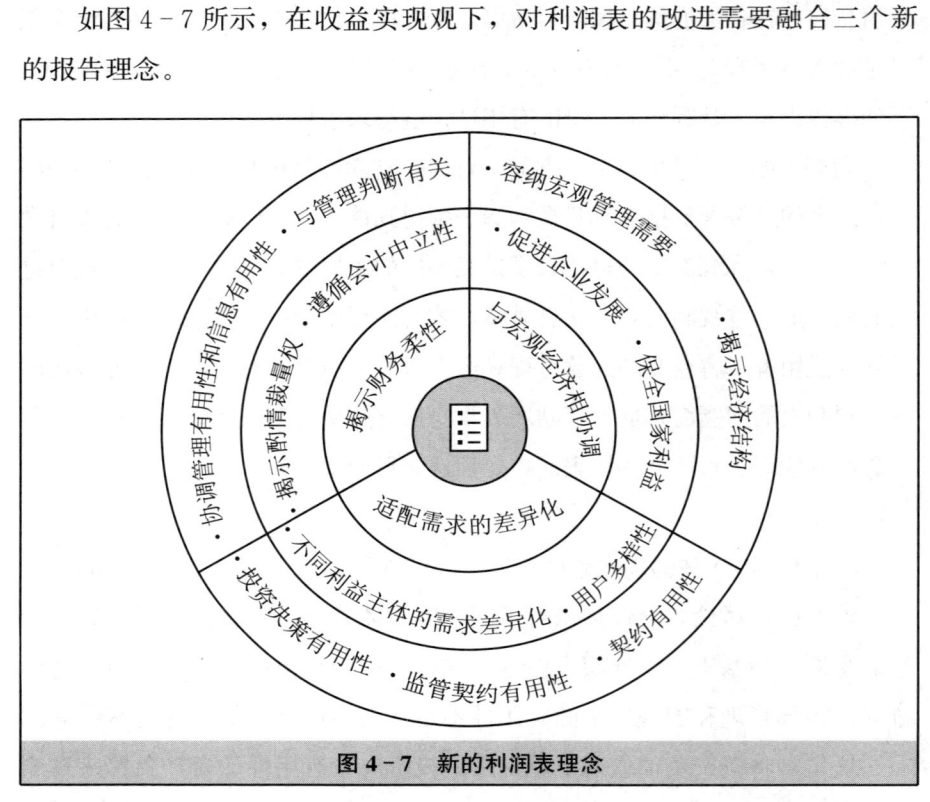

图4-7 新的利润表理念

第一个理念是与宏观经济相协调。对利润表的建构，首先需要考虑会计与宏观经济的适应性，利润表的级次和内容务求容纳宏观管理需要和有利于揭示经济结构，而不仅限于满足市场投资者的需要。市场投资者有时是推动金融发展的力量，有时是市场不稳定的推动因素。保护投资者利益并非至上的会计职能，而是众多职能中的一种，促进企业发展和体现国家利益才是对会计职能更为本质的概括。

第二个理念是揭示财务柔性。财务柔性有利于企业的生存和应对能力，但从会计的角度看，财务柔性有时就是盈余管理，不利于揭示本期真实的经营结果。实践中，往往难以辨别财务柔性中有无盈余管理。如此一来，真实性就已经不是会计信息质量的评价维度。那么，在利润表层面，如何体现会计的中立性呢？关于会计中立性的实现，可以将财务柔性披露给投资者，让投资者自己判断是否接受这些管理弹性。所以，对利润表的改进，需要将经理层酌情裁量的结果揭示出来，清晰地列示与财务柔性相关的损益，而将对财务柔性的价值判断留给报表使用者来完成。进一步来说，向报表使用者"揭示财务柔性"是会计的责任。它的有益之处在于，协调了会计的管理有用性与信息有用性的冲突。

第三个理念是适配需求的差异化。对利润表的改进，需要通过不同层级结构适配不同利益主体的差异化需求。以用户需求的差异化的多样性作为利润表的报告目标，与单一的投资决策有用性相比，是更为宽泛和更有一般意义的。首先，Watts（2003）曾提出，契约本身是对稳健主义的一种解释，契约是对社会实践的客观概括。举例来说，在资产抵押市场，抵押权人不大可能对抵押资产的持有利得进行定价，但一定会对抵押资产的可能损失做出估计。其次，政府和客户等不同主体对会计信息的需求是不一致的，这些差异化的信息需求都应得到尊重，并体现在财务报表中。由于资产负债表只能提供结果性估计，所以利润表的重要性还在于它能提供对资产负债表变动过程的解释，也即对资产、负债、权益在本期发生了哪些变动的解释。这是非常重要的会计信息，其重要性不亚于资产负债表，不能将利润表定位于资产负债表的附庸。

关于利润表与资产负债表的关系，我认为利润表是对资产负债表的解释和进一步表达。利润表与资产负债表这两者在数字构造上具有稽核关系，它们是并重的。会计需要满足差异化用户的需求，需要引导报表用户理解利润表的重要性，需要尊重经济体中各方利益相关者对信息有用性的诉求，而不是把资本市场投资者的信息需求作为唯一重要的假设前提，这具有很大局限性的。

总的来说，在收益实现观下，利润表在结构上应分门别类地提供收益信息，把收益的已实现与未实现、收益的营业活动来源与金融活动来源做一个划分，才能协调和满足需求的差异化，才能更好地体现会计的反映和监管职能。

4.3.4 划分收益结构

在新的利润表报告理念下，如图 4-8 所示，本节提出一个新的收益结构划分方案。它分为三个层次：第一层次是把利润与利得分开；第二层次是就利润部分把实体资产收益与金融资产收益分开;第三层次是就实体资产收益部分把生产经营收益与资产转让收益分开。

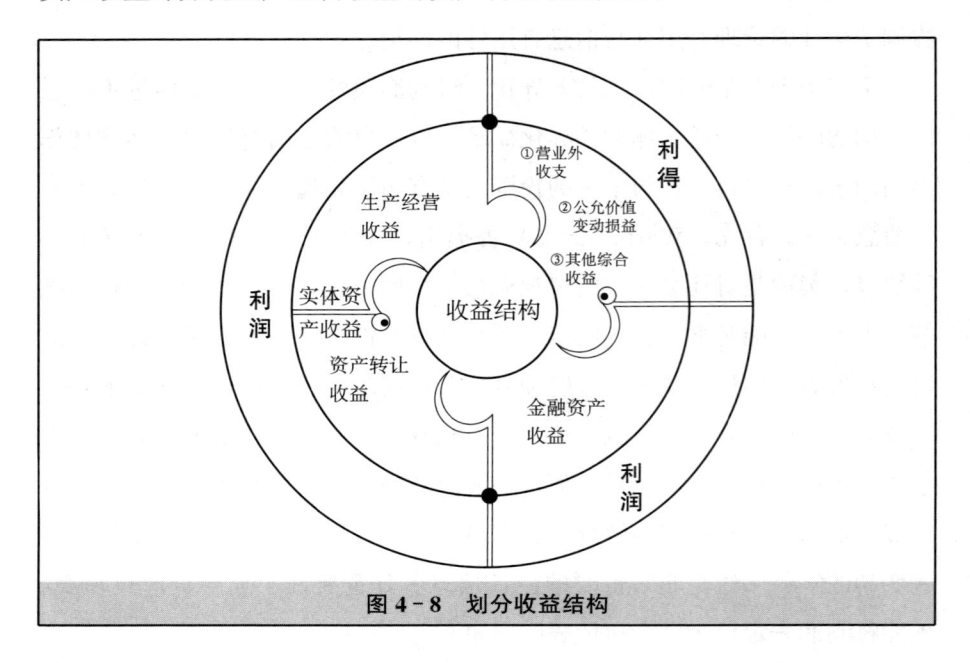

图 4-8 划分收益结构

这种划分的意义在于:(1)能够较好地实现会计与宏观经济相协调的目标,进而增强会计信息在宏观层面的决策有用性;(2)较好地协调了稳健主义和相关性的冲突,以及契约有用性与投资有用性的冲突;(3)有助于揭示财务柔性和信息风险,进而增强会计监管和改善投资者保护。

第一层次的收益划分是把利润与利得分开。在会计要素中,"利润"主要遵循稳健性原则,往往是已实现收益和资产减值;"利得"主要遵循相关性原则,往往是未实现收益,如金融资产公允价值变动损益、外币报表折算差额,通常归入"其他综合收益"或者"公允价值变动损益"。"把利润与利得分开"对于协调两种计量模式、两类会计原则以及双重报告目标是有意义的。具体来说:(1)"利润"以稳健主义为原则提供了契约有用性,"利得"以价值相关性为原则提供了投资有用性,所以分别列报能够满足需求的多样性;(2)"利润"遵循的稳健主义有助于金融经济稳定和企业持续发展,"利得"遵循的相关性原则有助于揭示资产价格变动及信息风险,有助于协调稳健主义与市场主义的冲突。

第二层次的收益划分是把实体资产收益与金融资产收益分开。为了增进对经济状况和市场风险的理解,有必要对实体资产损益和金融资产收益加以区分,并且在宏观层面也有必要对实体经济与金融资本做出区分。加之金融资产并不直接增加社会财富,并且存在投机行为、价格泡沫以及流动性风险,因此在利润表中单独列示确有必要性。"把实体资产收益与金融资产收益分开"具有重要的政策含义。一是宏观层面有利于揭示实体经济与虚拟经济的互动性及联动性,以加强金融监管和监测金融风险。二是微观层面有助于揭示财务柔性和会计弹性,可以帮助考察评估企业的盈余结构和盈余质量。现有研究发现,企业广泛存在以金融资产收益对冲实体资产收益的管理行为。例如,可供出售金融资产的利得交易是重要的财务策略,特别是在经营性收益下降或者亏损的情况下为盈余平滑和亏损规避提供了管理工具并且难以遏制(Lee et al., 2006)。就监管而言,在利润表中将实体资产收益和金融资产收益分别呈报,就可以同时揭示经营特性和财务柔性,从而提升会计监管效力。

第三层次的收益划分是把生产经营收益与资产转让收益分开。这两类实践活动的性质不同:一类是生产经营及劳务,属于财富创造行为;一类是资产转让,属于财富转移行为。前者创造价值,后者为价值创造提供资源。由于两者的性质不同,所以在监测和评估时也应分开核算。"把生产经营收益与资产转让收益分开"的政策含义和价值在于:一是微观层面有助于评估实体的经济活动是创造了价值,还是出让了资产。这有助于揭示企业的经营特性,并且也有助于实现高质量会计信息。二是宏观层面有助于评估一个经济体的增长模式和预测未来的发展前景,多大程度上依赖那些有财富增量的价值创造活动,多大程度上依赖没有财富增量的资源转移活动,从而为了解经济运行提供可靠信息。

4.4 概念框架的适应性拓展

4.4.1 适应信息技术变革

会计实践是不断演变的。人类最早采用结绳记事和贝壳计数作为计算工具，后来采用算盘和算数，近来使用单体计算机、局域网、互联网作为会计的新载体。人们为获得会计信息而实施的劳动，从手工方式转变为计算机方式，将来会从计算机网络向数字化网络演进，这是信息通信技术（information and communications technology，ICT）革命引发的。人类通过驾驭不同时代的信息技术而采用的新实践、新范式，推动了会计的变革与职能演变，并且还将以更快的速度在更大范围内变革，此前以人为中心的会计活动演变为以信息技术为中心的数智化活动。

科技革命将引发新的会计形式，特别是区块链技术（blockchain）可能引发下一个重大变革。区块链技术可以形成经过加密数字处理的分布式账本（Boomer，2016；Underwood，2016），以共识机制为基础创设一套由计算机程序自主完成交易审核、资金转移和账本生成的运行机制。区块链技术下的交易受理、交易实现、自主记账，具有去中心化（decentralization）、去信任（no trusted setup）、匿名性（anonymity）、安全性（security）和不可逆性（irreversibility）等特性。这些特性不仅在会计领域具有重要的应用价值，将来还可以最大限度地减轻信息不对称和代理问题。

此前，人类管理活动中的信息生成和存储普遍采用集权模式，信任某个机构或权力中心并由其负责信息的可靠性和安全性。这种中心化设置始终存在信息不对称和代理问题。而区块链是一个点对点交易和结算的自主管理信息技术，可以分布式对等存储全部数字信息，从而可以替代人类的管理活动，建立新的信任机制。区块链的分布式账本对于财务与会计的变革具有重要意义（曾雪云等，2017）。图 4-9 基于区块链技术提供了一个理解信息技术变革背景下未来会计的分析框架。

（1）区块链技术将促进会计转型，强化会计的价值管理职能。在区块链技术下，会计从业者将有更多时间从事分析、咨询、监测、决策等富有挑战性的复杂工作，在价值创造、价值传递和价值管理方面发挥积极作用（曾雪云等，2017）。价值创造，可以解释为拓展新的价值领域；价值传递，可以解释为价值在信息流上的自由传递与分享，未来的价值传递将以极便利和低成本的方式进行点对点的传输，对交易所和网络平台等第三

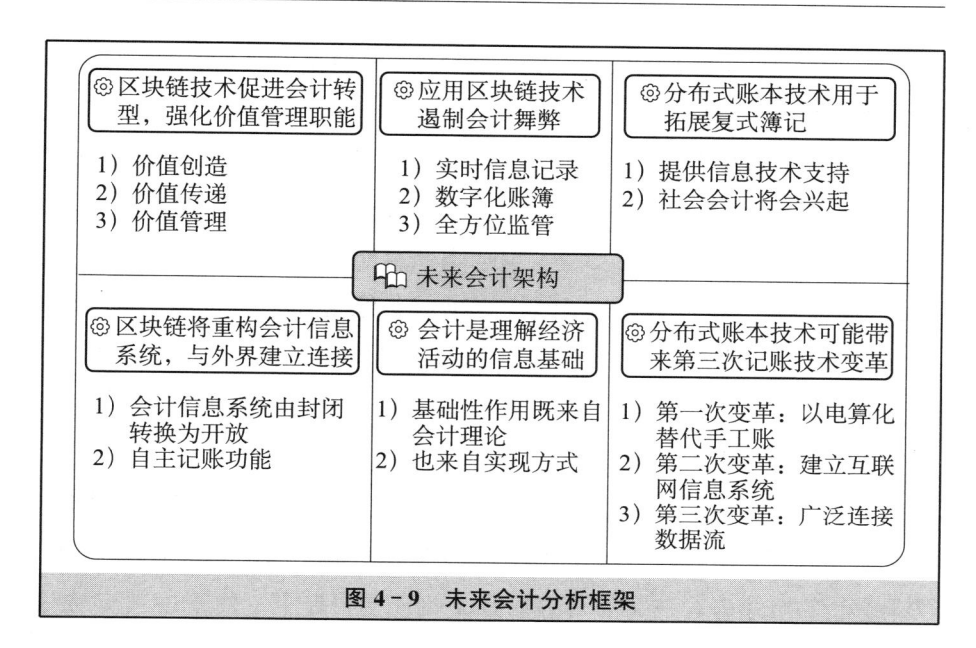

第 4 章 在职能导向下完善财务报告概念框架

⚙ 区块链技术促进会计转型，强化价值管理职能 1）价值创造 2）价值传递 3）价值管理	⚙ 应用区块链技术遏制会计舞弊 1）实时信息记录 2）数字化账簿 3）全方位监管	⚙ 分布式账本技术用于拓展复式簿记 1）提供信息技术支持 2）社会会计将会兴起
	📖 未来会计架构	
⚙ 区块链将重构会计信息系统，与外界建立连接 1）会计信息系统由封闭转换为开放 2）自主记账功能	⚙ 会计是理解经济活动的信息基础 1）基础性作用既来自会计理论 2）也来自实现方式	⚙ 分布式账本技术可能带来第三次记账技术变革 1）第一次变革：以电算化替代手工账 2）第二次变革：建立互联网信息系统 3）第三次变革：广泛连接数据流

图 4-9 未来会计分析框架

方中介的依赖性减轻，会计将参与到价值传递的过程中；价值管理，可以解释为所有者权益的保值增值，而区块链技术将对价值管理目标产生引导作用（曾雪云等，2017）。

（2）区块链技术将重构传统的会计信息系统，牵引企业与外界建立广泛连接、实现自主管理。具体来说：一是企业间将建立连接关系和数据网络，以自动实现申请、查询、提取、转换等经济活动或会计活动，使封闭式会计系统向开放式会计系统转换（曾雪云、徐雪宁，2020）。二是会计管理信息系统将具有自主记账功能。未来的分布式账本技术将提供（半）自主交易程序，并由智能合约替代人力对交易和事项做出判断，实现数据的自动抓取、传输和记录；在分布式账本技术下，能够实现自主溯源和验证真实性，不再需要人工审核程序（曾雪云，2020）。但考虑到会计复杂性、权益私有性、管理意图等因素，人们需要适当保留管理判断和管理决策，从而不大可能出现完全自主的会计信息系统。

（3）分布式账本技术将来可用于改进复式簿记的数据存储方式、数据获取方式，但不可能替代复式记账。原因在于，分布式账本技术可以为会计提供新的信息技术支持和实现方式，但无法替代会计的算法方程和会计的计量理论。会计的算法方程和计量理论是其作为专门管理活动的价值所在，会计的信息技术则随时代变迁而演变，它会提升而不是消灭会计的价值（曾雪云，2020）。

（4）分布式账本技术可能带来第三次会计记账技术的变革。此前在计算机技术支持下经历了两次记账技术变革（曾雪云，2020）。第一次变革是以本地电算化设备为辅助工具，用计算机打印生成纸质账表，以此替代手工账表。第二次变革是在互联网下实现了异地输入和异地查询。在分布式账本技术下，会迎来第三次记账技术的变革，实现可以多点存储的分布式会计账本。会计数据将存储在多主体的网络空间，数据的采集、连接、传输、验证、调用普遍存在。

（5）区块链技术能够遏制会计舞弊，减轻审计风险和提升审计质量。第一，区块链技术的时间戳功能，有助于防范事后更改记录或者添补记录等舞弊行为。第二，在交易行为的数字化连接机制下，便于追溯交易对手，因此在审计程序上可以通过数字化信息联通交易活动和会计活动，发现舞弊的可能性将极大提升。第三，区块链技术的去中心化和公开透明特性可以排除管理者特权，形成双向监管和全方位监管，有助于遏制高管舞弊和其他违规行为。

（6）会计是理解经济活动的信息基础，虽然会计的形式是变化的，但人类对会计的需求是永恒的。在区块链技术的提升作用下，会计的有用性将得到拓展，会计的基础性作用还会更加重要。虽然数字化信息将在企业内外实现广泛连接，但不同主体的权益边界依然存在（曾雪云、徐雪宁，2020）。

以上提供了一个理解信息技术变革背景下未来会计的初步框架。会计信息技术的迭代展示了独特价值。但会计理论创新的动力源自经济活动。经济活动的日趋复杂，促使会计理论和方法体系得到持续发展，使会计学成为日益重要的独立学科。信息技术也会驱动会计创新，体现为会计实践活动的高效能和集约化，提升信息质量和信息可用性。

4.4.2 适应商业模式变革

伴随互联网技术的发展，我国经济转型正在步入由产业经济、金融资

第4章 在职能导向下完善财务报告概念框架

本与科技革命协同发展的特殊时期,新的商业模式、市场业态和新兴产业迭出。这给现有的企业管理和发展模式带来了极大的挑战和冲击。新的时代背景下,会计如何反映商业模式的经济实质?

在展开具体探讨之前,先以银行业为例展现互联网背景下的商业模式变革。如图4-10所示,银行业商业模式变革动力主要源于两个方面。一是银行传统借贷业务忽视了存款人日益高涨的投资意识和借款人正在觉醒的信用意识,必然受到技术进步的冲击。二是社会财富的累积与互联网技术的发展,使得货币可以在移动端实现电子支付和直接借贷,这必然催生新的金融模式。两方面的共同作用,使得金融体系对银行的依赖性下降。银行不再是唯一重要的金融主体,集团内部金融、网络金融和自由金融业态不断涌现。此时,以信用为基础的网络借贷、以社群为基础的社交金融、融入个体信用的未来金融分享模式等,就成为金融的新基础,会计也需要变革理论与实务,以适应金融创新的实践需求。

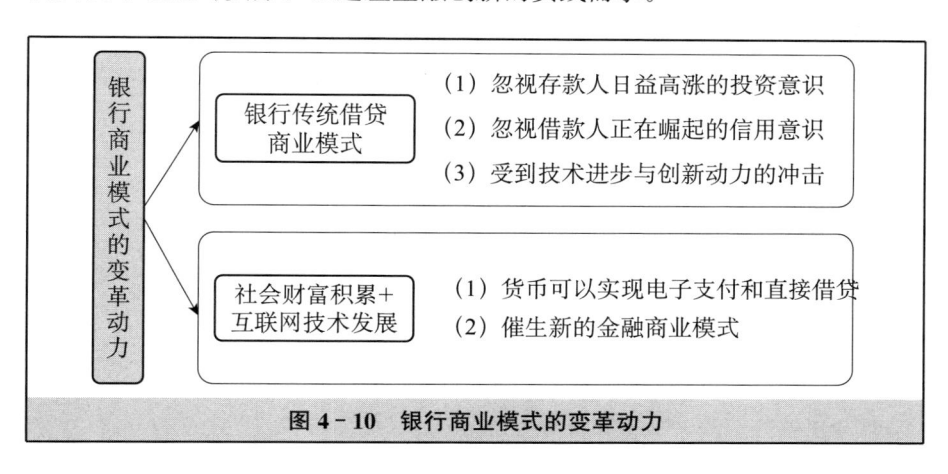

图4-10 银行商业模式的变革动力

商业模式具有鲜明的时代性,是企业赖以生存和发展的实践基础。会计需要有机整合商业模式创新中的经济实质。但IASB迄今尚未在概念框架中明确阐述商业模式的基础概念,仅认为需要"具体情况具体分析"(陈朝琳、叶丰滢,2019)。而在《国际财务报告准则第9号:金融工具》中已存在对商业模式的描述,即将商业模式作为对金融资产进行分类和计量的判断标准之一,也尚未给商业模式以明确定义。这种模糊的界限可能会被管理层主观滥用,致使财务报告使用者产生混淆。IASB在2013

年发布的《财务报告概念框架（讨论稿）》第九部分曾讨论商业模式在财务报告中的角色，但主要是框架性描述。欧洲财务报告咨询组（European Financial Reporting Advisory Group，EFRAG）表示赞同 IASB 的立场，主张在概念框架中明确商业模式所扮演的重要角色。其理由有：一是商业模式有助于增进对财务报告目标的理解；二是商业模式符合会计信息质量特征的要求；三是商业模式在确认、计量、列报和披露中均可以发挥重要的作用（黄晓韡、黄世忠，2016）。但此举也引发了很多争议，如财务报告是否应该报告企业的商业模式？如何定义商业模式？总之，商业模式应用的基础理论问题，在财务报告概念框架构建方面还远没有得到明确界定。

目前对商业模式的会计处理主要依赖实质重于形式原则，以提供契合商业模式的会计信息，但这种做法可能导致财务报告的编报差异很大，影响会计信息的可比性。因此，概念框架需要明确商业模式在财务报告中的角色和作用，是否允许企业按照各自的商业模式进行资产负债分类选择和计量属性选择，是否准许在财务报告中纳入公司特质信息，这些都还有待深入讨论。

第5章　在社会会计视域下拓展财务报告概念框架

本章用"社会会计"一词指代中宏观领域的会计实践。近年来，大数据、人工智能、互联网、云平台、物联网等技术发展为会计分析、控制、决策等管理职能的发挥提供了丰富的数据和能力，同时也引发了报表使用者信息需求的变化。这对会计的概念体系提出了更高要求，需要对概念框架做出调整和完善，以适应信息技术变革及其带来的商业模式变革和管理理念变革。

5.1　本土会计管理观下的社会会计视域

会计学对于国民经济和社会核算的内在职责，必然使其在加强宏观经济与社会调控以及正确处理各方关系方面发挥重要作用。随着生产社会化程度的不断提高，企业会计还将向"社会会计"转化（阎达五，1983b；阎达五，1983a），以国家作为核算主体，成为国民经济核算体系的组成部分（阎达五，1988）。如图5-1所示，本节论述了社会会计视域下会计在国民经济核算和国家监督体系中的重要职能，认为会计管理必然在加强宏观经济调控以及正确处理宏观经济和微观经济的关系方面发挥作用。

图 5-1　社会会计视域

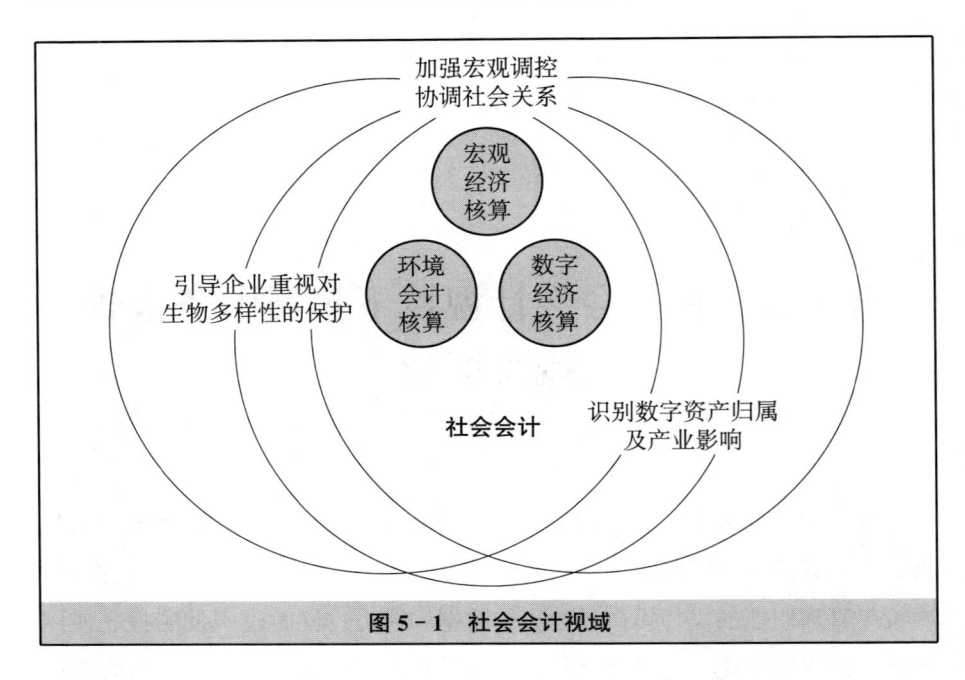

随着科技、商业、金融、经济、社会这五种生产力的发展，社会化生产、组织、运营、交易、服务等泛经济活动日益复杂多变，正在摆脱大工业时代分工模式和运作模式的约束。这就使得作为经济伴生物的会计核算、监督、评价也从企业层面向产业链层面和国家治理层面发展。此前以传统组织为基础的财务报告难以满足社会责任报告、完全成本报告、经济价值估计的需求，以传统交易为基础的资产定义难以适应数字化和数据化的新环境。

这些新的职能和新的要求多数没有体现在 IASB 定义的财务报告概念框架中。当前的基本假设、报表体系是一个逻辑严密的理论与方法体系，它对权益主体的经济利益与经济资源的表达，来自工业时代的思维模式，权益主体的边界是清晰的而非模糊的，资产控制权具有排他性而非共享性。这些经典的会计假设都带有工业化的烙印。

但在科技时代下，工业化组织模式下的假设前提遇到了挑战。新的交易模式、新的生产要素、新的价值模式不断涌现，带来了各种新业态。社交媒体、共创空间、共享社区、网络贴吧、在线论坛、社会化集群的出现，产生了数据要素的资产化问题。那么，谁是这些数据资产的权益归属人？是各个市场参与者，还是某个运营机构？这是新问题之一。新问题之二，信息技术革命带来的产业互联，如何在产业内部进行价值分割与成本分割？新问题之三，人们在经济利益驱动下的资源耗用和环境利用，如何核算完全成本和期间损益？在资源节约型社会和环境友好型社会理念下，如何核算资源和环境？这些新的会计理论与实践问题，已经大大超出企业主体的核算和监督范畴，正在被提上议事日程。

5.2 社会会计视域下的财务报告

5.2.1 国家资产负债表

国家资产负债表是以国家为特定经济主体，将其在特定时点拥有的资产和承担的负债进行分类列示的存量报表（耿建新等，2005）。相较于衡量国家经济状况的单一指标 GDP 而言，国家资产负债表在反映一个国家的资源、负债、权益、经济增长方面有独特优势。GDP 只能反映当期的国民财富增加值，而国家资产负债表可以反映国民财富的积累值、各经济部门的资产和负债的平衡关系以及经济活动对资源的消耗程度。

联合国国民账户体系（SNA 2008）是多数国家编制国家资产负债表的理论依据。从结构上来看，国家资产负债表从纵横两个维度记录国民经济各部门发生的各项交易项目。横向维度是机构部门的分类，包括非金融企业、金融机构、广义政府、住户和为住户服务的非营利组织（NPISH）五大部门构成的国内经济总量，以及国家层面的国外部门经济活动。纵向维度列报各机构部门期初和期末的资产、负债以及净资产的存量。国家资产负债表采用的这种复式表格能清晰地反映数据间的关系。与单式表格只能反映某类账户的期初期末增减变动额相比，复式的国家资产负债表中可以反映各部门分别拥有的资产和负债价值及其构成。这种复式格式可以追溯到会计的复式记账法，国家资产负债表引入了企业会计的复式记账原理，并发展为四式记账。四式记账是指一次交易在两个不同的机构部门账户中进行记录，也就是说该笔交易涉及四个科目。国家资产负债表的这种复式结构是其在宏观经济中发挥管理作用的基础。

国家资产负债表需要依赖会计术语、理论与方法进行编制。国家资产负债表借鉴了资产、负债和净资产等会计术语，除自然资源资产以外的项目均可与财务报表相对应。资产负债表的核心依然是资金运动的平衡关系。遵循会计恒等式"资产＝负债＋所有者权益"，国家资产负债表的逻辑平衡关系式为："资产总额＝负债＋资产净值（所有者权益）""非金融资产＋金融资产＝负债＋资产净值"。在核算方法上，国家资产负债表以权责发生制为记账基础。联合国国民账户体系（SNA 2008）指出，国家资产负债表的所有资产负债项目均应按照编表时点的市价估价，而不采用历史成本。估价时，若存在活跃市场应按照编报时点的市场价格；否则，应当采用重置成本或现值进行估算。

5.2.2 自然资源和环境报告

联合国环境规划署提出"自然资源是指在一定时间、地点条件下，能够产生经济价值、以提高人类当前和未来福利的自然环境因素和条件的总称"。自然资源资产负债表是采用国家资产负债表的方法，将全国或一个地区的所有自然资源资产进行分类加总形成报表，显示某时点的自然资源资产"家底"，反映一定时间内自然资源资产存量的变化（封志明等，2017）。联合国等组织共同编制的《环境经济核算体系：中心框架（2012）》（SEEA 2012），对各类自然资源资产的确认与核算原理进行了详尽阐释，是世界上各个国家构建自然资源资产核算体系所遵循的蓝本。

自然资源和环境的计量是建立资源与环境核算体系的关键，主要有实物计量和价值评估两种方法。实物计量的最大优势就是能够对各类自然资源进行分类管理，并把社会活动对自然资源的影响具体反映出来。但实物计量无法对不同类型的资源进行横向比较，一定程度上限制了自然资源核算的范围。因此，自然资源资产的计量一般是在实物计量的基础上，采用市场价格法进行价值计量。但由于自然资源大多属于非生产性资产，因此通常不存在活跃市场，这就需要依靠会计方法对其价值进行估计。例如，常见的森林资源经济价值评估方法包括市价法、收益法、成本法、清算价格法与其他方法；水资源的价值可以利用净现值法将水力能源收入折现得出，可以根据水力发电企业的收入数据估计该流域内水资源的价值。

企业会计不仅可以为编制国家资产负债表和自然资源资产负债表提供理论支持，也可以从这两种报表的编制中汲取新的思路。现行准则下，企业使用无形资产科目对土地使用权、探矿权、采矿权进行核算，而这一科目同时还要核算专利权、非专利技术、商标权等，已形成多种资源使用权掺杂的情况。再加上技术限制所带来的估计误差，这些问题致使企业控制的自然资源的货币价值难以清晰、准确地反映。相应的解决方案可以借鉴国家资产负债表的范式，单独设置自然资源账户，单独核算、单独披露；同时，自然资源资产负债表的编制可以推动自然资源价值评估市场的发展，积累历史数据，进而准确估计所控制的资源价值（耿建新等，2005）。

5.2.3 生物多样性报告

在过去 30 年中，自然环境和人类环境之间的关系已经成为经济、社会和政治领域的主题，其中就有生物多样性问题。如图 5-2 所示，考虑到传统会计范式不能反映组织活动加诸生物多样性的经济与环境后果，有必要探索新的会计方法——生物多样性会计，从会计核算、财务报告、会计监督和绩效评价四个方面来应对当前的生物多样性危机。

会计核算是保护生物多样性的基础。会计可以为现实"拍照"，通过对生物多样性的核算，把看不见的影响变得可见和可度量。会计还可以改变行为（Buhr，2007），对生物多样性的核算可以增强对自然资源的理解，并改变人类对待生物多样性的态度和行为。生物多样性会计通过核算各个层次的生物多样性，如宏观的国家层面和微观的组织层面，其范围涉及详细的动植物数量和栖息地总面积。Jones（1996）提出的自然库存模型从单个组织角度开发了一种新的会计方法，鼓励企业记录、评估并报告组织管理的生物多样性情况，主张编制生物多样性年度报告，总结和描述自然资源清查的结果，使股东和其他利益相关者能够评估公司的生物多样性绩效，逐步建立起生物多样性保护机制。

图 5-2 生物多样性会计

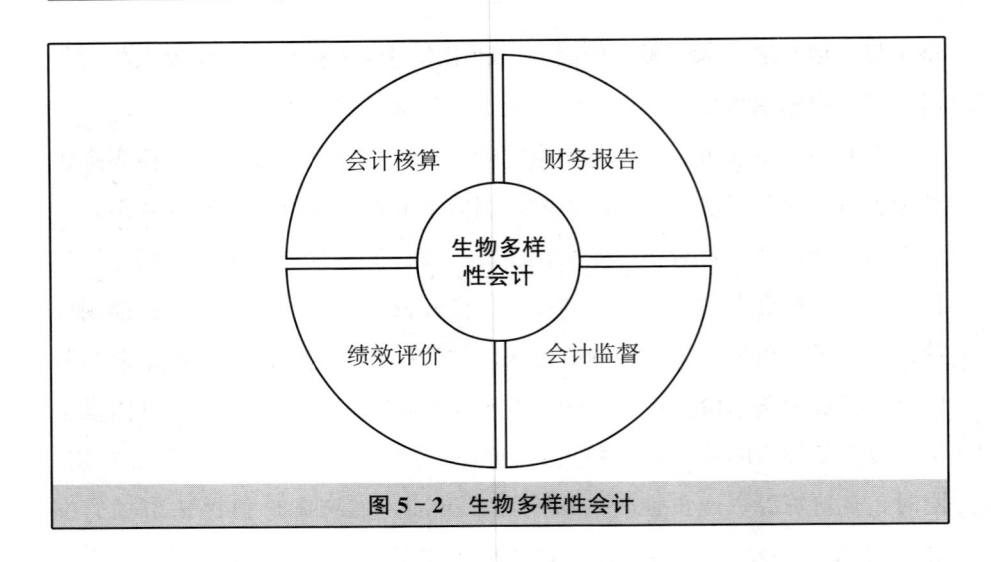

报告生物多样性信息是发展生物多样性会计的关键。假若企业出具可持续发展报告，则会拥有影响和改变财务行为的潜力。会计所具有的这种潜力，通过披露会计主体在维护生物多样性上的责任以及为增强和保护生物多样性所做的努力，可以提高利益相关者对企业社会行为的关注。此外，报告主体本身也会从信息披露行为中受到激励，采取进一步和更有效的行动来保护地球物种的多样性。

会计监督能够提高生物多样性的信息质量和信息透明度。高质量的会计信息则有助于帮助人们识别环境绩效较高的企业，降低报表使用者决策过程中的困惑与含糊，使资源配置向着绿色企业流动。政府通过查阅高质量的生物多样性信息，可以掌握现阶段生物多样性资源的保护情况，并促进环保法规的制定来加强对生态资源的管理。投资者则可以从这些有效信息中了解该企业的社会责任履行情况，判断该企业的未来发展，并做出正确的投资决策。消费者可以从中了解到产品信息，绿色企业的形象更容易吸引消费者。也就是说，政府、投资者和消费者等社会群体可以根据这些高质量的生物多样性信息来做出决策，这些决策反过来又对生物多样性的保护起到促进作用。

绩效评价在生物多样性会计上的应用可以有效激励组织乃至整个社会采取行动来保护生物多样性。对企业的管理业绩进行评价，可以表现出企业满足生物多样性保护的社会期望的程度。绩效评价从企业行为的结果和过程两个方面综合评估企业承担社会责任的情况，既考虑了主体经营性活动对生物多样性的破坏性，又考虑主体为保护生物多样性所做出的努力以及该努力对维持生物多样性可持续发展的效果。生物多样性绩效评价可以产生宏观和微观两个方面的效果。站在国家、省份或地区的角度来看，通过绩效评估可以掌握某段时间内整个地区生物多样性资源的开发利用和保护情况，并据此出台相应政策法规。微观层面的评价是针对某一特定主体展开的，有效的生物多样性绩效评价能够反映不同组织的个体差异，可以帮助企业找到自身生物多样性管理方面的缺陷，透明化的绩效评价结果可以使利益相关者深入了解企业的可持续发展能力，进而侧面激励企业倍加努力地投资生物多样性的保护事业。

5.2.4 数据资产核算与报告

数字能力已经成为企业的核心竞争力之一。尤其是 5G 和 6G 信息技术和移动互联网的普及，使企业产生了大量的数字化产品和数字化服务。这些数据资产具有电子物理形态，也符合企业会计准则对于资产的定义和确认标准。根据企业会计准则的规定，资产是指企业过去的交易或者事项形成的由企业拥有或控制的、预期会给企业带来经济利益的资源。企业的自有数据符合资产的定义。

现行概念框架及国际会计准则对何为数据资产没有明确规定。目前持有数据资源的企业通常采用费用化的方式，将建立数据资产的相关支出列入当期损益，没有计入资产负债表，也没有在报表附注中进行披露。这是当前财务报告面临的一个突出的问题。例如，京东的全球用户应该是这家互联网公司的核心资产，但用户资源却不在京东公司的资产负债表上。同样，对于当当、美团、淘宝等平台企业而言，与用户数据、用户行为有关的数据资产，无疑都是重要的营利性资产，也是战略性资产。但这些原创性数据资产，无一例外地都不在资产负债表上，而且财务报告概念框架至今尚无可行方案。

传统概念上数据资源可以参照无形资产进行确认和计量列报，但事实上不可行。以软件为例，企业所拥有和开发的软件会确认为无形资产，而企业使用这些软件获取的分析数据却没有列入财务报表。后者是数据资源，前者是传统意义上的无形资产。这些新型数据资源产生于企业的运营活动。以往的运营费用往往不形成资产，而仅仅对应特定期间的收入，即便形成了分析数据，也是小规模的，未必有重要的分析价值。但在数字化时代，企业的运营活动中积累了大量与用户参与行为有关的数据。这些数据可能给企业带来多方面的经济价值，包括但不限于产品分析、价值共创、营销、口碑、品牌，因此具有了资产的属性。这些数据资源既不在企业的财务报告中，也不在报表附注中。

另一些企业在外购硬件时可能附带购买了某些软件产品，这些软件也可能内置于硬件之中，而一并确认为固定资产。但越来越多的软件设施和数据布置在云端（如图5-3所示），因此云端的数据资源的确认和计量就成为一个新问题。至于音像公司的电子音像制品、出版商拥有的电子出版物，有的企业作为库存商品加以确认。但这些电子出版物和电子音像制品，可类比于以光盘、U盘等形态存在的实物资产。实物类出版物和音像制品可以作为存货计量，是因为它们耗费了制作成本，需要占用物理空间。与之同理，电子出版物也需要占用数字物理空间，也会带来经营性收入，也属于与日常经营活动相关的资产，因此也应归入存货类别。

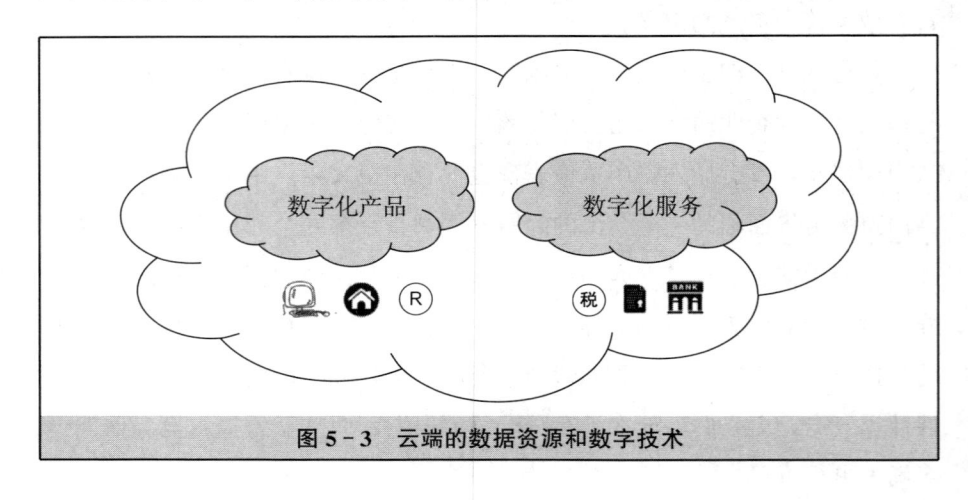

图5-3 云端的数据资源和数字技术

另一问题是能否将多数能否将多数数据资产都归为无形资产？还是

在无形资产中增加一个新类别——数据资产？现在不仅互联网行业、科技行业、医药行业、教育行业、影视传媒业拥有大量无形资产，制造业、新零售业、能源行业、公共服务业等传统产业部门也拥有大量无形资产。如图5-4所示，企业将大量的资金用于技术研究、研发投入、产品创新、服务创新，形成了独特的信息技术、数据、品牌、商业流程、管理资源、客户关系。这些重要的价值创造性活动符合资产的定义，却难以计量和确认。所以，如何计量和报告这些资源就成为新的挑战。

1.关系资本 　客户关系 　政府关系 　员工关系	2.技术资本 　信息技术 　技术研发 　数据资产	3.经营资本 　品牌营销 　商业流程 　运营管理 　库存管理
4.协同力资本 　企业与外部环境的协同 　各利益相关方的协同 　管理与技术的协同 　供应链与价值链的协同		5.人力资本 　决策能力 　创新能力 　管理能力

图5-4　企业价值创造性活动中的无形资产

还有两个制约数据资产估值的理论问题。一是社交媒体上的用户行为产生了数据要素。这些数据信息的产权归属于用户，在未经用户许可情况下擅自进行商业开发和数据交易的行为侵犯了用户权益。二是比特币区块链这类自主运行的数字技术，不可能有权益归属人，那么确认为谁的数据资产？鉴于数据资源将越来越多地存在于网络空间，所以这一问题变得重要起来。当然，尽管这些数据资源难以界定法律意义上的权益人，但往往有运营维护人，这个运营主体可以在某种情况下进行数据资产的确认。

为了促进数据资源的资产化与经济核算的规范化，财政部于2022年12月印发《关于征求〈企业数据资源相关会计处理暂行规定（征求意见稿）〉意见的函》，于2023年8月21日正式发布《企业数据资源相关会计处理暂行规定》（以下简称《暂行规定》），在全球首次提出企业数据资源会计处理的规定。这是世界首个关于数据资源相关支出会计处理的制度，一经发布就在国内引起很大社会反响。学术界、产业界、研究机构、财经媒体都高度关注和热烈评议。发布当日及次日，数据密集型企业的股价涨幅居于沪深两市前列，市场反应相当积极。与此同时，国家自然科学基金委在2022年发布"数据要素流通与治理的机制与政策研究"应急管理资助计划，在2023年发布"数据要素及其流通的基础理论与机制设计"专项资助计划，其中方向三是"数据要素背景下数据资产的价值创造、会计处理及其经济后果"。总之，社会各界对数据资产化会计规则的关注度超越了以往时期的其他会计准则。

事实上，《暂行规定》并未突破现有会计准则。该规定指出，现阶段数据资源的会计处理应当按照经济利益实现方式，细分为"企业内部使用的数据资源"和"企业对外交易的数据资源"两类，在符合《企业会计准则第6号——无形资产》规定时确认无形资产，在符合《企业会计准则第1号——存货》规定时确认存货，并列出了具体的披露格式，以加强实务指导。并且，《暂行规定》也鼓励企业对那些难以入表核算的数据资源及支出进行自愿性表外披露。这一规定可以引导企业重视数据资源，强化数据资源的信息披露。但也有突出不足，关键在于没有考虑数据要素的特性和价值规律，缺乏对数据资产专有属性的论证，一些重要的基础理论问题也还没有得到充分讨论，其中的关键性科学问题还没有得到论证和凝练。据各方推测，可能依然难以指导企业自有数据资源的分类核算。考虑到技术性和复杂性，接下来亟待专项研讨，核心问题在于出台适配数据要素特性的《数据资产准则》和理顺数据资产的产权治理，这是繁荣数据要素市场的两个"隐形按钮"。

5.3 社会会计视域下的前景分析

社会会计视域下的会计前景，不仅有新的未来会计职能，也包含会计理论的新前景，如图5-5所示。

图 5-5 社会会计视域下的前景分析

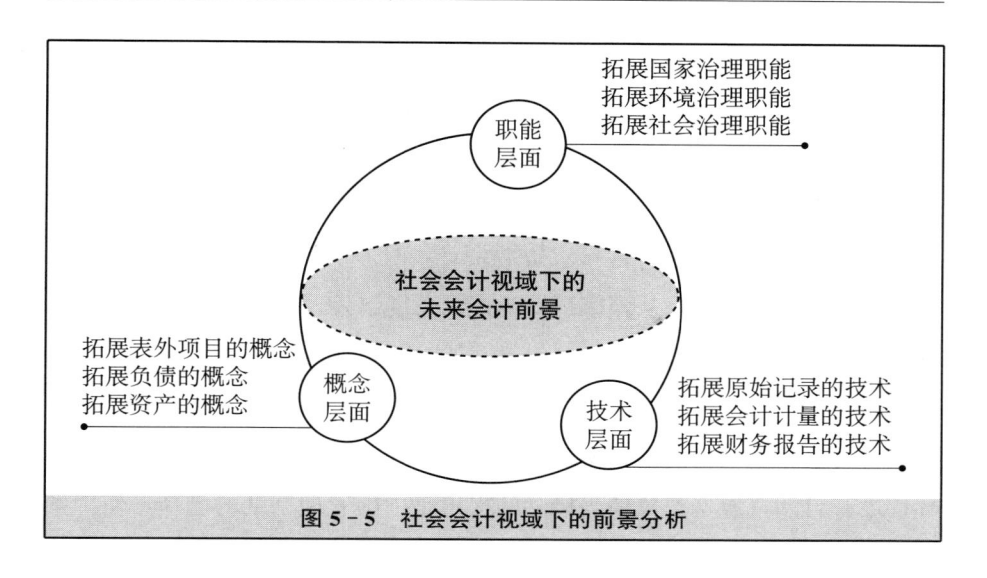

5.3.1 职能层面的拓展

1. 拓展国家治理职能

党的十八届三中全会指出:"全面深化改革的总目标是完善和发展中国特色社会主义制度,推进国家治理体系和治理能力现代化。"资产负债表作为社会会计视域下的计量活动,是会计信息的重要载体,为国家治理提供了信息支撑(周守华、刘国强,2017),是进行宏观经济分析最为重要且有力的工具。

国家治理是一个全面、综合的体系,既事关预算管理,也涉及金融和财政。金融是现代化国家市场经济枢纽,金融体系的健康稳定运行是国家治理的主要目标之一。国家资产负债表以及各经济部门的资产负债结构,是国家治理决策的重要依据。编制国家资产负债表是财政部门的职责,制定财政政策以提升资产负债表也是财政部门的职责。其中,国家及地区资产负债表的总资产和净资产项目可以反映经济增长目标的实现情况;通过居民资产负债表相关项目可以了解财政政策是否能实现收入均等的经济目标;而人口规模及结构等非经济目标则可以通过国家资产负债表的人力资本项目得以体现。可以说,国家资产负债表的编制是国民经济发展的内在要求,与财政管理的目标一致,有助于保障国家治理。

2. 拓展环境治理职能

近年来国家经济高速发展，国民生产总值和总量都达到了前所未有的规模，但是环境和生态也遭到了破坏。为此，党的十八届三中全会《中共中央关于全面深化改革若干重大问题的决定》提出"探索编制自然资源资产负债表，对领导干部实行自然资源资产离任审计"，以期实现资源节约型、环境友好型社会。从国家环境治理的角度出发，自然资源可以定义为国家领土范围内所拥有的可为经济系统应用的一切自然资源（陈艳利等，2015）。自然资源资产负债表是对自然资源资产状态与资金占用的反映和记录，可以体现某一期间为实现社会发展所耗用的自然资源和生态环境破坏程度。自然资源资产负债表概念的提出是中国管理制度的创新，使中国自然资源资产由"管理"向"治理"迈出了坚实的一步（陈红蕊、黄卫果，2014）。

自然资源资产负债表的编制是对国家环境治理职能的拓展。把自然资源资产负债表和环境保护、政府绩效相挂钩，体现了会计参与国家治理的职能。从短期来看，编制自然资源资产负债表是为了对自然资源进行登记，确认产权，形成归属清晰、权责明确的自然资源资产管理制度，以进行有效监管。从长期来看，自然资源资产负债表的编制可以改变经济社会的资源消耗型发展模式，实现可持续发展，有利于实现环境友好型社会。

3. 拓展社会治理职能

社会治理创新是党的十八大提出的战略目标，并且在党的十九大和二十大中得到了深化。会计职能的发挥影响着企业的生产经营活动，在规范社会治理的进程中发挥着重要作用。会计不仅在我国经济发展方面发挥着不可替代的功能，其发展对上层建筑也产生了积极影响，促进了政治文明。例如，现阶段我国政府在日常工作中积极推动全面预算管理、落实会计信息披露与监管制度等。

随着时代的发展，会计职能正在从价值创造、引导社会资源流动和均衡分配，拓展至促进政治文明和推动生态建设，并且通过助力社会治理创新来实现（周守华、吴春雷，2015）。国家资产负债表、自然资源资产负债表的编制更能够促进社会资源的流通和提升配置效率；政府会计信息披露和政府审计的不断完善,能够增强公共财政的透明度,促进公正、廉洁政府的建设。"经济越发展,会计越重要"是人们多年来达成的共识,在社会治理创新重大战略面前,会计的职能也逐渐从经济发展拓展到政治文明的维护,通过在经济层面的推动来助力社会治理的提升,可以说"会计越发展,社会越进步"。

5.3.2 概念层面的拓展

1. 拓展资产的概念

会计科学具有很强的实践性。随着实践认知的深化,会计要素和列报项目也在相应拓展。以下从环境治理、智能发展和自然资源三个角度进行阐述。

在环境治理方面,碳排放导致的大气污染和气候异常已经关系到人类社会的生存和可持续发展。自碳交易市场建立以来,碳排放权不仅是全球认可的减排手段,还发展了一种特殊的、新兴的金融商品——碳资产。碳资产主要指企业获得的排放权配额或因技术或工艺创新而降低的碳排放量,以及企业通过碳交易购买的碳排放权。碳资产概念的提出有利于增强碳信息的透明度,及时准确地为公众和利益相关者提供环境信息,更好地保护环境资源。

在智能计算方面,随着居家智能办公、电子支付平台的大规模使用,企业产生了大量的数字资源。有学者提出,将数字产品或相关资源归为资产范畴,引入数据资产的概念。数据资产是指企业或者个人拥有或控制的,以电子形式存在的,产出于政务管理、生产运营过程中或者在网络空间中进行流通非货币性数字资产。

在自然资源方面,森林资产等术语正在被提出。有学者认为森林资产包含森林资源资产、森林环境资产和森林无形资产。其中,森林资源资产是有确切指向的林木、动物资源、矿产资源等,可以实物单位计量,并且能够产生预期生态效益和社会效益。这些资源需要进行地理勘探和定位管理,可以计数的方式纳入实物资产管理体系。森林环境资产是指本身不具有生物特性,但耗费了经济成本并且能够带来社会效益的资源,如森林公园中的栈道、景观和其他建筑物。森林无形资产是指符合传统无形资产定义的各种使用权、经营权和受益权，包括森林采伐权和经营权等。这些资源符合会计上的资产定义，在当前场景下，纳入国家资产负债表进行统一管理是可行的和有意义的。

2. 拓展负债的概念

会计学也在不断拓展负债的范畴，提出了环境负债、自然资源负债等概念。IASB给出的负债定义为："负债是指主体由于过去事项而承担的现实义务，该义务的履行预期会导致含有经济利益的资源流出主体。"这一概念在定义环境负债、自然资源负债方面也是适用的。对于环境负债，企业在生产经营活动中不仅会发生当期的成本和费用支出，还有可能或者已经确定在未来会发生的与环境支出相关的成本费用，为此部分学者以及监管机构提出企业应当确认相应的环境负债。企业有义务在当期确认与环境相关的社会责任，确认环境负债能客观反映与企业环境活动相关的信息，对信息使用者进行相关决策提供服务。虽然环境负债在概念上已达成共识，但是目前还没有统一的计量标准和方法。

自然资源负债与环境负债存在差异。针对自然资产负债是否应当确认为负债，会计学界有不同观点。耿建新等（2005）认为自然资源负债的定义尚不存在理论基础，且在技术上也难以执行，所以尚且不能确认负债。胡文龙和史丹（2015）、陈艳利等（2015）则认为由于经济活动对自然资源环境造成了不良影响，这种不当行为致使自然资源权益主体需承担相应的现时义务，从而需要确认自然资源负债。将预期损失作为现时义务予以提前确认，这是对负债概念的拓展，也说明计量自然资源及其耗费正在成为新议题。

3. 拓展表外项目的概念

表外信息披露是财务报告的重要组成部分。表外信息披露能够帮助报表使用者更好地理解和掌握会计报表的内容，以及那些难以在表内以货币方式进行确认和计量的非数字化信息。所以，作为表内信息的补充说明和灵活的自愿披露方式，表外信息不仅要对报表项目增减变动做出解释，而且要针对表内无法反映或表述不够详尽的内容加以陈述，以此提升会计信息质量。

随着信息技术变革，表外项目正在成为新的重要内容。一些相当重要但难以用货币计量的事项，无法满足会计信息的表内确认要求，可以采取表外披露的形式，帮助报表使用者理解会计信息。并且，会计监管制度的变迁，如新金融工具准则的实施，也使表外项目日趋重要。一些上市公司不希望某些资产或债务在表内编报，就会以资产出让、转让给子公司、委托给保理公司等方式转移到表外，但并没有完全转移债务或与资产有关的不确定性，从而需要进行表外披露。表外信息披露相较于表内确认是更灵活的，信息量也远远大于表内。考虑到部分项目的计量和确认不确定性，企业可能通过灵活的表外披露来提供定性和定量信息，以此向表内确认过渡。

表外披露和表内确认两者都认可会计信息在决策有用和揭示受托责任方面具有重要性，但在计量方法不成熟时，通过表外披露可以积累会计实践经验，并应尽量缩短表外披露的过渡期。在表外以特定图表和文字披露某些难以进行表内计量的资产，如数据资产，可以更好地与利益相关者沟通企业价值。但企业也可能有意识地在表外隐瞒某些重要风险，特别是越来越倾向于以资产转移的方式将风险出表。总之，表外项目既可以充分披露会计信息，也可能策略性披露各类信息。

5.3.3 技术层面的拓展

1. 拓展原始记录的技术

区块链的分布式记账模式不同于集中记账模式（曾雪云等，2017）。集中记账模式需要层层审批授权并且相互监督。区块链技术是在诚实性假设前提下，以机器管理程序为中心且无须人工审批授权的自主运行方式，是基于共识机制的新的记账模式。在区块链技术下的记账具有匿名性、安全性和不可逆性，这些特性可以用于完善会计的原始记录。

就其中心化特性而言，区块链运行依赖共识机制（Mansfield-Devine，2017）。在区块链的底层协议框架下，记账规则已经预先设定，新账页的生成无须审批，记账申请得到多数节点认可就自动生成新账页。在这个记账模式中，各节点均自动遵循底层协议，不再需要人工审批，机器审核相比人工审批更加诚实、可靠和高效（曾雪云等，2017）。就不可逆特性而言，工作证明机制赋予了区块链技术时间戳功能（timestamp）。时间序列的不可逆，使得篡改、涂抹、删除、虚构交易等舞弊行为在技术上变得比以往更加困难。若想更改数据，必须改写该区块之前全部的工作证明，这几乎是不可能的（Pinzon and Rocha，2016；Iansiti and Lakhani，2017）。加上任何试图篡改数据的行为，在区块链上都极被追溯，这个特性可用于约束会计舞弊。

2. 拓展会计计量的技术

会计的计量属性可分为两类：一类是基于成本的计量方法，侧重从成本支出和资源耗费的角度，以实际发生的数额进行计量；一类是基于市场的计量方法，包括了公允价值法和重置成本法。但在一些新的业态中，已经开始采用未来现金流量折现法。

与传统商业活动中的库存商品只能销售一次不同，数字产品这一特殊商品可以无限次交易。例如，软件开发企业所持有的软件代码，可以无限次销售。这就出现了投入与产出不匹配的问题，而非传统资产的投入价值与产出价值具有一一对应关系。数据资产可以多次出售，而且在销售次数相当大的情况下，初始取得成本相对于价值产出而言微乎其微，因此有些数据资产的产出显著大于投入。此时，不宜继续使用历史成本核算资产的价值。可以采用未来现金流量法，该方法将货币时间价值和未来超额利润考虑在内。

3. 拓展财务报告的技术

财务报告是企业传递自身经营信息的媒介。传统的标准化财务报告经过日常会计核算，定期编制以反映企业的经营成果、现金流量、财务状况。但实际上不同使用者的信息需求存在差异，大量财务信息需要被实时分析处理，形成经营决策建议，进而生成并发布各种智能化决策支撑材料。企业可以开放数据权限，支持报表使用者从事项数据库中提取所需的信息，供其按照各自的需求和关注方向进行加工，生成如销售报告、资金报告、债务报告等更灵活的报告。总之，技术进步拓展了报告的形式和内容，也将实现信息披露的多样性和实时性。

　　区块链技术、人工智能和财务服务的发展，还可能使得编制连续财务报告成为可能。"连续报告"，是指企业的财务报告以更加密集的方式对外披露，而非定期披露。这需要信息技术的支持，并且很可能是某种形式的自愿性信息披露和交互性信息披露，而非强制性披露。引入新技术之后，分布式账本可以增进财务报告的准确性，人工智能技术可以开展实时财务分析。在新的应用场景下，企业将提升运营水平和管理效率，并且信息披露越来越具有自愿性。在新技术的支持和激烈的竞争下，财务报告技术的变革不仅会提升财务报告的真实性、准确性、完整性，而且会提升财务报告的适时性、连续性，形成可视化分析，不拘泥于表单式的报告。

第 6 章　上篇总结

上篇着重阐述了现行财务报告概念框架的缺陷与改进，提议在会计管理观下以会计的职能为逻辑起点寻求解决方案。现对重点内容总结如下。

（1）分析了现行财务报告概念框架存在的问题与挑战。主要表现在：会计报表的信息含量受到格式约束，难以提供有助于充分了解企业经营与管理特征的信息；报表信息在公允价值会计下变得愈加复杂、难以理解和难以核验；强调市场价格变动对资产价值的影响，存在额外的系统性风险；在薪酬激励和债务契约等方面存在与公允价值会计有关的管理操纵问题；在理论层面尚未很好重视真正关心企业价值成长的长期控股股东和监管部门的信息需求；以外部投资者的决策有用性为报告目标，这实际上也会为市场投机者利用，容易助推市场投机行为，与企业的长远发展相冲突，不利于国家经济发展。

（2）分析了产生上述问题的深层原因，即理论设定缺失、管理体制缺失和计量工具缺失。现行财务报告概念框架的目标设定存在重要理论缺失，一方面过度强调通用财务报告中会计信息的外部决策有用性，另一方面忽视了会计的管理有用性、宏观治理职能和会计准则的非技术逻辑。其中，影响最为深远的理论缺失在于忽略了会计的职能，更深层的原因则在于监管主体的职能缺失和会计工作的工具缺失。提出学术观点，认为导致现行财务报告概念框架设定缺陷的根源，在于当前概念框架主要借鉴了 FASB 概念框架的总体设计，而后者没能摆脱 SEC 监管职能的约束。由于 SEC 仅有资本市场监管职能，而没有对全国会计工作的管理职能，因此受限于国家管理体制下的部门职能分割，财务会计概念框架及其会计准则不

第6章 上篇总结

可避免地主要服务于资本市场。

（3）提出会计作为公共品不应局限于为资本市场服务，而应有利于各利益相关主体的决策，包括有利于国家经济和金融发展大局。相对于美国的制度设计而言，我国的会计管理体制更有利于突显会计的职能。我国在管理体制上有财政部作为全国会计工作的主管部门，在制度设计上有会计法和企业会计准则作为全国统一的会计制度。这些管理体制和制度设计对于突显会计职能的重要性是有意义的。主要表现在以下方面：一是先验性地认识到会计与国家经济治理存在关联性，而非把会计作为一个纯粹的信息技术工作；二是先验性地假定会计的监管逻辑具有全局性，而非局限于资本市场；三是先验性地认识到会计需要由政府进行统一管理，而非仅由行业协会进行自律性管理。

（4）IASB于2018年发布的现行《财务报告概念框架》一定程度上丰富了财务报告的目标和理论体系，使得会计的功能正在从资本市场信息披露逻辑向受托责任和前景评价方面发展。这些修改是有意义的，但作用有限。现行通用财务报告以会计的报告目的作为逻辑起点，这很难容纳新的会计实践。本篇认为，会计管理活动是一个不可分割的完整体系，无论是对外通用报告，还是内部管理和内部控制，均可以考虑在财务报告概念框架中有更具综合性的全面阐述和更具系统性的顶层设计。

（5）建议编制"会计管理报告"以弥补通用财务报告的不足，并且单纯重视外部决策有用性是有缺陷的。本篇还提出会计改革的思路在于：既要强调会计信息的对外决策有用性，更要强调会计信息对内管理的决策有用性。在会计理论层面引导企业重视并加强内部管理，才能真正提升内部控制水平、风险管理能力和会计信息质量，才能有效改善企业的价值创造和资源配置。

（6）结合本土实践，从会计管理体制、公司治理、企业发展三个角度，提出我国的会计管理体制更有助于发挥会计对内管理职能的观点。概念框架应当把企业的可持续发展和价值创造放在重要位置，作为会计的目标之一。这是由我国以国有企业为主导和以控股股东为特征的公司治理结构决定的。

（7）对会计是一项管理活动的本土会计思想进行充分讨论，提议构建职能导向的概念框架理论体系。会计具有社会属性和技术属性，是一项价值管理活动，具有决策参与职能，将会实现社会会计。有必要基于这些本土思想完善会计理论，对公允价值会计、资产负债表观、会计的逻辑起点、利润表的重要性、会计与经济的关系等问题进行再定义和给出解释。

（8）探究了与构建职能导向概念框架理论体系有关的理论问题。本篇指出，会计准则的纯粹计量逻辑可能导致两类问题：第一类是与公允价值会计直接相关的计量异化，包括收益的可预测性下降、财务报表的有用性降低、估计的可靠性降低、价格传染效应；第二类是与公允价值会计直接相关的财务行为异化。

（9）阐述了利润表的重要性和有用性，提议在问题导向下通过改进利润表来整合会计的职能。论述财务报表使用者的多样性会引致需求的多样性，提议在利润表中融入新的报告理念：一是与宏观经济相协调，二是揭示财务柔性，三是适配需求的差异化。建议在此理念下，按照把利润与利得分开、把实体资产收益与金融资产收益分开、把生产经营收益与资产转让收益分开的原则，重新划分利润表的收益结构。其最突出的价值在于，能使财务报表有较好的兼容性，从而能协调契约有用性与投资有用性的冲突，也有助于增强会计的监管职能以及会计在宏观经济领域的决策有用性。

（10）阐述了社会会计视域下的财务报告概念框架。信息技术变革、商业模式变革和管理理念变革正在推动会计产生社会性，这给未来的会计发展带来了新机遇和新挑战。本篇重点阐述了社会会计视域下的四个新职能：报告国家资产负债表，报告自然资源和环境，报告生物多样性，报告数据资产。并从职能层面、概念层面、技术层面提出拓展概念框架的建议和学术意见，以及未来如何拓展财务报告等前沿理论和实践问题。

中　篇
本土会计管理理念与公允价值会计优化

完善会计理论体系和提升会计信息质量是促进经济高质量发展和维护金融稳定的重要保障。高质量的会计信息犹如经济活动的一面"镜子"（Barth and Landsman, 2010），能够揭示风险、预测未来，有助于报表使用者的判断和决策。然而在实践活动中，公允价值这面"镜子"，未必提供了决策有用信息。

决策是面向未来的。会计信息的有用性体现在有助于预测未来，而不只是刻画当下。市场价格的不确定性（uncertainty）是重要的风险来源。在考虑了不确定性因素后，公允价值信息究竟在什么条件下可以发挥决策支持作用？这是一个复杂的理论问题，不可以简单得出结论。它需要分析公允价值会计的适用条件、约束条件、作用机理和信息风险。本篇将围绕这些基础理论问题对公允价值会计展开较为系统的分析研究。

第 7 章 公允价值会计的理论基础

7.1 公允价值会计的形成过程

公允价值会计要求把持有利得也计入财务报表。① 这个理念是对计量理论的重要突破。这个提议最早见于 20 世纪 30 年代。它的初始形成经历了以下发展过程：

据文献，最初构思公允价值会计的是一个事务所合伙人 MacNeal。1929 年，MacNeal 撰写《Truth in Accounting》一书时，提出了三个建议：(1) 提议把资产经济价值的所有变动都包含在利润表中，而无论该变动已实现还是未实现；(2) 提议以市价记录可销售的流动资产，并把资产市价与账面价值之差确认为损益；(3) 提议把非销售用途的资产持有损益转入资本盈余（相当于资本公积账户）。

会计学家 Edwards 和 Bell 在 1961 年合著《The Theory and Measurement of Business Income》一书。该书对计量理论的发展有着重要影响。主要表现在以下两点：一是建议采用现行成本（current cost）计量模式，主张在资产的后续持有期间对历史成本做出修订；二是建议引入"全面收

---

① 作为本书的关键名词，"未实现损益"包括"持有利得"和"持有损失"两部分。"持有利得"在 1993 年 FASB 发布 SFAS 115 之前都不能作为利润表项目，"持有损失"在 1975 年就允许作为利润表项目。因此，公允价值会计作为计量模式，与其他计量模式的基本区别在于，对"持有利得"的特别会计处理，而不是对"未实现损益"的会计处理。

益观"和把"已实现的持有利得"(realized holding gains)记录在账簿中。Edwards 和 Bell（1961）的这两个提议是对收益实现和资产计价的重要理论贡献（葛家澍，2006）。

之后经过多次修订，FASB 在 1975 年准许将证券投资的持有损失计入财务报表，并在 1993 年准许将证券投资的持有利得也计入财务报表，这两项准则突破初步形成了公允价值会计的计量雏形。这个发展过程是渐进的。在初始阶段，SFAC 7 对公允价值与其他计量属性的关系进行了初步界定，具体观点如表 7-1 所示。此时，公允价值还是一个区别于"历史成本""现行成本""可变现净值""未来现金流现值"的计量属性。其他四个计量属性在某种程度上也符合公允价值的内涵，但它们显然不是准则制定者认同的公允价值计量。至于公允价值计量，则主要是用市场交易价格来定义，它有四个关键要素：不受限的市场、独立的市场参与者、有序交易、交易价格。

表 7-1　公允价值与其他计量属性的关系

计量属性	与公允价值的关系
历史成本	初始确认时点公允价值与历史成本的金额可能相等。
现行成本	1. 当以脱手价值和买入价值为基础时，现行成本和现行市价符合公允价值的定义； 2. 但在以脱手价值为基础对公允价值进行定义后，现行成本就不同于公允价值，因为现行成本是基于入账价值的； 3. 例如，产成品等企业自制品一般低于公允价值，因为后者还包括了卖方利润。
可变现净值	1. 可变现净值没有考虑货币时间价值的影响； 2. 对于需要进一步加工的产品（如原材料）来说，可变现净值考虑的是完工后的净收益，而公允价值考虑的是原材料本身的公允价值； 3. 只有短期可变现净值可以近似地代表该项目的公允价值。
未来现金流现值	现值可以分为两种类型：以公允价值为计量目标的现值和以特定个体为计量目标的现值。只有以公允价值为目标的现值才符合公允价值的定义。

所以，在当时的情境下，公允价值有着其他四个计量属性难以具备的先进性和高质量。但在准则层面，人们依然采取了谨慎态度。1975 年，

FASB 发布 SFAS 12《某些可交易证券的会计处理》，准许对证券投资采取公允价值会计处理，此时只要求确认流动性投资组合的市价损失（即持有损失），并且要求当证券价值回升时对持有损失的转回不得超过初始成本，这与现在成本计量下的资产减值会计是一致的，是对稳健性原则的遵循（曾雪云，2016a）。

1990 年，FASB 发布 SFAS 105《具有表外风险的金融工具和信用风险集中的金融工具的信息披露》，要求对"预期收益"（即持有利得）做表外披露，这是对公允价会计理念的初步应用，但依然遵循稳健性原则。1991 年，FASB 发布 SFAS 107，要求将金融工具公允价值变动信息的披露规则扩大到非金融企业，这是对公允价值会计理念的一次推广。1993 年，FASB 发布 SFAS 115《对某些债务性及权益性证券投资的会计处理》，才首次要求在利润表中确认金融工具的持有利得，这是公允价值会计在准则体系中的首个应用（曾雪云，2016a）。这个转变被 Schneider 和 McCarthy（2007）界定为 FASB 偏离历史成本和稳健主义而遵循价值相关性原则的重要迈进。

7.2 公允价值会计的概念基础

7.2.1 公允价值的概念提出

"公允价值"（fair value）一词作为会计术语，最早见于 Paton（1946）（曾雪云，2016a）。Paton（1946）认为资产的成本应当大致等于购买日的公允价值，也即购入资产的成本应当按照转出资产的市场公允价格确定。此后，FASB 和 IASB 先后对公允价值进行定义和修改。1970 年，原美国会计原则委员会（Accounting Principles Board，APB）第 4 号公告给出了公允价值的首个定义：在以货币计量的资产交易中所支付的货币金额或者资产转让中交换价格的近似值。

2007 年，FASB 在 SFAS 157 定义的公允价值是：在计量日的有序交易中，市场参与者出售某项资产所能获得的价格或转移负债所意愿支付的价格（曾雪云，2016a）。SFAS 157 还对公允价值定义的关键术语进行了解释：(1) 市场是指主要市场或者最有利市场；(2) 参与者是指不存在关联关系的双方或多方；(3) 有序交易是指司空见惯的交易；(4) 价格是指脱手价格（exit price），不是报告主体为取得资产或承担负债时所需支付或接受的入手价格（urchase price）。[①] SFAS 157 还规定了公允价值的三个估值技术：市场法、收益法、成本法。其中，市场法以活跃市场为前提，收益法以合理估计未来现金流量为前提，成本法是指重置成本或现行成本，且需要合理考虑各种价值减损以确定资产的公允价值（曾雪云，2016a）。SFAS 157 中公允价值的三个估值技术与其他计量属性有一定的重合。此时的公允价值概念已经从计量属性向计量基础过渡，它的基础重要性提升了；至于之前同步存在的其他几个计量属性，则开始向计量技术过渡。

国际会计准则理事会（IASB）也对公允价值给出了定义。在国际会计准则 IAS 32 号《金融工具：披露和列报》中，对公允价值的定义是：在公平交易中，熟悉情况的交易双方自愿进行资产交换或负债清偿的金额。这个定义并未指明市场价格是退出价格还是进入价格，也没有明确定义市场参与者，强调的是债务清偿而非债务转移。在 2013 年修订的国际财务报告准则 IFRS 13 号《公允价值计量》中，IASB 对公允价值的概念进行了修订。公允价值的新定义是：市场参与者在计量日发生的有序交易中出售一项资产所能收到或者转移一项负债所需支付的价格。有序交易是指在计量日前段时期内相关资产负债具有惯常市场活动的交易。清算等被迫交易不属于有序交易。并且进一步规定：市场法，是利用相同或类似的资产、负债或资产和负债组合的价格以及其他相关市场交易信息进行估值的技术。收益法，是将未来金额转换成单一现值的估值技术。成本法，是反映当前要求重置相关资产服务能力所需金额（通常指现行重置成本）的估值技术。

---

① 1998 年，SFAS 133 对公允价值的定义是：自愿双方在当前交易（非强制、非清算）中购买或出售一项资产的金额。2000 年，SFAC 7 对公允价值的定义是：在非强制、非清算情况下，不存在关联关系的交易各方，在购买或出售一项资产（负债）时，自愿支付的货币金额。

公允价值计量与其他计量属性的关系，不同学者之间存在一定的理解偏差。主要的观点分为两类：一类认为公允价值是一种独立的计量属性；另一类认为公允价值是一种复合计量属性，公允价值与现行市价、现值、可变现净值是一种交叉关系（谢诗芬，2001）。IASB 在《财务报告概念框架（2018）》中将公允价值作为一种"计量基础"（measurement basis），而非计量属性。此时的公允价值并非特指某一种计量属性，而是可以涵盖多种计量技术（计量属性的概念不再采用）。在本书中，"公允价值会计"一词表示现行市场交易价格，它不同于成本会计指向的"在用价值"等估计方法。作为计量属性的"成本计量"，是指在当前时点仍然以历史入账价值作为计量基础，此时的计量内涵可以用"在用价值"作为表述，这不同于"公允价值会计"以当前市价作为计量基础的市场导向。

7.2.2 公允价值的可靠性

1. 如实反映和可验证性

公允价值会计偏离了稳健主义，更多强调了与现行市价的相关性。其公允性毋庸置疑（Schneider and McCarthy，2007），但公允价值计量的可靠性备受诟病。FASB 在 2006 年发布的《会计信息的质量特征》中，将会计信息的可靠性定义为：信息在合理的范围内没有错误和偏向，真实地反映了它意在反映的经济现实。如图 7-1 所示，可靠性有三个组成部分：如实反映、可验证性和中立性。如实反映是指会计信息"必须如实反映其意欲反映的真实世界的经济现象"。可验证性是指"具有不同见解和独立的观察者将得出总体一致的结论，虽然不可能完全一致，但反映其意欲反映的经济现象时应没有重大差错和偏见（直接可验证）；或者已选择的确认或计量方法的应用须没有重大的误差或偏见（间接可验证）"。中立性是如实反映的一个方面，有偏向的财务报告信息不能如实反映经济现象。

IASB 定义的会计信息可靠性与 FASB 略有不同。《财务报告概念框架（2010）》对会计信息可靠性的定义进行了一定调整。"如实反映"作

图 7-1 会计信息可靠性

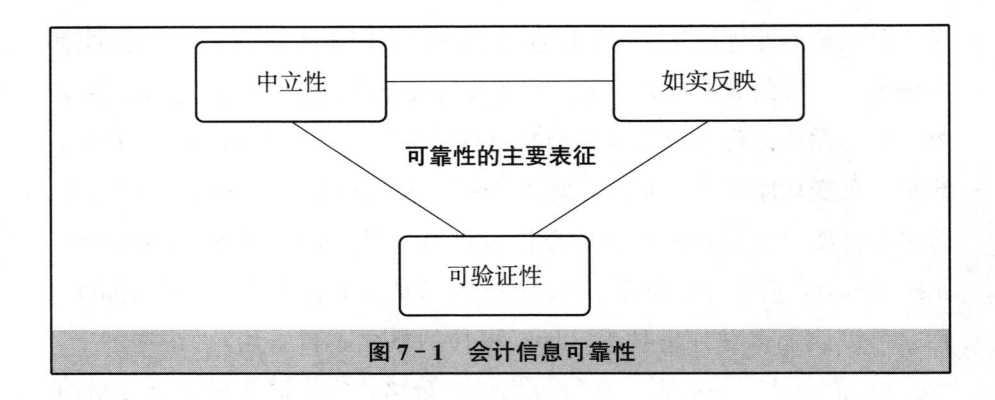

为一项基本质量特征，替代原先的"可靠性"；并且，"可靠性"不再作为有用会计信息的质量特征。在《财务报告概念框架（2018）》中，关于会计信息质量的评价，对"可验证性"的要求有所减弱。将"可靠性"替换为"如实反映"，在某种程度上体现了受托责任观财务报告目标的弱化。

从 FASB 和 IASB 的定义可以看出，如实反映和可验证性是会计信息可靠性的主要表征。而对于公允价值可靠性的质疑，也主要包括两个方面：一方面是从公允价值的计量基础来看，对于非熟悉业务、关联关系交易、非自愿交易，公允价值不符合如实反映（葛家澍、徐跃，2006）。这是因为没有活跃交易市场的资产或负债的公允价值必须进行估计，而估计的可靠性难以得到有效保证（Khurana and kim，2003）。另一方面是从公允价值的实际影响来看，在不同国家不同制度中会产生会计信息差异，并且公允价值计量在不透明的交易和业务中的差异度还会增加（Lim et al.，2020）。不可否认，公允价值会计的应用增加了财务报告的波动性（曾雪云、徐经长，2011）。从经验证据来看，Chen 等（2020）研究发现，澳大利亚的金融公司在强制采用 IFRS 之后频繁使用金融工具的公允价值调整，有可能增加暂时收益在报告收益中的比例，并导致股利政策的变化。采用公允价值会计还会带来计税方面的问题。耿建新和郭雨晴（2020）认为，由于税法不承认公允价值变动，因此公允价值计量会导致资产或负债的账面价值与计税基础存在差异，这一差异会影响"递延所得税资产""递延所得税负债""应交税费"等项目。

2. 交易活跃性与流动性

另一个更具一般意义的公允价值信息的不确定性在于交易活跃度的缺乏。迄今为止，极少有文献探究交易活跃度如何影响公允价值信息的可靠性及决策有用性。这可能与理论上一贯主张公允价值的前提在于有序交易有关，但事实上大量公允价值会计的采用缺乏活跃的市场交易。一些早期文献关注过这一问题。最为相关的经验证据是 Petroni 和 Wahlen（1995）。从该文可以了解，美国财产责任保险公司持有的某些投资，譬如国债在证券市场的交易十分活跃，它们的公允价值信息披露是基于容易观察到的市场价格；而其他类型的投资，譬如市政债券和企业债券，则涉及非活跃与活跃的混合交易。Petroni 和 Wahlen（1995）通过构建以股票价格为被解释变量，以股东权益账面净值、市政债券账面价值、企业债券账面价值、固定到期投资账面价值、权益证券历史成本等为解释变量的回归模型，发现那些更可能在活跃市场上产生交易的证券投资的市价变动与该公司股票价格之间有显著相关性，如股票和国债；但是在较不活跃的市场上进行交易的其他类型的证券投资，如市政债券和企业债券的公允价值变动，是不能解释股票价格的。对 Petroni 和 Wahlen（1995）的发现做进一步讨论，不难得到这样一个共识：当市场交易频率和总量水平较低时，即使是有序交易，也难以反映未来现金流。所以，这里有一个关键因素，活跃度不足也可能是某些有序交易的常态，而在活跃度较低的情况下，即便是第一层次公允价值信息，也未必可支持决策。

关于交易活跃度的影响，举例来说，2020 年上半年北京市中心城区的房产租赁市场和二手房交易市场，在新冠疫情冲击和"房子是拿来住的、不是拿来炒的"政策调控的双重影响下，一直处于有价无市的状态。那么，什么是有价无市呢？"价"是有序市场的公允交易价格，"市"就是市场交易的活跃程度。所谓"有价无市"，也就是有公允市价但流动性欠缺，从而该价格难以指向可确信的未来现金流量。这种情况下，公允价值计量的如实反映和可验证性都契合准则要求，但可靠性很受质疑。所以，我在这里试图解释，交易活跃度是公允价值信息可靠性的关键影响因素。

考虑到公允价值变动对于估计相邻时点的现金流量的可信度来自资产转让的"易实现性"和转让价格的"可预测性",就交易水平不足的证券类资产和其他资产而言,即便交易价格已经在市场上暴露了一段时间,但交易发生的概率、时间、价格的不确定性,仍然会使得当前公允价值信息对于估计未来现金流的有用性受损。这导致公允价值信息确实存在严重的可靠性问题。

尽管如此,公允价值作为计量属性仍然得到了学术界的支持和认同。就如实反映而言,有学者认为,估计和假设是会计固有的,并不影响其可靠性(谢诗芬,2004)。可靠性只是程度问题,没有任何计量属性在可靠性方面是无懈可击的(陈朝晖,2000)。公允价值计量通常是公开的、透明的,这有助于消除不同国家不同制度产生的差异(Lim et al.,2020)。就可验证性而言,王建成和胡振国(2007)认为,持反对意见的人只是将公允价值的可靠性理解为间接可验证性,而没有看到其直接可验证性;间接可验证性只能最小化应用误差,而直接可验证性还可以减小方法误差。

财政部 2014 发布《企业会计准则第 39 号——公允价值计量》,为各具体会计准则中的公允价值会计规则提供了相对统一、详尽的应用规范,并为非金融资产等计量对象提供了计量说明,有效地支持了前 38 项具体准则中与公允价值相关的理论内容和实际应用。这标志着公允价值会计在国内得到了更广泛的应用和权威认可。

7.2.3 公允价值的计量层次

IFRS 13《公允价值计量》规定了公允价值计量的三个层次。"企业应当将公允价值计量所使用的输入值划分为三个层次,并首先使用第一层次输入值,其次使用第二层次输入值,最后使用第三层次输入值。"如图 7-2 所示,"第一层次输入值是在计量日能够取得的相同资产或负债在活跃市场上未经调整的报价。活跃市场,是指相关资产或负债的交易量和交易频率足以持续提供定价信息的市场。第二层次输入值是除第一层次输入值外相关资产或负债直接或间接可观察的输入值。第三层次输入值是相关资产或负债的不可观察的输入值。"

图 7-2 公允价值计量层次

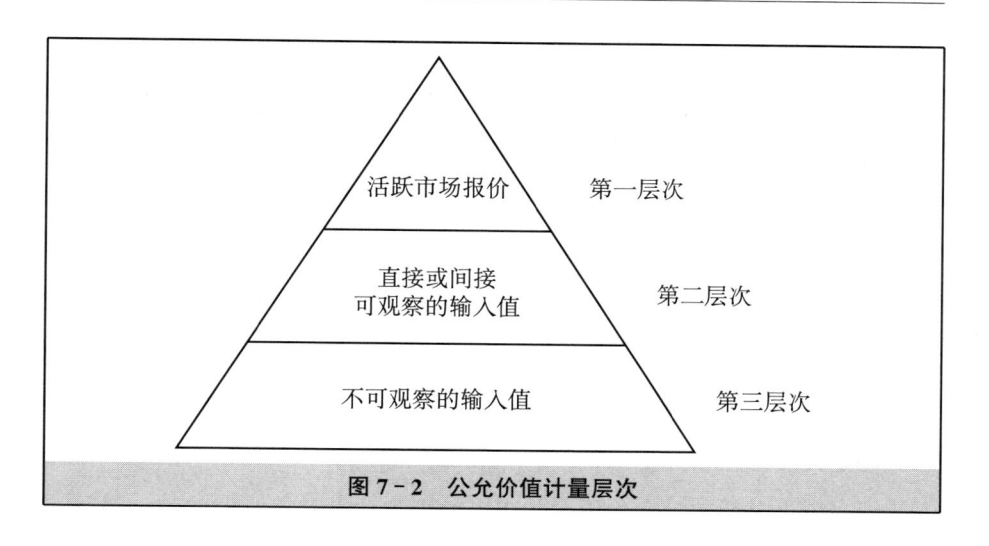

其中，第三层次公允价值需要采用多项重大不可观察输入参数和估值模型进行计算，因此是主观性的主要来源。第二层次会涉及一项或者多项参数以及估值模型，它的主观性也受到关注。例如，Ryan（2008）提出，虽然第三层次公允价值在次贷市场中的估值十分重要，但由于第三层次输入值数据通常来自统计数据或者历史数据分析，并且需要构建模型进行测算，因此很难利用第三层次的会计数据对现金流进行准确预测。在实证研究方面，Riedl 和 Serafeim（2011）以 2007 年第二季度至 2008 年第二季度美国金融机构数据为样本，研究发现第一、二、三层次公允价值计量的金融工具，其透明度逐层降低，流动性逐层减弱，与权益资产对应的 Beta 系数的估计值逐层递增，进而导致了资本成本递增和信息风险递增。将样本量缩小到商业银行并剔除早期应用 FAS 157 的公司进行子样本分析，其结论依然不变。

在跨国研究方面，Laghi 等（2012）选取 2009—2011 年超过 2 500 家上市银行进行研究，分别以市值总额和净收入作为因变量进行回归，以检验其与三个层次的公允价值资产的相关性，发现在金融工具计量方面具有较强主观性的第三层次公允价值在美国银行的样本中仅显示出弱相关性，在意大利银行中该相关性更加微弱。因此，该文提出第三层次公允价值信息需要更为充分且细致的披露。Bosch（2012）选取欧洲银行作为样本，对欧洲自由贸易联盟国家的银行业的金融工具进行检验，也发现第三层次公允价值估计的价值相关性比较弱。以上研究普遍解释了与主观性有关的公允价值估计风险。

究其原因，公允价值是对未来某个时点转让资产或者偿还债务时将要发生的真实损益的事前估计（曾雪云，2016a）。这项估计需要以该金融资产在转让或出售时的价值实现为前提，但第三层次公允价值更可能代表管理层的估计而非市场参与者的估价，因此除非有特别保证义务表明这些估计对于评价未来现金流是有意义的，否则投资者总是相当机智地知道应该忽略还是接受这些公允价值估计。

综合以上分析，公允价值会计很可能因为计量对象或者参数选择等原因而产生低有用信息，以后更应讨论如何优化公允价值的计量技术。与此同时，无论投资者、监管者，还是研究者，都有必要认识到会计并不总是提供了适当的和最优的计量结果给报表使用者。

7.3 公允价值会计的计量特征

7.3.1 计量特征

公允价值会计的主要计量特征有三个，如图7-3所示。

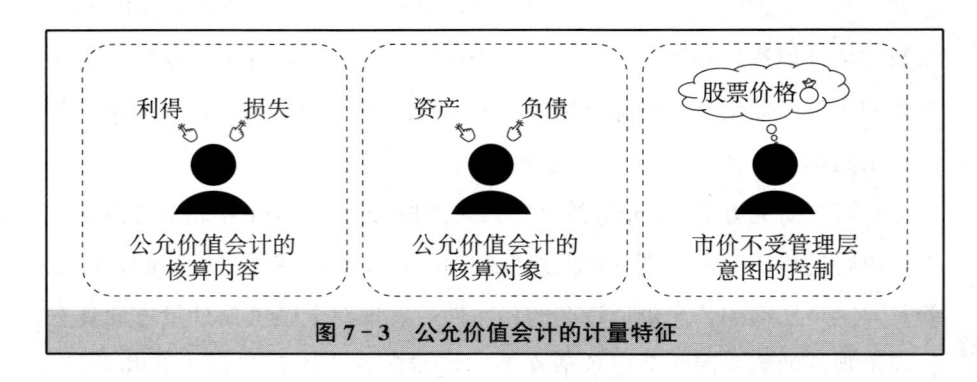

图7-3 公允价值会计的计量特征

（1）在公允价值会计下，既需要确认持有损失，也需要确认持有利得。但在成本会计下，不允许确认持有利得，也并不必然确认持有损失。

(2) 公允价值会计的核算对象通常是有活跃市场且可以即时成交的资产和负债。例如，股票、债券、衍生金融工具、投资性房地产等。成本会计的核算对象则通常是缺少活跃市场和难以即时成交的资产和负债。例如，长期股权投资、持有至到期投资、固定资产等。

(3) 在公允价值会计的第一层次下，资产的期末计价不受管理层意图的控制。例如，股票价格是管理层很难操纵的。但成本会计可能存在管理层自由裁量权和与管理层估计有关的计量误差。例如，资产减值会计。

7.3.2 公允价值信息质量

从计量特征分析，公允价值会计下的财务报告信息质量在概念层面确实更高于成本计量下的会计信息质量。公允价值信息具有与当前市场价格的相关性、信息估计的及时性、信息来源的可靠性以及管理层非操控性，这些都是成本计量难以具备的。成本计量下的会计信息，或者是市场前期的历史性信息，或者是管理层估计的现行成本（在用价值），有价值估计操控性和估计主观性，从而影响外部投资者对真实价值的判断。例如，上市公司獐子岛（002069）2014年10月30日发布第三季度报告称，因海洋牧场遭遇特大冷水团自然灾害，导致2011年和2012年播撒的105.64万亩虾夷扇贝被海水卷走，因此决定计提大额存货跌价准备，进行存货跌价损失核销处理，其合计影响净利润7.63亿元。在这个事件影响下，獐子岛公司第三季报显示亏损8.12亿元，导致股票价格出现崩盘现象，连续五个交易日的跌幅超过40%。如此这般利用资产减值估计操控盈余是成本计量下的常见问题，但公允价值会计可以遏制此类盈余操纵。综上所述，用市场公平交易价格抑制难以验证的管理层估计，这是会计制度的优化。

7.3.3 未来现金流可实现性

未来现金流的可实现性是公允价值信息决策有用性的约束条件。如图7-4所示，在稳定的市场环境下，公允价值的未来收益可实现性决定了该信息的有用性程度。在波动的市场环境下，市场交易价格的稳定性差，有用性将不确定。不难理解,波动性大的交易价格,缺乏对未来现金流的预测价值。但人们可能认为此时的公允价值信息像一面镜子照见了信息风险,从而也能体现会计的价值。这一观点很大程度上主导了对公允价值在某些情况下有用性不足的辩解。这似在自圆其说,实际上正在产生相当大的计量挑战,在充分反映市场风险的同时导致了计量不确定性和与未来收益的较低相关性。这不仅突显了公允价值有用性的重大缺陷,而且也质疑了第一层次公允价值的有用性。这种情况下,辩护公允价值信息风险的有用性不利于解决现实问题,应从金融稳定和经济发展的角度做出取舍。

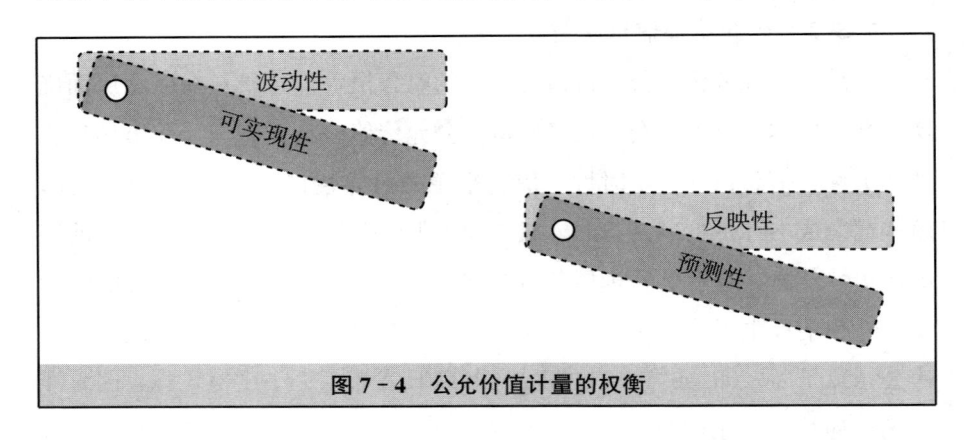

图 7-4 公允价值计量的权衡

学术界对公允价值信息可实现性的讨论几乎空白,但对波动性与公允价值的关系争议不断。批评者认为,公允价值会计导致了更大的市场波动,原因在于其顺周期效应和会计加速器效应。或者如另一部分批评者所言,公允价值会计影响了银行业的投融资决策,进而导致了内生性波动。相关论述可见黄世忠(2009)、Brousseau 等(2014)等。支持者如 Barth 和 Landsman(2010)则认为,公允价值会计是替罪羊,是市场参与者的贪婪、恐惧、非理性行为和其他因素导致了金融危机,而且正是公允价值履行了反映和监管金融风险的职责。这两方面的经验证据已经各有一些。胡奕明和刘奕均(2012)发现公允价值信息与波动率之间的正相关关系在市场波动期比在平稳期更为显著。谭洪涛等(2011)通过事件研究发现股市过度反应与公允价值变动损益显著正相关,认为我国金融业上市公司的金融资产市值计量模式放大了股市泡沫。与此相反,一些研究认为公允价值会计可以帮助投资者更轻松或者更全面地获取公司风险的信息。譬如，Hodder等（2006）的研究表明全面公允价值计量下的完全收益波动平均来说是综合收益波动的3倍之多、是净盈余波动的5倍之多，并且完全收益波动中超出综合收益波动的增量部分与股票预期价格存在正相关关系，他们认为这个结论说明全面公允价值计量下的完全收益波动与公司风险定价之间的关系最为紧密。

两方面研究都证实了公允价值波动与市场价格波动的正向相关性，差别在于价值理念不同。也即，观念矛盾，而非证据相悖。部分学者认为发现了公允价值会计的风险放大作用，部分学者认为这揭示了金融风险。这两方面的实证解释，虽然基于同一事实，但在思想观念上各执一词，争论不可能休止。

上述学术争议有一个值得深思的重要问题：信息风险有益于预测未来吗？如图7-4所示，会计信息的反映性与预测性是协调的还是冲突的？Song（2015）可以帮助对这一问题的理解。基于Ohlson剩余收益模型，Song（2015）通过选取2008—2013年间美国金融公司的数据为样本，实证结果显示第一和第二层次的公允价值信息被市场波动性显著地降低了定价系数，而基于不可观察的非市场因素输入值的第三层次公允价值的定价反而不受市场波动影响。由此项研究可知，市场波动损害了公允价值信息与权益价值的相关性，特别是质疑了对于第一层次公允价值的完全合理的采用。这为之后的研究留下一个有趣的问题：在什么情况下，直接采用市场交易价格也不能准确衡量资产或者负债的价值？

基于以上分析，公允价值信息并不必然具有决策有用性，充分反映市场风险也并不必然有用。如果市场价格的高波动性导致其偏离未来现金流，那么即便有利于揭示价格变动风险，在提升结果预判准确性方面仍然缺乏意义。这是公允价值的计量特征，更是公允价值有用性的约束条件。

最后，计量理念不可能退回成本模式，但也不可能抛弃成本计量。不考虑现金流量特性而选用单一计量基础的想法是"痴狂"和"天真"的。一方面，成本计量将依然存在，并且相当重要；另一方面，公允价值会计不可完全采用。对计量基础的选择，不是看概念，而是看某个特定资产或负债要素的现金流量特性以及何种计量基础更可能捕捉该要素以未来现金流量特征来衡量的经济内涵。我认为，对公允价值会计作为计量基础的学术讨论，需要从资产或负债的"经济内涵"角度做出判断。公允价值计量与成本计量的并用是必须的。这是由公允价值计量与成本计量各自的计量特征决定的，各有适用的计量条件和计量对象，谁也不可能替代谁，单一的公允价值计量模式或者单一的成本计量模式都难以适配资产或负债的全部经济内涵。

第 8 章 公允价值会计的决策有用性

20 世纪 70 年代,在信息论的影响下,会计实证研究得以兴起,发展了会计信息含量和价值相关性两个方向。其中,Ball 和 Brown 在 1968 年发表论文"*An Empircal Evaluation of Accounting Income Numbers*",首次以事件研究法证实会计信息对于判断股票价格具有估值作用,宣告了"会计信息无用论"的不成立。此后,会计盈余的信息含量一直是会计与金融领域的经典话题。先是大量文献研究了会计盈余的时间序列特征,提出会计盈余在预测未来盈利能力方面具有估值作用(Foster,1977;Brooks and Buckmaster,1976;Freeman et al.,1982)。然后,Ou 和 Penman(1989)、Lev 和 Thiagarajan(1993)、Abarbanell 和 Bushee(1997)等研究,基于更为宽泛的财务报表信息建立了基本面分析框架,以预测未来盈余、股票价格和超额回报。在此基础上,有学者基于有效市场假说和 Ohlson 估值模型建立了以公允价值信息为分析对象的价值相关性研究,这提供了理解公允价值会计决策有用性的基础。

本章的理论主张是,公允价值会计更应被视为一种普通计量属性,而不应被视为优于其他计量属性。学术界需要清醒而明确地意识到,公允价值会计与其他计量属性一样,也存在适用范围和约束条件。公允价值会计不可能适用于全部资产和负债项目,即便在可适用项目中也会有计量失灵的情况。

8.1 约束条件

公允价值会计作为普通计量属性的局限性应当得到重视。当公允价值会计以市场价格作为计量基础时，它的计量风险很可能来自计量技术、计量基础、参数选择和未定事件。因此，公允价值信息的决策有用性是有约束条件的。

至于如何解释它的约束条件？一是讨论公允价值信息来源端的有用性。对于任何一种计量基础而言，在来源端的有用性方面，主要需要分析它对经济活动的反映是否真实、客观、完整，也即"如实反映"（faithful representation）。在如实反映方面，公允价值信息是可信的。二是讨论公允价值信息与未来现金流的一致性，也即决策端的有用性。但是，这在以往鲜少讨论，而且很容易被"如实反映"理念所冲击。由于决策端的有用性才能真正用于评估公允价值信息的决策支持作用，因此有必要讨论公允价值信息决策有用性的约束条件。如图 8-1 所示，本节通过文献研究提炼出数据可得性、收益相关性、交易活跃度、价格平稳度四个约束条件，在曾雪云和王丹妮（2010）的基础上进一步分析公允价值信息会计的决策有用性边界。①

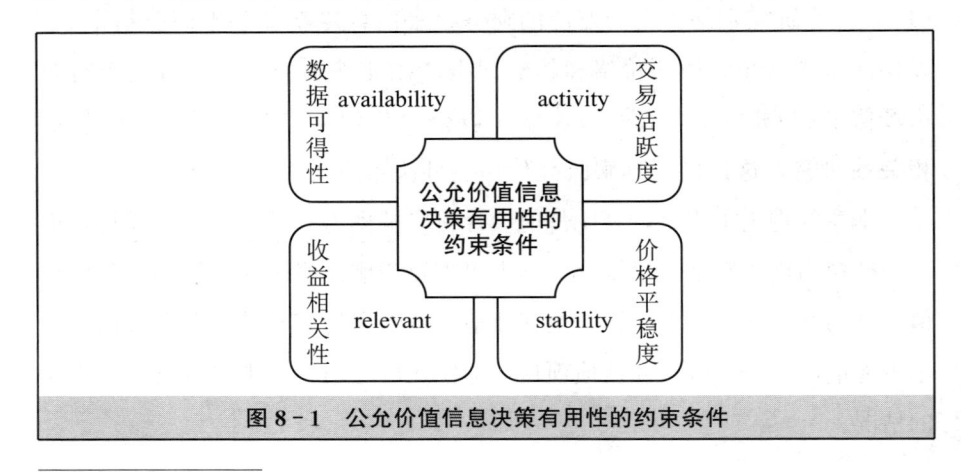

图 8-1 公允价值信息决策有用性的约束条件

---

① 本节部分借鉴作者 2016 年发表在《财务研究》的《银行和保险部门的金融资产公允价值信息风险与决策有用性边界》一文。此前已经提出公允价值信息存在"决策有用性边界"，此次提出公允价值信息的决策有用性存在"约束条件"并加以阐述。

8.1.1 数据可得性

"市场参与者在计量日发生的有序交易中,出售一项资产所能收到或者转移一项负债所需支付的价格"(财政部,2014b),这就是公允价值。这个定义在概念层面适用于资产负债表的全部项目。任何资产或者负债在理论上都可以估计期末市场价格(market price)。但在判断是否适用公允价值会计的问题上,第一个约束条件就是市场价格的可得性。如果市场价格获得困难,显然就不适用。这是因为,难以验证的计量结果不符合公允价值的定义。此时,由于不存在活跃的交易市场,因此数据的可获得性就成了第一个约束条件。

当主体通常采用收益法或成本法得到替代性的公允价值估计时,公允价值估计是主观的还是客观的呢?现有研究为此提供了丰富的证据。多数研究发现,计量主观性主要来源于需要采用估值模型和多项重大不可观察输入参数的第三层次公允价值估计。同时,第二层次公允价值也会涉及一项或者多项参数以及估值模型,所以也有主观性问题。Kolev(2008)以2008年第一、二季度为分析期间,研究表明与第一层次公允价值信息相对应的权益净资产与股价具有显著的相关性,第二和第三层次的公允价值信息决策有用性不显著。Riedl 和 Serafeim(2011)以 2007 年第二季度至 2008 年第二季度美国金融机构为样本,研究发现第一、二、三层次公允价值计量的金融工具,其透明度逐层降低,流动性逐层减弱,与权益资产对应的 Beta 系数的估计值逐层递增,进而导致了资本成本的递增和信息风险的递增。Laghi 等(2012)选取 2009—2011 年间超过 2 500 家上市银行进行研究,分别以市值总额和净收入作为因变量进行回归,发现在金融工具计量方面具有较强主观性的第三层次公允价值在美国银行的样本中仅显示出弱相关性,在意大利银行中该相关性更加微弱。所以,正如 Ryan(2008)所言,尽管第三层次公允价值在次贷市场中的估值十分重要,但由于输入参数通常来自统计数据或者历史数据,并且需要构建模型进行测算,导致很难利用第三层次的会计数据对现金流进行准确预测。

国内也提供了公允价值层次的经验证据。邓永勤和康丽丽(2015)以

2007—2013年披露公允价值层次信息的中国金融业上市公司为样本，研究公允价值层次信息的价值相关性，实证研究表明公允价值层次信息整体上具有价值相关性，且较高的信息透明度和信息丰富度能够提高第三层次公允价值信息的价值相关性。Song等（2010）以2008年银行业的季度报告作为样本，发现第三层次公允价值信息的价值相关性弱于第一、二层次，但良好的公司治理能够提高第三层次公允价值信息的价值相关性。郝玉贵等（2018）以2010—2015年披露公允价值分层计量信息的中国金融业上市公司为样本，通过面板数据随机模型进行实证分析发现，公允价值分层计量资产与负债整体具有价值相关性，且公允价值信息价值相关性在银行业与保险业较高。吴秋生和田峰（2018）以2014—2016年沪深两市A股上市公司为样本研究发现，第三层次公允价值的应用不会影响会计信息的可靠性，并能显著提高会计信息的相关性。在第三层次公允价值应用较多的企业，即资产和负债市场化程度较低的企业中，其提高会计信息相关性的效果更为显著。

究其原因，公允价值是对未来某个时点转让资产或者偿还债务时将要发生的真实损益的估计。这项估计需要以该金融资产在转让或出售时的价值实现为客观前提，但由于这些数据的获得相当困难且难以预测，因此会计准则层面强推的第三层次估计，更可能代表管理层而非市场的判断，这实际上已经违背了公允价值的市场理念，所以难以具备决策有用性。本节旨在提示，数据可得性是首个约束条件。

8.1.2 收益相关性

制约公允价值会计应用及决策有用性的第二个约束条件是收益相关性。如果一项资产或者负债的市场价格与未来收益不相关或相关性极低，譬如固定收益产品的市场价格变动就可以判定为非相关信息，那么这项资产或者负债未必适合采用公允价值会计。

早期研究提供了收益相关方面的证据。Nelson（1996）通过选取美国最大的200家商业银行，研究发现证券投资的公允价值信息可以解释股票价格，而贷款、存款、长期负债等以报告日应付应收金额进行计量的表外补充披露不具有解释银行股价的能力。Eccher 等（1996）使用 300 家综合性美国银行为分析对象，将证券投资公允价值与账面价值的差额拆分为可供出售证券、持有至到期证券和交易性证券三个部分进行检验，分析结果也是证券投资的表外价格变动披露对股票价格具有解释力，贷款净额的变动仅在小银行中具有解释力，长期负债的表外补充披露则缺乏解释力。Barth 等（1996）在控制了计量误差、资本金充足率等因素的可能影响之后，研究发现证券投资和长期债务的表外补充披露对银行业股价具有增量解释力，但是贷款可收回金额的表外披露需在特定环境中才表现出与股价的相关性：财务状况较差银行的贷款公允价值对其股价的解释力偏弱，存款和其他表外项目的价格信息补充披露也不具有价值相关性。

近年来的研究也提供了相关的经验证据。Easton 和 Zhang（2017）提出可供出售证券（AFS）的未实现损益（UGL）并非是暂时性的，当期 UGL 与未来一期的 UGL 之间存在负相关性。这是由于固定收益证券收入的会计计量方法是混合的，UGL 基于公允价值，而利息收入基于历史成本计量。投资者似乎无视 UGL 的可预测性，并没有将 UGL 视为会计驱动的定价因素。Dong 等（2014）通过研究 1998—2006 年间 200 家美国大型商业银行发现，其他综合收益重分类部分的价值相关性超越了保留在其他综合收益中的未实现损益的价值相关性以及其他资产账面价值的价值相关性。他们的解释是投资者在进行价值相关性的指派时，对已实现损益的认知优先于未实现损益，并由此建议 FASB 对可供出售金融资产债务工具的其他综合收益和摊余成本进行双重披露。

以上经验证据显示出，证券投资和衍生金融工具的公允价值信息披露与银行业股票价格之间存在一致的价值相关性，而贷款、存款、长期负债的期末市价变动信息与股票价格之间缺乏稳健的相关性。这些实证结果的理论逻辑在于，有价证券与存贷款资产的收益实现机制不尽相同。证券投资和衍生金融工具的公允价值变动本身就是收益来源，而贷款、存款、长期负债的未来给付金额是确定的，持有期间的价值变动并不改变收益预期，因此其表外披露并没有释放关于未来现金流的增量信息，从而不适合作为决策依据。综上所述，收益相关性是公允价值信息决策有用性的第二个约束条件。

8.1.3 交易活跃度

公允价值需要以有序交易为前提。有序交易是指交易标的物在会计计量日之前已经在市场上暴露（exposure）了一段时间。这段时间足以让市场参与者进行通常的、符合惯例的（customary）市场活动，而不是被迫交易。譬如，由于破产清算或者资金压力被迫出售资产（财政部，2014b；IASB，2011；FASB，2006）。在 FAS 157-3《在不活跃市场下确定金融资产的公允价值》中，FASB 给出了如何通过合理评估以确定某项资产或者负债的市场活动总量或交易水平显著下降所应考虑的关键因素。这些因素可以帮助对市场活跃度的理解：（1）最近几乎没有交易；（2）待引用的价格并非基于当前信息；（3）待引用的价格随着时间和市场组织者的不同而差异巨大；（4）此前与资产或者负债的公允价值高度相关的指数被证明最近变得不再相关；（5）与报告主体对预计现金流的估计相比，已观察到的交易或者被引用的价格的潜在流动性风险溢价、收益或者绩效指标（如违约率、损失严重程度）显著提高；（6）买卖价差很大或者有显著提高；（7）相同或者相似资产或负债的发行量显著下降或者不存在市场；（8）几乎没有信息公开披露，如无中间商的市场（FASB，2008）。

从以上规定可见，公允价值会计提供有用信息的前提条件在于交易活跃度。活跃的市场交易是获取公允价值信息的必然前提。可惜学者的逻辑通常是理论导向，而少有研究会计实践。这种理论导向会计准则很可能出现实践偏离。

虽然少有文献探究交易活跃度，但 Petroni 和 Wahlen（1995）将美国财产责任保险公司持有的证券投资按照交易活跃性分为两类并提供了经典的经验证据。其中，一类如国债是在证券市场有活跃交易的品种，它们的公允价值是基于容易观察到的市场价格；另一类投资的公允价值涉及活跃和非活跃混合的交易市场，其中大城市的一般债券和大公司的公司债券交易活跃，其他如小城市或小公司的债券则不活跃。基于以上的交易划分，他们发现在活跃市场上产生交易的证券投资与公司股票价格之间具有显著的价值相关性，但在较不活跃的市场上进行交易的其他类型投资的公允价值变动不能解释股票价格。

从Petroni和Wahlen（1995）可知，有外部市场定价机制和可靠来源的市场信息，也并不必然提供决策有用性，而是需要区分交易活跃程度。当交易频率较低时，由于交易水平的相对不足，所以即便交易价格在市场上暴露了一段时间，能否实现交易的不确定性也会使得当前市场价格难以用于估计未来现金流，所以从公允的"可转让价格"到收益的"可实现性"，这两者之间存在不确定性，这限制了公允价值信息的决策有用性。考虑到这种不确定性在资本市场的日常交易中普遍存在，远非流动性危机下才存在，因此交易活跃度是一个普遍性约束条件。

8.1.4 价格平稳度

假如市场的价格水平稳定在某个区间，那么当前市价信息就能够用于预测与未来收益相关的现金流量。假如市场价格波动性相当高，那么当前市价信息将难以预测未来现金流。这个分析逻辑不复杂，但问题在于如前所述，可能有人会认为波动性极大的公允价值信息也是决策有用的。持这个观点的学者们倾向于认同会计对经济的作用就像照镜子，完全、充分地反映不确定性是有用的。这里需要进一步厘清此种思想的局限性，是纯粹的技术逻辑，有形而上的不可取之处。

会计信息对经济的反映应该遵循合理和适当的原则。第一，资产负债表是一个点估计，而且是固定期间的点估计，不是随意期间的点估计。作为点估计，在概念层面和实践层面，都不存在某个点估计必然公允而其他点估计就不公允的假设前提。例如，12月31日的资产负债表与12月10日的资产负债表相比，究竟哪一个时点才是真实的经济反映呢？那些不具有活跃交易市场的资产通常来说在这两个时点的价格是相对稳定的。那些具有活跃交易市场的资产则有两种可能：一种可能是在某个区间保持相对稳定的有序交易，从而无论12月10日还是12月31日，对于估计该资产的内在价值或者未来现金流的参考价值是基本一致的。另一种可能是12月10日和12月31日这两天的市场价格差异很大，并且该差异不具有持续性。那么，此时究竟如何估计资产的公允价值？是 12 月 31 日的价格更合理，还是 12 月 10 日的价格更合理？还是两者的均值更合理？或者取连续交易期间的平均价格？显然，第二种情况下，时点估计和区间估计都很难获得对经济实质的理解。此时，公允价值计量的合理性讨论变得相当复杂，迄今为止也没有更好的解决办法。

所以，在市场价格波动性大的情况下，无论哪个时点的市价信息，对于估计未来现金流量的有用性都很小。这就是第四个约束条件——价格平稳性。一旦市价信息不具有相对稳定性，那么公允价值会计就失去了决策有用性。若仅以"照镜子"的原则概括会计信息的质量要求，这既违背公允价值的内在含义，也违背公允价值会计的计量特征。根本原因还在于，此时的市场定价机制已经面临挑战，不应再作为会计信息的基础。在市场价格相对稳定的情况下采用市价会计，这是计量边界。一旦突破了这个计量边界，会计与经济的关系就需要重新思考。

更为重要的是，它也是会计计量的一个系统性问题。试问，当市场出现通货膨胀的情况，会计应如何选用计量基础呢？当市场出现价格危机的情况，又当如何选用计量基础？这些都是系统性问题，是迄今极难解决的计量挑战。这里需要再次强调，公允价值信息即使充分反映了市场风险，也并不必然具有决策有用性。市价信息的决策有用性需要前提条件，那就是对结果的预判准确性，否则即使来源真实的市价信息也将无用。

8.2　决策有用性机理

8.2.1　计量不确定性

从公允价值损益到真实的现金流入，这其中是有可实现风险的。这个风险称为计量不确定性。正由于计量不确定性，此前在稳健性原则下有不高估可能的资产价值和潜在收益的要求。但是，相关性原则要求采用与潜在损失相对称的方式计量潜在收益。这种把"可能"当作"是"、把"将会"当作"是"的会计处理方式，一直备受争议。毕竟已经发生的只是价格变动，而不是现实收益。但资本市场上的交易参与者对区分这两者并不感兴趣。资本的逻辑就是赚取现在与未来的价格差，因此资本当然是要把预期当成"是"，他们在博取股票差价收益的时候也愿意承担风险。这就不难理解，公允价值信息的不确定性是内生的，因此它的决策有用性缺陷也是内生的。

这个内生缺陷足以说明公允价值会计也是普通的计量属性。作为一枚"硬币"，它也有另一面。人们之所以常用"完美"或者"理想"一词作为概括，那纯粹是一种想象。在严谨的学术讨论和理论体系下，务必识别采用公允价值信息的四个约束条件：计量客观性、收益相关性、交易活跃度、价格平稳性，并且需要提示其计量结果的信息风险。

从计量不确定性角度看，公允价值会计与成本会计存在本质差异。成本会计以实际交易价格或者以在用价值作为计量基础，而公允价值则以市场交易价格或者以假想的市场交易价格作为计量基础。历史成本可以作为交易发生当期的初始公允价值，却难以满足持有期间的公允价值含义。采用现时市场交易价格来反映该项资产或者要素的现时价值，这是明智选择。一方面，公允价值会计具有进步性；另一方面，成本会计依然提供了基本约束，同时也提供了辨识公允价值会计弊端的基准。关键的几个理论考量在于：（1）首先要承认不确定性是公允价值会计的计量风险所在；（2）基于计量风险的存在，应当认识到公允价值会计作为普通计量属性的局限性；（3）对公允价值会计的应用给出限制条件；（4）有必要解释公允价值会计的决策有用性机理。

8.2.2 可实现性机理

公允价值信息决策有用性各约束条件的共同性在于可实现性（realizability）。可实现性作为本书提出的会计术语，是指某项资产或者负债的当前公允价值与实际获得或者支付的现金或者非现金对价的一致性。举例来说，一项当前市价估值为100元的金融资产，在市场参与者期待的某个时点以100元价格卖出的可能性决定了该公允价值信息用于预测未来现金流的可靠性。它的含义是，若未来实际交易时的转让价格对100元点估计的偏离度越大，则说明当前以 100 元作为公允价值估计的决策有用性越低。以下依次解释本篇所提出的四个约束条件的可实现性作用机理，如图 8-2 所示。

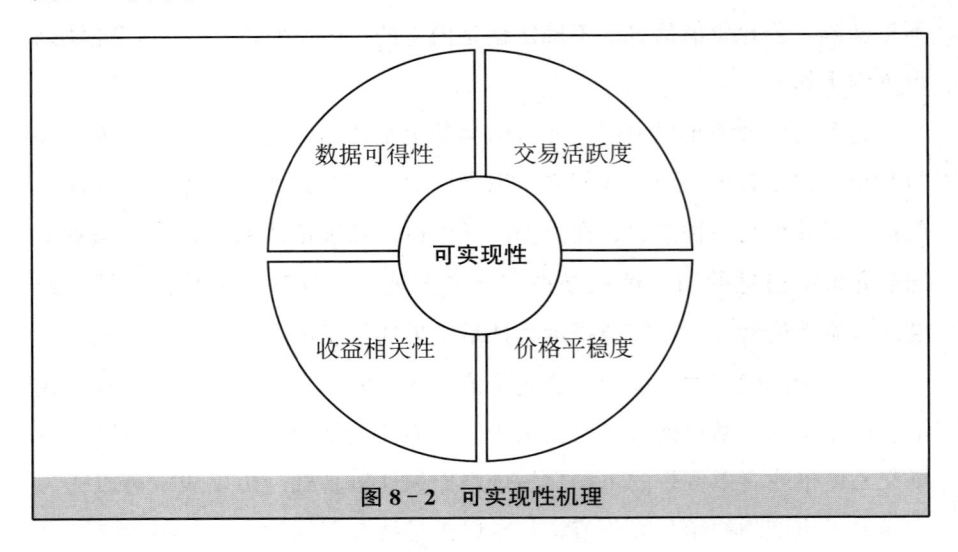

图 8-2　可实现性机理

（图中要素：数据可得性、交易活跃度、收益相关性、价格平稳度，围绕"可实现性"）

1. 受数据可得性约束的可实现性

如果某项复杂金融工具的公允价值计量是以潜在交易对手的报价为基础，那么这是假想的市场交易价，而不是真实交易价格。这个估值场景下，由于没有集合竞价作为计量基础，因此管理层有较大的裁量权。进一步分析可知，因为缺失外部市场价格约束机制，自由裁量权可能从两个方向引导管理层行为。

方向一是管理层出于减轻主体内外部信息不对称的目的而做出的改善财务报表信息质量的行为，此时的公允价值估计可能释放了合理适当的估计结果，依然遵循计量客观性的假设条件，有利于外部利益相关者估计未来现金流量的实现。为数不多的经验研究中，Song（2015）为这一问题提供了有意义的借鉴。Song（2015）基于 Ohlson 剩余收益模型，通过选取 2008—2013 年间美国金融公司的数据为样本，实证结果显示第一和第二层次的公允价值被市场波动性显著降低了定价系数，而基于不可观察的非市场因素输入值的第三层次公允价值的定价反而不受市场波动影响。Song（2015）质疑了第一层次公允价值完全合理地采用假设，此时，反而是某些基于管理层估计的第三层次公允价值更可能为价值估计提供合理反映。

方向二是管理层出于信息优势而释放有益于财务目标的信息，但不利于外部报表使用者了解主体的真实财务状况和资产价格，此时主观导向下的公允价值估计将难以提供对未来现金流的提示作用。这方面的经验证据已经很多，此处不再列举。

2. 受收益相关性约束的可实现性

就公允价值计量对象的业务模式和现金流量特征而言，如果某些资产项目的收益实现是由标准化市场中的集合竞价和活跃交易决定的，并且当前的市场价格可表征下一刻的现金流量，那么这个市场价格就同时兼有反映性特征和预测性特征。此时，它既能反映当前时点有序交易市场的公允交易价格，又能用于预测下一时点来自有序交易市场的现金流量。这种情况下，当前公允价值信息就提供了可实现性，从而提升了决策有用性。

在可实现性机理中，关键在于有无标准化市场中的集合竞价和活跃交易，这是公允价值会计的理想应用条件。但它主要适合股票、债券、基金、外汇等普通金融产品。至于其他资产的应用条件，还需要进行严肃的讨论和科学的分析。

一个最具代表性的讨论是存货计价。例如，某制造企业的产品期末计量既有生产制造成本，也有市场交易价格。但为什么需要采用成本计量模式，而不以产品卖价作为期末计价呢？难道企业的产品卖价是不公允的吗？难道交易市场是不活跃的吗？显然原因在于产品的收益实现机理与金融产品的收益实现机理不同。产品的收益实现通常是与特定对象进行价格谈判的结果，而金融产品的收益实现通常是公开市场竞价的结果。所以，收益可实现性的差异化是决定公允价值会计是否适合以及能否提供决策有用性的机理。

3. 受交易活跃度约束的可实现性

如果某些金融资产的交易水平处在极不活跃状态，那么公允价值信息的决策有用性就会减弱。其影响机理在于，此时市场达成下一笔交易的时间和可能性这两个因素是难以确定的，因此当前市价与未来现金流难以建立联系，这使得当前估计对未来现金流的预测作用缺失，决策有用性是不足的。所以，交易活跃性影响公允价值信息决策有用性的机理也在于可实现性。

活跃市场市价信息的可实现性较高，而非活跃市场的市价信息的可实现性较低。一个典型的应用实例就是投资性房地产。为何投资性房地产会拥有公允价值会计和成本计量的选择权呢？准许在两种计量基础中做选择，其计量逻辑在于，活跃交易市场的条件仅在某些城市或者地区具备。北京、上海、深圳、杭州等一线城市有活跃的房地产交易市场，而另一些城市则未必满足交易活跃性条件，其基本的决定因素依然是表征未来收益的可实现性。

4. 受价格平稳度约束的可实现性

如果某项金融资产的价格波动相当大，情况会怎么样？此时，由于与未来现金流量的相关性极低，所以当前时点的市场价格对于预计未来收益的提示意义堪忧。它与未来现金流量相关性的内在含义仍然在于其未来收益可实现性。在此情况下，会计需要在多个估计值中做出取舍。究竟是报告有利于预测未来现金流量的估计？还是报告有序市场的当前成交价格？学术界依然没有明确答复。在 2018 年发布的《财务报告概念框架》修订稿中，要求在报表层面把前景预测作为财务报表目标，但计量部分又以现行价值作为计量基础，可见 IASB 的计量理念也是相互冲突的。

究竟重在当下，还是重在未来？这种计量理念上的冲突，依然需要以（当前的市价估计结果或者其他的估计结果）谁更具有可实现性作为计价取舍的原则。这是一个全新的计价原则，它可以称为是对稳健性原则和相关性原则的双重背离。它既不遵循稳健性原则，也不遵循相关性原则，而是遵循了某个指向内在合理价格的新的原则，这里暂且称为计量的"适当性原则"。

8.2.3 可实现性定律

考虑到计量不确定性的存在，会计信息的决策有用性终将来自于预测未来现金流的可实现性。这在本书称为"可实现性定律"。进一步来说，不仅是公允价值信息的决策有用性取决于可实现性，其他计量基础的会计信息的决策有用性也取决于估计值的可实现性。换言之，可实现性具有一般意义，是一条衡量各种计量属性或计量基础下会计信息决策有用性的通用定律。

可实现性可以用当前估值与未来现金流的一致性来表示。这是各种计量属性下的会计估计的可实现性的共性特征。差异在于，各种估计结果的信息来源和估值技术不同。

当然，这里的未来现金流不是指遥远的未来，而是指某个较近期的会计期间，也即与报告时点紧密相邻的未来。它可以理解为在某个资产负债表的次日依然决策有用，也可以理解为在下一个资产负债表日到来前依然决策有用。假如主体编制的是财务报告的年度报告，那么就一家上市公司而言，下一个资产负债表日将有三个可选时点：月报、季报、年报批准报出日。就上市公司而言，月报通常作为内部报表不公开披露，但也是报表使用者希望了解的；季报需要公开披露，年报属于强制披露范畴。在此，可以理解为该年度报告的编制至少应当有利于以上时点之一的现金流量估计。事实上，企业也是这么做的。以资产负债表日后事项为例，就是对资产负债表日的各项目估值的可实现性的调整和补充披露。影响资产负债表日的估值信息应当做出调整，不影响资产负债表日估值但影响报表批准报出日估值的事项则应补充披露。此时，可实现性是针对财务报表全部项目，这解释了可实现性的一般意义。

8.3 决策有用性优化

鉴于持有损益存在不确定性，因此未来对公允价值信息质量的改进需要充分关注可实现性，而不能仅着眼于当前时点的市场价格。假如仅重视会计信息的反映性，而不重视会计作为管理活动对未来现金流的预测作用，那么对会计的属性、功能、目标等基本理论的解释将产生导向性偏差。会计是一项价值管理活动，高质量会计信息应有两个衡量维度：一是会计信息务求真实、客观、完整、及时；二是会计信息要有预测价值和可实现性。未来应致力于改进会计理论的概念导向，以切实提高会计信息的决策支持作用。

至于究竟以不确定性为报告导向，还是以可实现性为报告导向？从适应国内经济发展和宏观经济目标需要的角度分析，建议以改进计量不确定性和提升可实现性作为目标，可以考虑如图8-3所示的五个方面的优化路径。

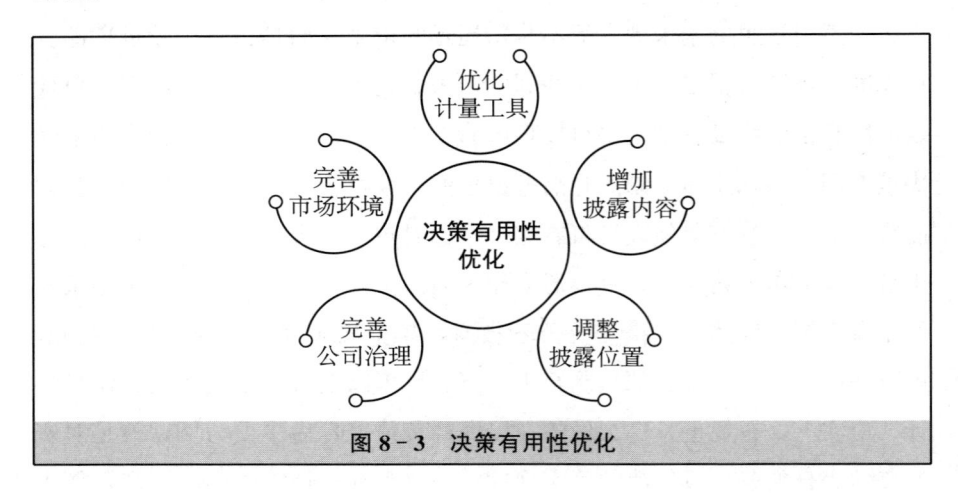

图8-3　决策有用性优化

8.3.1　优化计量工具

一是谨慎适用公允价值会计。首先，应将公允价值会计置于需要受到严格约束的应用框架下，提供更加详细的指南，限定公允价值计量的应用范围。其次，不同类型的资产或者负债在决定采用公允价值会计时，要对数据可靠性、收益相关性、交易活跃度、价格平稳度四个约束程度做出评价。在偏离这四个约束条件时，暂停采用或者不采用公允价值计量。再次，针对第二、第三层次输入值，经理层应对所依托材料的经济实质及其合理性做出证实和承诺。最后，注册会计师应对输入值的复杂性和可验证性做出合理判断和必要声明，以此强化企业主体的信息披露责任和中介机构的审计鉴证责任，从而切实提升公允价值信息质量。

二是在适当情况下引入预期会计。在市场交易价格显著偏离可实现性时，以现值计量技术为基础的预期会计将具有极其重要的现实意义。在非活跃市场、非有序交易或者流动性紧缩的情况下，对前瞻性信息的利用将有望减轻以市场价格为基础的会计估计与未来现金流之间的差异，从而提升会计信息的决策支持作用。

三是考虑预期模型存在计量不确定性，因此还需要引入新的信任机制，以建立市场对预期价值的信心。可选方式有两个：其一，建立预期估值的评价机制，在交易实现时与各期评估值进行比较，披露完整的价值变化过程；其二，引入财务承诺作为预计价值难以实现时的补偿。财务承诺表明了管理层对企业的信心，可以强化管理层的披露责任，在微观层面有助于加强会计信息与未来现金流的联系，在宏观层面有益于发挥会计在维持金融稳定和经济高质量发展方面的治理作用。

8.3.2 增加披露内容

增加信息披露内容可以提升会计透明度，进而强化会计在金融监管和提升决策有用性方面的作用。现阶段国内商业银行对金融资产的信息披露比较简单，将来应当考虑对金融工具的风险来源和风险级次做结构化披露。譬如，FASB 在 2010 年 6 月执行了一项新的披露政策，要求在公允价值层级下对金融工具的分类信息再做细化。Lu 和 Mande（2014）检验了这项制度安排的政策效果。他们选取了 394 家美国银行进行自然实验研究，在比较了 2010 年第一、二季度与 2009 年前两个季度的数据后，研究发现 2010 年公允价值信息补充披露可以显著提升银行业金融资产公允价值第二层次的价值相关性，但对第一、第三层次的影响较小。虽然他们并未在第一和第三层次中发现类似的显著结果，但是这一研究成果仍很重要，因为大多数的金融工具是通过第二层次输入值进行反映的。Du 等（2014）则研究了层级转换在改善银行业公允价值信息价值相关性方面的作用。他们以 2008—2009 年美国商业银行为例，通过比较将资产调入或者调出第三层次公允价值的银行和没有做类似调整的银行，其结果表明，相比后者，前者各层级公允价值信息的价值相关性是递增的。这是因为，当通过补充披露反映市场条件的变化时，公允价值信息的价值相关性得到了提升。

那么，由以上结论可知，增加披露有助于减轻信息不对称，进而帮助报表使用者理解公允价值信息的可实现性。在国内，王雷和李冰心（2018）选取 2012—2015 年沪深 A 股上市公司作为研究样本检验时发现，强制分层披露从整体上增强了投资者对公允价值的信心，提高了公允价值资产的价值相关性。具体而言，投资者选择相信第一和第二层次，对第三层次的反应并不敏感，并且第一层次公允价值资产的价值相关性并没有显著高于第二层次。

总之，自愿性公允价值信息披露是减轻信息不对称的一种努力。近年来上市公司的自愿性披露还在增加，这些信息在引导市场定价方面发挥了越来越重要的作用。相关研究揭示了自愿性信息披露的重要性。Chung 等（2017）研究发现，上市公司管理层在增加自愿性公允价值信息披露以增加透明度和提升会计信息质量。在巴鲁克·列夫和谷丰的著作《会计的没落与复兴》一书中，也大量提到自愿性信息披露，有兴趣的读者可以阅读其中章节。近些年，上市公司的信息披露频率和披露内容日益增加，原因在于它们在时间上和内容上更具灵活性，而且通常不需要第三方鉴证等烦琐的程序就可以对外发布。

8.3.3　调整披露位置

现有研究还发现，改变披露位置也有利于提升公允价值信息的决策有用性。IAS 39 和 FAS 159 要求将信用风险变化导致负债的公允价值变动披露在净利润中，IFRS 9 要求将信用风险的这一影响披露在其他综合收益中。针对制度差异，Lachmann 等（2015）探讨了披露位置是否影响非专业人士的决策，研究发现当因信用风险变化导致公允价值变动在其他综合收益项目列报时，投资者获取该信息的成本更低，并且对公司整体绩效的评估也更加准确。再如，Maines 和 McDaniel（2000）从心理学角度展开的实验研究也发现在不同位置披露综合收益对非专业人士的信息获取不会产生显著影响，但是当公允价值信息在业绩报表中单独披露时，非专业人士对公司绩效的评估更为准确。Hirst 和 Hopkins（1998）对综合收益披露位置做实验研究发现，在利润表中单独披露综合收益，相比在股东权益变动表中披露综合收益,更可能降低盈余管理水平,并且在业绩报表中披露综合收益也使分析师的判断更为准确。由上述研究可知,投资者更可能关注公允价值对未来收益的影响,而非对权益市值的影响,并且当管理层在可见位置传递出公允价值正在改变财务业绩的信号时,决策有用性得到了体现。所以,披露位置至关重要。

关于披露位置重要性的检验,还可见于对金融危机期间银行业市价表现的相关研究。Fiechter 等(2017)考察了来自 30 个欧洲国家的 160 家银行控股公司在金融危机期间的金融资产重分类选择,研究发现管理层可以通过金融资产的分类操纵未实现损益的披露地点,具有盈余管理动机。国内有关金融资产重分类的研究比较少,其原因一是上市银行的数量比较少,二是以非金融业为对象的研究重在解释"实体金融化",而较少从会计视角做分析。这些方面的不足则说明,国内有关披露位置重要性的讨论还需要高质量实证研究的解释。

8.3.4 完善公司治理

在公司治理层面,假若管理层报告真实、完整、明晰的公允价值信息,则更有助于外部投资者的决策;假若管理层的信息释放是主观的、失真的和不明晰的,公允价值将缺乏决策支持作用。大量研究检验了公司治理在改善会计信息质量方面的作用。Song 等(2010)以美国银行业为样本从董事会独立性、审计委员会专业性、审计委员会活跃度、机构投资者持股规模、审计规模以及内部控制缺陷六个角度对公司治理能力进行综合评分,研究发现公司治理能力越强时,公允价值信息的价值相关性就越高,并且公司治理能力对第三层级公允价值信息价值相关性的影响最为显著。Bhat(2013)通过选取 2003—2005 年 180 家银行控股公司作为样本,通过检验股票收益和公允价值损益之间的关系衡量公允价值信息质量,研究发现市场参与者认为拥有强大公司治理的银行,其公允价值变动损益具有更强的相关性和可靠性。所以,应当督促完善公司治理,以帮助投资者评估公允价值信息质量,进而提升决策有用性。

近年研究还表明,公允价值会计赋予的自由量裁权也提供了盈余管理工具。Barth 等（2017）证明无论上市银行还是非上市银行，都在利用公允价值会计工具，使一些未实现的证券收益和损失不是直接计入收益，而是进行盈余管理。银行在可供出售证券何时实现损益问题上有平滑收益的动机，一些实际收益为负的银行利用以前年度积累的足够抵销本期负向收益的未实现正向收益来平滑利润。Bischof 等（2023）使用以 IFRS 报告的世界各地银行的样本研究，发现利用该财务策略对金融资产进行重新分类调整的公司高达 1/3，这使报告盈余平均增加了 44%。Guo 等（2019）在对一家以金融投资为主营业务之一的某公司的案例研究中发现，利用公允价值计量工具构造的利润蓄水池，能够避免公允价值变动对综合收益波动的影响，表面上实现了利润增长。Han 等（2018）的研究指出，尽管多数与公允价值会计相关的盈余管理研究都是基于美国的，但结果同样也适用于中国。这些研究主要着眼点是盈余管理行为，但对此类行为的治理需要改进和完善公司的内外部治理。完善的公司治理和高质量的会计准则是提升公允价值信息质量的两个翼，双翼并举，才能有效提升决策有用性。

8.3.5 完善市场环境

市场环境也是影响可实现性的重要因素。在健康、有序的经济基本面下，公允价值信息的决策有用性比较高；相反，在震荡、无序的经济环境下，市场的不确定性致使不同时点公允价值信息的离散度比较高，而一致性比较低，所以决策有用性也较低。也正因为如此，当金融市场震荡时，即便公允价值有真实的市场基础，但大量的交易属于非有序交易，很难具备决策有用性。在实证研究方面，Fiechter 等（2017）对使用国际财务报告准则的全球银行样本研究发现，不同国家的制度差异，如信息环境或市场复杂性，影响了投资者处理公允价值信息的能力。进一步检验表明，更丰富的信息环境和具有公允价值经验的机构投资者的存在，会减弱对以公允价值计量的资产的估值折扣。

FAS 157-4 提示，以下情况可能意味着市场环境已经发生改变或者标的物已经处于非有序交易状态。它们分别是：（1）在计量日之前，交易标的物没有得到足够的暴露时间，以至于不能使市场参与者进行通常的、符合惯例的市场活动；(2) 虽然有通常的、符合惯例的市场活动，但是买方只有一个；(3) 卖方濒临破产、破产管理，或者卖方由于监管或者法定义务被要求出售资产；(4) 与最近其他相同或类似标的物的交易价格相比，目前的交易价格严重偏离（FASB，2009）。由以上内容可知，完善市场环境、推进有序交易、夯实计量基础，是提升公允价值信息决策有用性的重要基础。

最后强调的是，本章致力于说明：公允价值计量的不确定性是需要突破的挑战，严重偏离可实现性的估计不宜计入财务报表。此外，除本节提出的优化计量工具、增加披露内容、调整披露位置、完善公司治理和完善市场环境五个优化路径，完善基本理论、改进技术条件、提升履职能力、健全外部监督等其他关键方面，对于提升决策有用性也是重要的。

第 9 章 公允价值的可实现性

公允价值信息的价值相关性从何而来？就此问题，本章将从收益视角对公允价值的计量基础做理论辨析，然后通过经验证据，先检验公允价值信息的三个层次存在收益可实现性递减效应，再证实公允价值层次信息与股票价格的相关性也存在递减效应，之后检验市场活跃度的调节效应。依据本研究，公允价值信息的价值相关性决定于收益可实现性，能带来交易盈亏的公允价值是决策有用信息，与交易盈亏无关的是无用信息。本部分证实了可实现性的决策有用机理。

9.1 引 言

近年来，在金融改革与经济高速发展的背景下，公允价值会计的应用愈加重要。为了加强金融监管，2010 年中国银行业监督管理委员会（以下简称"银监会"）颁布文《商业银行金融工具公允价值估值监管指引》（银监发〔2010〕105 号），要求对公允价值做分层披露。财政部也在 2014 年发布《企业会计准则第 39 号——公允价值计量》。按照以上两个文件，公允价值的第一层次是在计量日能够取得的相同资产或负债在活跃市场上未经调整的报价，第二层次则包含了各项可观察或不可观察的输入值，第三层次是基于多项重大不可观察输入值的测算结果。那么，银行业的公允价值分层披露改进了市场估值吗？

现有研究已经从公允价值来源端的可靠性，即从如实反映（real reflection）角度，对银行业公允价值会计的采用进行研究。相关文献有 Maines 和 Wahlen（2006）、Kolev（2008）、Song 等（2010）、Riedl 和 Serafeim（2011）、Bosch（2012）、Goh 等（2015）、Song（2015）等。上述研究提出，第一层次公允价值是客观数据，第二和第三层次存在估计误差和操控性，并且第三层次有更大的主观性（subjectivity），所以投资者在决策时会降低第二层次和第三层次的权重。

但除了来源可靠，当前公允价值与未来现金流的一致性也需要考虑，这将改善决策有用性。例如，一项当前估计为100元的资产，能够在下一时点换取100元的等价货币，说明现时信息是决策有用的。但若未来以50元脱手，说明现时信息与未来现金流不具有一致性，决策有用性较低。因此，除了来源可靠，还需要结果可靠，以提升预判的准确性。

在此基础上，本章拟从公允价值与现金流的一致性角度分析各层级公允价值在提升结果预判准确性方面的作用，并采用公允价值的"可实现性"（realizability）这一术语来分析两者关系。各层次估计的可实现性是不同的：第一层次是有活跃市场的"现时交易价格"，可以实时转换为现实收益；第二层次需要引入估值模型，实际上难以表示真实收益；第三层次的估值基础是预设参数。这三个层次与现实收益的递减效应能否得到证实呢？下文将就此问题展开进一步分析，并以上市商业银行为样本进行检验。

本章的学术新意在于：提出并证实了公允价值的决策有用性取决于可实现性，论述了可实现性是公允价值的内涵属性，基于可实现性将对公允价值的研究推进到新的逻辑起点。以往研究力图规避决策端可靠性，这在一定程度上高估了公允价值会计的适用范围与决策意义。虽然此前从主观估计和价格操纵角度对公允价值有所反思，但都不是对决策有用性机理的探究。主观估计和价格操纵是影响公允价值可实现性的原因，可实现性才是公允价值的内涵属性。可实现性的受限条件，既有来自管理层的主观判断和盈余操纵，还有来自市场波动、公司治理、金融环境、商业模式的影响。未来研究可以致力于发现更多可实现性的约束因素，并据此解释公允价值决策有用性的边界。

9.2 文献述评与理论分析

9.2.1 文献述评

现有研究从如实反映和主观性角度对银行业的公允价值层次信息已有一定贡献。其中，Kolev（2008）的研究表明，以第一层次计量的银行业净资产公允价值的价值相关性最为显著，投资者对其认可程度最高，第二层次与第三层次没有表现出价值相关性。Goh 等（2015）也得到了类似结论。Song 等（2010）则表明各层次的公允价值资产及负债均与股价呈显著的正相关关系，但第三层次的显著性低于第一、第二层次。Laghi 等（2012）选取超过 2 500 家上市银行进行实证分析，发现只有 281 家银行依照 FAS 157 和 IFRS 7 的规定做了分层披露。他们发现在金融工具计量方面，具有较强主观性的第三层次公允价值在美国银行中显示了弱相关性，在意大利银行中更加微弱。Bosch（2012）也得出了与 Laghi 等（2012）类似的结论。Bosch（2012）对国际会计准则的实施效果做检验，发现欧洲自由贸易联盟国家的银行业的金融工具第三层次公允价值估计的价值相关性比较弱。Song（2015）研究发现，第一和第二层次公允价值金融资产与股东权益的市值波动呈负相关关系，但第三层次公允价值金融资产不受权益资产市场波动的影响。Magnan 等（2015）通过讨论分析师预测准确度和预测分散度，研究发现第二层次公允价值可以提高盈余预测的准确度，第三层次公允价值则会提高预测的分散度。

本章研究的学术特色在于：一是可实现性的实证研究尚属首次。这在既往可靠性和相关性研究的基础上，将对公允价值的理论与经验分析向前推进了一步。二是国外研究主要针对银行业，国内鉴于数据可得性还鲜有对银行业展开研究，仅有徐经长和曾雪云（2013）、刘永泽和孙翯（2011）以及邓永勤和康丽丽（2015）等个别文献展开实证检验，所以这一领域的国内外差距亟待缩小，对银行业公允价值信息的关注有待增加。

9.2.2 理论分析

价值相关性研究，通常以 Ohlson（1995）剩余收益模型作为分析起点。如模型（9-1）所示，Ohlson（1995）剩余收益模型构建了权益市值 P 与它的两个决定因素（净资产 BV 和会计收益 E）的关系式。会计主体在第 t 期的权益市值 P 是由同期净资产账面价值 BV 与未来若干期可预测的扣减现金股利后的全部剩余收益折现值（residual earnings，简写为 E）两个部分组成。

$$P_t = BV_t + \sum_{i=1}^{\infty} R_f^{-i} E_t(\widetilde{X}_{t+i}^a) \qquad (9-1)$$

但由于模型（9-1）中预期收益和折现率很难测算，加上早在 20 世纪 70 年代就注意到金融资产市价变动应当包含未来收益预期，因此逐渐兴起了旨在解释 P 与 BV 关系的价值相关性研究。以 Barth（1994）和 Nelson（1996）为例，在 Barth（1994）的估值模型即模型（9-2）中，MVE 指代权益市值，BVE 是扣减证券投资的净资产账面价值，$BINV$ 是按 GAAP 编报的以成本计量的证券投资账面价值，$FINV$ 是表外披露的证券投资市价变动信息。在 Nelson（1996）的估值模型即模型（9-3）中，$MVNA$ 和 $BVNA$ 分别是受 FAS 107 影响的资产市值和账面价值，$MVONA$ 和 $BVONA$ 分别是不受 FAS 107 影响的其他资产的市场价格和账面价值。

$$MVE_{it} = \alpha_0 + \alpha_{1t} BVE_{Bit} + \alpha_{2t} BINV_{it} + \alpha_{3t} FINV_{it} + \mu_{it} \qquad (9-2)$$

$$MVE_{it} = \alpha + BVE_{it} + (MVNA_{it}^{107} - BVNA_{it}^{107}) + (MVONA_{it} - BVONA_{it}) + \mu_{it} \qquad (9-3)$$

现有价值相关性研究为拓展公允价值会计的应用提供了有力证据，但也产生了资产负债表与利润表的理念冲突。一方面，资产负债表观认为金融资产的期末价格变动反映了未来现金流的变化，可以比原始成本更好地计量资产价值，所以理应调整资产的期末计价；另一方面，收益观认为以持有利得为代表的未实现损益不符合收益实现原则，因此不能计入利润表项目。收益观遵循的是收益实现原则，影响资产价值变动的事项有分红、出售、折旧、摊销、减值、报废和盘盈盘亏等七种方式。持有利得不在七种方式之内，这是资产负债表观的持有价值挑战了利润表观的收益实现原则的体现。这一冲突最终促成了公允价值会计和综合收益的采用，使得利润表的重要性下降。

另一计量原则在于：会计收益在本质上是对资产价值实现方式与金额的可靠计量，它的估值有用性是以公允价值的实现为前提的。这是会计收益不大可能被持有价值这类预测性的非确定性信息所替代的根本原因。

进一步来说，虽然在价值相关性模型中观察不到会计收益的作用，但这不说明会计收益没有定价作用。此时，会计收益的估值有用性将以下方式存在：

（1）P 与 BV 的关系取决于 BV 与 E 的关系。即权益市值与权益净值的关系取决于资产项目的真实收益，或者说取决于有确切来源的现实收益，而非仅有理论基础却难以对应到现金流的公允价值。由于不同资产项目的收益实现能力是有差异的，因此当某些公允价值与会计收益 E 的相关性较高时，P 对这些资产的估值系数将会较高；而当某些公允价值与会计收益 E 的相关性较低时，P 对这些资产的估值系数将会较低。

（2）BV 与 E 的关系取决于计量基础。由于计量基础来自商业实质，所以商业实质最终决定了公允价值的可实现性。考虑到某些特定资产项目的公允价值与其收益实现存在关联性，而另一些资产项目的公允价值则与真实收益的关系不紧密，所以金融资产各层次的公允价值的可实现性也会不同。

综上所述，提出"公允价值的决策有用性取决于与之对应的现实收益，也即公允价值可实现性"的理论观点，并在以下提出三个具体假设以验证这一定价机理。

9.2.3 假设提出

公允价值三个层次的可实现性是依次递减的。第一层次以现时交易价格作为计量基础，是在集合竞价系统中自动形成的即时成交价格，有真实的交易基础和充分的流动性支持，并且价格变动风险通常是可控的和可预

第9章 公允价值的可实现性

期的。这是第一层次公允价值具有可实现性的市场基础。第二层次包括了各种非场内交易的债券、结构型债务工具、贵金属合约以及大多数场外衍生工具合约,所采用的估值技术和输入值从简单到复杂不等。其中,有国债报价、利率、汇率、波动水平、提前还款率等一般性输入参数,也有远期定价和掉期模型以及来自彭博和路透交易系统的中债收益率曲线或者交易对手信用风险等,此时的公允价值与真实收益之间差距较大,从而导致第二层次的可实现性低于第一层次。第三层次以假想的交易对手报价作勉为其难的价值估计,与真实交易缺乏必然联系,这些金融工具的可实现性原本就难以确定。综上所述,提出假设 H1:

假设 H1:第一、第二、第三层次公允价值的可实现性会呈现依次递减规律。

市场的逻辑在于交易,交易的逻辑在于收益实现,所以金融资产终将以脱手价格作为价值实现方式。进一步来说,公允价值的决策有用性终将来自可实现性,而非来自当前价值估计。与价值相关性研究密切相关的另一个研究领域——会计信息含量,始终将会计收益在估计权益市值方面的作用视为一个根本性重要问题(Ball and Brown,1968;Watts and Zimmerman,1986;Beaver,1998)。其中,Lipe(1986)和 Penman(1992)的研究显示资产的组成部分和会计盈余的组成项目也都具有信息含量。所以,投资者对资产项目收益能力的认知会影响估值系数。特别是对于银行业而言,其发行在外的股份,大部分被机构投资者持有,所以理应重视这一定价机理,并且有能力对可实现性较大的公允价值给出较高的估值系数,对可实现性较小的公允价值给出较低的估值系数或不作为估值参考。综上所述,提出假设 H2:

假设 H2:公允价值各层次的价值相关性系数存在递减效应。

最后,从市场流动性的中介效应角度来做检验。在活跃度较高的市场中,交易间隔时间短、换手率高,从而更可能促使新老投资者将公允价值作为预判未来现金流的因子,给出比股票交易较不活跃情况下更高的估值;反之,在活跃度较低的市场中,交易对手数量少、换手率低,流动性供应紧缩,公允价值的可实现性下降,市场估值也会下降。所以,我们预期交易活跃度对价值相关性有增强作用，并且这一增强作用需要以真实的收益来源为前提。以下提出假设 H3。

假设 H3：交易活跃度对价值相关性有增强作用。

9.3　研究设计

9.3.1　分析模型与变量设定

第一步，建立综合收益分析模型（9-4）和（9-5）。通过分析公允价值各层次与综合收益的相关性来解释可实现性。被解释变量是"每股综合收益"（CIPS），取自利润表的综合收益总额。解释变量分别是"以公允价值计量的金融资产"（FVFA），第一、二、三层次的公允价值信息（FVA1、FVA2 和 FVA3）。OA 代表"其他资产"，等于总资产减去以公允价值计量的金融资产。解释变量和控制变量都按惯例除以总股本。依据假设 H1，模型（9-5）中的 FVA1、FVA2、FVA3 的系数的符号应为正且数值依次递减。

$$CIPS_{it} = \alpha_0 + \alpha_1 FVFA_{it} + \alpha_2 OA_{it} + \zeta_{it} \qquad (9-4)$$

$$CIPS_{it} = \beta_0 + \beta_1 FVA1_{it} + \beta_2 FVA2_{it} + \beta_3 FVA3_{it} + \beta_4 OA_{it} + \zeta_{it}$$
$$(9-5)$$

第二步，建立价值相关性模型（9-6）和模型（9-7），用于检验假设 H2。其中，被解释变量与 Song 等（2010）一致，以"每股股价"表示权益市值，记为 P。在具体执行上，以第 i 家银行在第 t 期的最后一个交易日的收盘价来衡量这一时点的权益市值 P。

$$P_{it} = \mu_0 + \mu_1 FVFA_{it} + \mu_2 OA_{it} + \zeta_{it} \qquad (9-6)$$

$$P_{it} = \eta_0 + \eta_1 FVA1_{it} + \eta_2 FVA2_{it} + \eta_3 FVA3_{it} + \eta_4 OA_{it} + \zeta_{it}$$
$$(9-7)$$

第三步，将"其他资产"（OA）分离为"持有至到期投资"（HT-

MI)、"发放贷款与垫款"（$LOAN$）和"非金融资产"（NFA）三个部分，重建综合收益模型（9-8）和价值相关性模型（9-9），用于稳健性检验。

$$CIPS_{it} = \lambda_0 + \lambda_1 FVA1_{it} + \lambda_2 FVA2_{it} + \lambda_3 FVA3_{it} + \lambda_4 HTM_{it} \\ + \lambda_5 LOAN_{it} + \lambda_6 NFA_{it} + \zeta_{it} \quad (9-8)$$

$$P_{it} = \theta_0 + \theta_1 FVA1_{it} + \theta_2 FVA2_{it} + \theta_3 FVA3_{it} + \theta_4 HTMM_{it} \\ + \theta_5 LOAN_{it} + \theta_6 NFA_{it} + \zeta_{it} \quad (9-9)$$

第四步，建立分析模型（9-10），用于检验假设 H3。TA 表示交易活跃度，是指示变量。当 TA 取 1 时，表示交易较活跃；当 TA 取 0 时，表示交易较不活跃。预期 $\delta1$、$\delta2$、$\delta3$ 的符号为正，$\delta6$、$\delta7$、$\delta8$ 的符号也为正。

$$P_{it} = \delta_0 + \delta_1 FVA1_{it} + \delta_2 FVA2_{it} + \delta_3 FVA3_{it} + \delta_4 TA_{it} + \delta_5 OA_{it} \\ + \delta_6 TA_{it} \times FVA1_{it} + \delta_7 TA_{it} \times FVA2_{it} + \delta_8 TA_{it} \times FVA3_{it} \\ + \zeta_{it} \quad (9-10)$$

9.3.2 样本选择与数据来源

如图 9-1 所示，2015 年 4—6 月，我国资本市场出现了对后市有重要影响的"股灾"事件。考虑到这次资本市场"股灾"可能使投资者对第一层次公允价值信息的可实现性产生怀疑，因此以距离最近的时间点也即 2015 年 6 月作为样本断点，将主检验的样本期间选定为 2009 年末至 2015 年中期，以得到第一阶段的分析结果。又由于银监会要求商业银行自 2010 年起披露公允价值层次信息，一些银行在 2009 年末做了自愿披露，因此分析起点选在 2009 年末。以半年为间隔期间，截至 2015 年 6 月，共查到 155 个公允价值分层数据。除公允价值层次信息是手工采集，综合收益、股票价格、持有至到期投资等其他数据均取自国泰安 CSMAR 数据库。删去变量缺失值后，最终的有效观测值是 152 个。对连续变量按 2% 的比例做 Winsorize 缩尾处理。若按 1% 进行 Winsorize 处理，分析结果也是一致的。

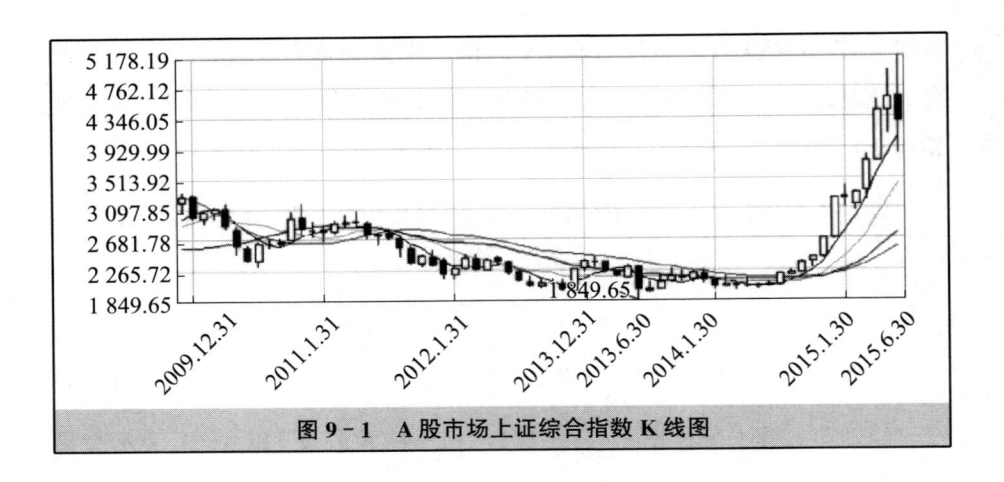

图 9-1 A 股市场上证综合指数 K 线图

9.4 描述性统计

截至 2015 年 6 月末，我国上市商业银行的资产总额为 115.83 万亿元，金融资产公允价值是 8.42 万亿元，占资产总额的 7.27%。从表 9-1 可见，中国银行（601988）持有最大规模的第一层次，达到 1.57 千亿，占该银行公允价值的 14.30%；工商银行（601398）持有最大规模第二层次，达到 16.37 千亿；宁波银行（002142）、北京银行（601169）和华夏银行（600015）仅有第二层次；第三层次前两名分属农业银行（601288）和兴业银行（601166），分别达到 2.87 千亿和 2.09 千亿。

表 9-1 金融资产公允价值层次　　　　　　单位：千亿

银行名称	第一层次 金额	%	第二层次 金额	%	第三层次 金额	%
中国银行	1.57	14.30	9.09	82.79	0.32	2.91
农业银行	0.35	2.48	10.88	77.16	2.87	20.35
工商银行	1.09	5.65	16.37	84.82	1.84	9.53
建设银行	0.56	4.93	9.65	85.02	1.14	10.04
平安银行	0.001	0.23	0.43	99.54	0.001	0.23

续表

银行名称	第一层次 金额	%	第二层次 金额	%	第三层次 金额	%
浦发银行	0.00	0.00	3.06	96.53	0.11	3.47
华夏银行	0.00	0.00	0.83	100.00	0.00	0.00
民生银行	0.01	0.47	2.08	98.11	0.03	1.42
招商银行	0.35	10.54	2.96	89.16	0.01	0.30
兴业银行	0.13	2.83	2.37	51.63	2.09	45.53
交通银行	0.42	9.93	3.80	89.83	0.01	0.24
光大银行	0.00	0.00	2.11	99.95	0.001	0.05
中信银行	0.37	10.57	3.13	89.40	0.001	0.03
宁波银行	0.00	0.00	2.01	100.00	0.00	0.00
南京银行	0.00	0.00	0.95	95.00	0.05	5.00
北京银行	0.00	0.00	1.18	100.00	0.00	0.00

注：表中数据摘自 2015 年 6 月 30 日的半年报。

表 9-2 对各变量进行描述性统计。其中，"每股综合收益"（$CIPS$）的平均值为 1.018 元/股，中位数为 0.815 元/股，标准差为 0.630，$P2$ 分位数为 0.225 元/股，$P98$ 分位数为 2.867 元/股。"每股权益市值"（P）的均值为 9.035 元/股，中位数为 8.480 元/股，标准差为 5.688，$P2$ 分位数为 2.480 元/股，$P98$ 分位数为 24.05 元/股。"以公允价值计量的金融资产"（$FVFA$）平均为 9.038 元/股，中位数为 5.169 元/股，标准差为 8.776，$P2$ 分位数为 1.500 元/股，$P98$ 分位数为 44.95 元/股，说明离散度相当大。金融资产公允价值层次信息（$FVA1$、$FVA2$ 和 $FVA3$）的均值依次是 0.178 元/股、8.502 元/股和 0.359 元/股。第二层次金融资产是主要配置对象，从标准差和极值可知 $FVA2$ 的离散度是三个层次中最大的。"持有至到期投资"（$HTMI$）平均为 8.089 元/股，中位数为 7.431 元/股。"发放贷款与垫款"（$LOAN$）平均为 56.49 元/股，中位数为 46.65 元/股，$P2$ 分位数为 15.97 元/股，$P98$ 分位数为 138.4 元/股。

表 9-2 变量描述性统计

变量名称	观测值	平均值	标准差	最小值	最大值	中位数	P2	P98
P	152	9.035	5.688	2.460	40.31	8.480	2.480	24.05
CIPS	152	1.018	0.630	0.200	2.871	0.815	0.225	2.867
FVFA	152	9.038	8.776	1.387	61.99	5.169	1.500	44.95
FVA1	152	0.178	0.277	0.000	1.388	0.029	0.000	1.367
FVA2	152	8.502	8.528	1.384	61.99	4.845	1.488	44.95
FVA3	152	0.359	1.295	0.000	10.96	0.010	0.000	7.673
HTMI	152	8.089	4.809	2.077	22.59	7.431	2.099	22.48
LOAN	152	56.49	31.89	14.74	140.6	46.65	15.97	138.4
NFA	152	49.68	35.15	9.837	152.5	40.62	10.30	146.5
OA	152	114.3	67.61	29.59	294.5	96.24	31.67	282.8

表 9-3 的均值统计分析，显示了以下重要特征。首先，银行业的股价变化并没有很好反映其盈利增长趋势。"每股股价"（P）波动较大，2009 年末平均为 15.16 元/股，2013 年末降至 6.779 元/股，2015 年 6 月又达到平均 12.01 元/股。"每股综合收益"（CIPS）呈现了增长趋势，2009 年末平均为 0.809 元/股，2014 年末平均 1.257 元/股。其次，就以公允价值计量的金融资产（FVFA）的总体情况而言，2015 年出现跳跃式增长，从 2014 年末的 9.952 元/股增加到 13.19 元/股，说明我国商业银行的资产配置模式在 2015 年发生了重大转变。最后，就公允价值层次信息而言，FVA1、FVA2、FVA3 2009 年末平均为 0.184 元/股、7.127 元/股、0.020 元/股，2015 年 6 月平均为 0.291 元/股、11.96 元/股、0.940 元/股，说明第三层次的金融资产增长幅度远大于第一层次和第二层次。

表 9-3 各期的均值统计

年度	2009/12	2010/12	2011/12	2012/12	2013/12	2014/12	2015/06
P	15.16	9.281	8.061	8.269	6.779	8.522	12.01
CIPS	0.809	0.894	0.987	1.181	0.949	1.257	0.802
FVFA	7.330	6.521	7.089	9.191	9.385	9.952	13.19
FVA1	0.184	0.189	0.109	0.125	0.181	0.198	0.291

续表

年度	2009/12	2010/12	2011/12	2012/12	2013/12	2014/12	2015/06
$FVA2$	7.127	6.309	6.860	8.774	8.817	9.176	11.96
$FVA3$	0.020	0.023	0.121	0.293	0.387	0.579	0.940
$HTMI$	7.334	7.346	7.777	8.220	7.730	8.433	9.752
$LOAN$	52.40	53.60	53.32	59.53	55.40	57.93	62.22
NFA	33.17	38.92	44.70	57.66	51.53	53.02	59.31
OA	92.90	99.86	105.8	125.4	114.7	119.4	131.3

9.5 "股灾前"实证检验

9.5.1 变量相关分析

表 9-4 报告了各变量的两两相关系数。上三角是 Spearman 相关分析，下三角是 Pearson 相关分析。首先，$FVFA$ 与 $CIPS$ 和 P 的相关系数显示，金融资产公允价值与上市银行的综合收益以及股票价格两者均呈现为显著的正相关关系。然后，$FVA1$ 和 $FVA2$ 与综合收益（$CIPS$）的相关系数表明第一、第二层次公允价值具有综合收益相关性，$FVA1$ 和 $FVA2$ 与股票价格（P）的相关系数表明具有价值相关性。$FVA3$ 与 $CIPS$ 和 P 的相关系数均不显著，初步说明第三层次与现实收益以及股票价格的相关性均极弱，难以提供决策有用信息。

9.5.2 多元统计分析

表 9-5 报告了资产项目两分法下的结果。左侧以综合收益（$CIPS$）为因变量，右侧以每股股价（P）为因变量。整体来看，$FVFA$ 在回归 1 的系数 0.015 在 1% 的水平上显著，说明公允价值具有收益相关性；$FVFA$ 在回归 3 的系数 0.181 在 1% 的水平上显著，说明公允价值具有价值相关性。就假设 H1 而言，回归 2 显示，$FVA1$ 的系数 0.164 在 5% 水平上显著，$FVA2$ 的系数 0.037 在 5% 水平上显著，并且系数等同性检验的 F 值是

表 9-4 变量两两相关性分析

	P	CIPS	FVFA	FVA1	FVA2	FVA3	HTMI	LOAN	NFA	OA
P	1	0.886*	0.668**	0.816***	0.686*	0.214	0.545*	0.818***	0.889*	0.828*
CIPS	0.690*	1	0.846*	0.802*	0.854*	0.512	0.513*	0.838**	0.811*	0.850*
FVFA	0.589**	0.560*	1	0.221*	0.992*	−0.141*	0.389*	0.683**	0.802*	0.714*
FVA1	0.734***	0.625*	0.203*	1	−0.169*	0.389*	−0.120	−0.184*	−0.353*	−0.259*
FVA2	0.575*	0.527*	0.989*	−0.044	1	−0.204*	0.406*	0.701*	0.716*	0.729*
FVA3	0.199	0.311	0.268*	0.04	0.123	1	−0.306*	−0.324*	−0.261*	−0.294*
HTMI	0.469*	0.408*	0.199*	−0.056	0.205*	0.017	1	0.626*	0.514*	0.621*
LOAN	0.750***	0.769**	0.455*	0.045	0.443*	0.159	0.628*	1	0.908*	0.976*
NFA	0.683*	0.774*	0.557*	−0.121	0.509*	0.451*	0.509*	0.861*	1	0.969*
OA	0.742*	0.794*	0.518*	−0.046	0.488*	0.311*	0.632*	0.964*	0.962*	1

注：***、**、* 分别表示 1%、5%、10% 的显著性水平。

第9章 公允价值的可实现性

表9-5 对假设H1和假设H2做检验

综合收益相关性分析

Dep.=CIPS	回归 (1)		回归 (2)	
截距项	0.150***	(3.49)	0.128**	(2.55)
FVFA	0.015***	(2.60)		
FVA1			0.164**	(2.45)
FVA2			0.037**	(2.32)
FVA3			0.014	(0.73)
OA	0.006***	(9.98)	0.006***	(10.00)
观测值	152		152	
R-squared	0.659		0.666	

价值相关性分析

Dep.=P	回归 (3)		回归 (4)	
截距项	1.657***	(2.99)	1.280*	(1.97)
FVFA	0.181***	(3.98)		
FVA1			1.516***	(3.56)
FVA2			0.187***	(3.92)
FVA3			0.037	(−0.77)
OA	0.050***	(8.98)	0.052***	(8.61)
观测值	152		152	
R-squared	0.608		0.616	

面板B：Wald检验

系数比较		F-stat	系数比较		F-stat
回归1	FVFA=OA	4.22**	回归3	FVFA=OA	6.02**
回归2	FVA1=FVA2	4.29**	回归4	FVA1=FVA2	2.19*

注：***，**，*分别表示1%，5%，10%的显著性水平。

4.29，显示第一层次公允价值的收益相关系数显著大于第二层次的。加之，第三层次 $FVA3$ 在回归 2 的系数不显著。由此可见，第一、第二和第三层次公允价值与综合收益的相关系数存在递减效应，这个结果证实了假设 H1。就假设 H2 而言，回归 4 显示，$FVA1$ 与股票价格 P 的相关系数 1.516 在 1% 水平上显著，$FVA2$ 的价值相关性系数 0.187 也在 1% 水平上显著，系数等同性检验所得的 F 值是 2.19，说明第一层次的价值相关性系数大于第二层次，并且第三层次 $FVA3$ 的价值相关性系数不显著，可见假设 H2 得到了实证支持，即公允价值各层次的价值相关性系数存在与其可实现性相对应的递减规律。

9.5.3 稳健性检验

表 9-6 报告了资产项目四分法下的稳健性检验结果。首先，就本章假设的验证而言，在分离发放贷款与垫款（LOAN）和持有至到期投资（HTMI）的模型中，第一层次公允价值与综合收益的相关性依然显著大于第二层次，第三层次依然不显著，再次验证了假设 H1；并且，第一、第二、第三层次的价值相关性系数也存在递减规律，再次验证了假设 H2。因此，本章的假设再次得到了实证支持。然后，从表 9-6 可见，与（LOAN）的系数显著小于 FVFA。这说明，以成本计量的金融资产对综合收益和股票价格的贡献度，小于以公允价值计量的金融资产。

表 9-7 报告了未来综合收益（$CIPS_{t+1}$）作为被解释变量对假设 H1 做稳健性检验的结果。考虑到以公允价值计量的交易性和可供出售金融资产均以交易为目的，持有期限一般不超过一个会计年度，所以需要检验本期公允价值与下期综合收益（$CIPS_{t+1}$）的相关性。由表 9-7 可知，假设 H1 依然是被支持的。

表 9-8 对交易活跃度做检验。在公司层面，当市场整体活跃度既定时，中国银行、农业银行、工商银行和建设银行这四大国有银行的换手率低于股份制银行是显而易见的，因此将国有银行归入活跃度较低组，令 $TA=0$；将股份制银行归入活跃度较高组，令 $TA=1$。回归 13 显示，在控制交易活跃度后，各层次的价值相关性存在递减效应，支持了假设 H2；

第9章 公允价值的可实现性

表9-6 稳健性检验一

	综合收益相关性分析				价值相关性分析		
Dep.=CIPS	回归 (5)		回归 (6)		Dep.=P	回归 (7)	回归 (8)
截距项	0.189***	(3.76)	0.165***	(2.86)	截距项	0.897 (1.44)	0.880 (1.41)
FVFA	0.014**	(2.21)			FVFA	0.213*** (4.20)	
FVA1			0.131*	(1.82)	FVA1		1.037* (1.78)
FVA2			0.043**	(2.25)	FVA2		0.517*** (4.17)
FVA3			0.038	(0.65)	FVA3		0.215 (0.65)
HTMI	−0.010	(−0.78)	−0.008	(−0.64)	HTMI	0.047 (0.44)	0.050 (0.44)
LOAN	0.008***	(2.92)	0.008***	(2.78)	LOAN	0.112*** (2.92)	0.124** (2.55)
NFA	0.006***	(2.62)	0.006**	(2.08)	NFA	−0.009 (−0.40)	−0.025 (−0.69)
观测值	152		152		观测值	152	152
R-squared	0.668		0.673		R-squared	0.641	0.644
系数比较			F-stat		面板B: Wald检验 系数比较		F-stat
回归5	FVFA=LOAN		3.89**		回归7	FVFA=LOAN	5.86**
回归6	FVA1=FVA2		5.74**		回归8	FVA1=FVA2	2.92*

注：***、**、*分别表示1%、5%、10%的显著性水平。

表 9-7 稳健性检验二

Dep.=$CIPS_{t+1}$	回归 (9)		回归 (10)		Dep.=$CIPS_{t+1}$	回归 (11)		回归 (12)	
截距项	0.261***	(4.07)	0.233***	(3.00)	截距项	0.314***	(4.57)	0.292***	(3.76)
FVFA	0.020***	(3.33)			FVFA	0.018***	(2.92)		
FVA1			0.179***	(6.18)	FVA1			0.188*	(1.78)
FVA2			0.019***	(3.30)	FVA2			0.017***	(2.80)
FVA3			0.032	(0.67)	FVA3			0.005	(0.08)
OA	0.005***	(6.53)	0.006	(1.16)	HTMI	−0.014	(−1.01)	−0.013	(−0.85)
					LOAN	0.008**	(2.10)	0.105**	(2.54)
					NFA	0.006**	(2.07)	0.007	(0.98)
观测值	136		136		观测值	136		136	
R-squared	0.566		0.571		R-squared	0.579		0.583	
系数比较	F-stat				系数比较	F-stat			
回归 10	FVA1=FVA2		4.08**		回归 12	FVA1=FVA2		1.79*	

面板 B: Wald 检验

注: ***, **, * 分别表示 1%, 5%, 10% 的显著性水平。

表 9-8 对假设 H3 做多元统计分析

对公司层面的交易活跃度调节效应做检验

因变量=P	回归 (13)		回归 (14)	
截距项	0.902*	(1.94)	0.299	(0.42)
FVA1	1.530*	(1.85)	0.403*	(1.73)
FVA2	0.180***	(3.69)	0.599**	(2.12)
FVA3	−0.081	(−0.43)	1.022	(1.59)
TA	1.198	(1.60)	1.806*	(1.82)
OA	0.048***	(5.95)	0.048***	(5.84)
FVA1×TA			2.003*	(1.76)
FVA2×TA			0.420**	(2.06)
FVA3×TA			0.945	(1.41)
观测值	152		152	
R-squared	0.621		0.622	

系数比较		F-stat
回归 14	FVA1=FVA2	1.79*
	FVA1×TA = FVA2×TA	4.45**

对市场层面的交易活跃度调节效应做检验

因变量=P	回归 (15)		回归 (16)	
截距项	2.034***	(3.50)	1.640*	(1.82)
FVA1	1.357*	(2.18)	0.718*	(1.83)
FVA2	0.234***	(3.81)	0.390***	(2.79)
FVA3	0.003	(0.05)	0.834	(1.183)
MA	1.287	(0.23)	0.691	(0.88)
OA	0.014***	(9.03)	0.023***	(8.72)
FVA1×MA			1.240*	(1.90)
FVA2×MA			0.231**	(2.41)
FVA3×MA			0.458	(1.28)
观测值	152		152	
R-squared	0.672		0.696	

面板 B: Wald 检验

系数比较		F-stat
回归 16	FVA1=FVA2	2.43*
	FVA1×MA = FVA2×MA	1.02*

注：***、**、*分别表示1%、5%、10%的显著性水平。

回归 14 显示，$FVA1 \times TA$ 的交互系数是 2.003，$FVA2 \times TA$ 的交互系数是 0.420，分别在 10% 和 5% 水平上显著为正，说明交易活跃度对公允价值的价值相关性有倍增作用；并且，$FVA3 \times TA$ 的系数不显著，加之 Wald 检验显示 2.003 显著区别于 0.420，这些结果证实交易活跃度对各层次价值相关性的倍增作用受到了收益可实现性的制约，从而支持了假设 H3。

在市场层面①，把 2013 年 7 月 1 日之前的期间，归入交易活跃度较低期，见回归 15；把 2013 年 7 月之后的市场期间，归入交易活跃度较高期，见回归 16。回归 15 的结果依然稳健地支持了假设 H2。回归 16 显示，第一、二层次的公允价值在市场活跃期有更高的估值系数，第三层次依然不显著，面板 B 的 Wald 检验也得到验证，这再次证实了假设 H3，也即交易活跃度对价值相关性的增强作用受到了公允价值可实现性的制约。

9.6 "股灾后"实证检验

本节进一步检验 2015 年"股灾"之后公允价值各层次的价值相关性。样本期间是 2015—2021 年。样本采集的过程如下：首先，对于公允价值层次信息，通过国泰安 CSMAR 数据库采集年报信息，并以手工方式采集半年报中的公允价值层次信息。然后，鉴于 2017 年新金融工具准则颁布且于 2019 年在国内上市公司中正式执行，因此上市银行 2019 年 6 月以后"持有至到期投资"这一变量的数值采用"以摊余成本计量的金融投资"和"债权投资"代替，"发放贷款与垫款"采用"以摊余成本计量的发放贷款及垫款"的数值代替。前者数据来自国泰安 CSMAR 数据库，后者通过手工采集。最后，其他数据如综合收益和股票价格，均取自国泰安

---

① A 股市场在样本期间正好经历了熊市和牛市两个阶段。上证综合指数自 2008 年 5 月跌落之后，市场交易一直不活跃。直到 2013 年 6 月 25 日，收于阶段性历史低点 1849.65 点，才又日渐活跃。到 2015 年 6 月 12 日，达到了七年以来的阶段性高位 5178.19 点。

第9章 公允价值的可实现性

CSMAR 数据库。删去变量缺失值后，有效观测值是 398 个。对所有连续变量按 2%的比例做 Winsorize 缩尾处理。若按 1%进行 Winsorize 处理，分析结果也是一致的。

公允价值层次信息的特征如下。就银行业的总体情况而言，截至 2021 年 12 月末，我国上市商业银行的资产总额为 226.702 千亿元，金融资产公允价值是 13.512 千亿元，占资产总额的 5.96%。就各家银行的个体情况而言，从表 9-9 可以分析各家银行的金融资产配置，其中第一层次占 13.26%，第二层次占 82.38%，第三层次占 5.31%。中国银行（601988）持有最大规模的第一层次、第二层次和第三层次，分别达到 4.59 千亿、27.89 千亿和 1.75 千亿，各占该银行公允价值的 13.41%、81.48%和 5.11%。浦发银行（600000）是第一层次达到 4 000 亿以上的两家银行之一，占该银行公允价值的 28.21%。具体来说，工商银行（601398）和建设银行（601939）在第二、三层次上的规模相当：在第二层次上，两家银行分别达到了 2.65 万亿和 2.55 万亿，各自占 82.81%和 87.80%；而在第三层次，后者达到了 1.73 千亿，超越了前者的 1.53 千亿，分别占 5.96%和 4.78%。此外，以下八家银行没有公告第一层次信息，分别是沪农商行、青岛银行、齐鲁银行、紫金银行、无锡银行、常熟银行、江阴银行、瑞丰银行。

表 9-9 金融资产公允价值层次　　　　单位：千亿

银行名称	第一层次 金额	%	第二层次 金额	%	第三层次 金额	%
中国银行	4.59	13.41	27.89	81.48	1.75	5.11
浦发银行	4.43	28.21	10.94	69.68	0.33	2.10
工商银行	3.97	12.41	26.49	82.81	1.53	4.78
光大银行	3.15	35.80	5.54	62.95	0.11	1.25
交通银行	2.68	17.36	11.97	77.53	0.79	5.12
宁波银行	2.51	30.80	5.64	69.20	0.00	0.02
兴业银行	2.49	14.15	14.72	83.64	0.39	2.22
中信银行	2.41	14.43	14.09	84.37	0.20	1.20

续表

银行名称	第一层次 金额	第一层次 %	第二层次 金额	第二层次 %	第三层次 金额	第三层次 %
农业银行	1.96	8.23	20.84	87.49	1.02	4.28
上海银行	1.83	49.59	1.63	44.17	0.23	6.23
建设银行	1.81	6.24	25.48	87.80	1.73	5.96
民生银行	1.73	16.48	8.43	80.29	0.34	3.24
招商银行	1.52	10.06	12.85	85.04	0.74	4.90
南京银行	1.23	25.73	2.87	60.04	0.68	14.23
杭州银行	0.81	23.96	2.15	63.61	0.42	12.43
江苏银行	0.74	14.51	4.08	80.00	0.28	5.49
华夏银行	0.50	8.49	5.29	89.81	0.10	1.70
苏州银行	0.23	23.96	0.60	62.50	0.13	13.54
成都银行	0.21	24.42	0.65	75.58	0.00	0.00
郑州银行	0.21	26.92	0.19	24.36	0.38	48.72
浙商银行	0.18	3.33	5.16	95.38	0.07	1.29
邮储银行	0.10	0.60	15.43	92.51	1.15	6.89
渝农商行	0.09	7.32	0.77	62.60	0.37	30.08
兰州银行	0.08	9.52	0.35	41.67	0.41	48.81
苏农商行	0.08	16.67	0.39	81.25	0.01	2.08
贵阳银行	0.07	7.07	0.92	92.93	0.00	0.00
西安银行	0.06	12.77	0.16	34.04	0.25	53.19
平安银行	0.02	0.24	8.28	99.28	0.04	0.48
北京银行	0.00	0.00	4.91	98.99	0.05	1.01
长沙银行	0.00	0.00	0.93	68.38	0.43	31.62
厦门银行	0.00	0.00	0.71	100	0.00	0.00
张家港行	0.00	0.00	0.41	97.62	0.01	2.38
青农商行	0.00	0.00	0.57	64.04	0.32	35.96
沪农商行	0.00	0.00	1.46	58.17	1.05	41.83
青岛银行	0.00	0.00	1.13	77.40	0.33	22.60
齐鲁银行	0.00	0.00	0.83	89.25	0.10	10.75
紫金银行	0.00	0.00	0.37	69.81	0.16	30.19

续表

银行名称	第一层次		第二层次		第三层次	
	金额	%	金额	%	金额	%
无锡银行	0.00	0.00	0.31	100.00	0.00	0.00
常熟银行	0.00	0.00	0.29	78.38	0.08	21.62
江阴银行	0.00	0.00	0.26	86.67	0.04	13.33
瑞丰银行	0.00	0.00	0.23	88.46	0.03	11.54

注：表中数据摘自 2021 年 12 月 31 日的年报。

表 9-10 对各变量进行描述性统计。其中，"每股综合收益"（CIPS）的平均值为 0.964 元/股，中位数为 0.754 元/股，标准差为 0.697，$P5$ 分位数为 0.290 元/股，$P95$ 分位数为 2.496 元/股。"每股权益市值"（P）的均值为 7.400 元/股，中位数为 5.555 元/股，标准差为 6.157，$P5$ 分位数为 2.222 元/股，$P95$ 分位数为 17.99 元/股。"以公允价值计量的金融资产"（FVFA）平均为 23.65 元/股，中位数为 17.12 元/股，标准差为 20.38，$P5$ 分位数为 5.180 元/股，$P95$ 分位数为 73.38 元/股，离散度相当大。三个层次金融资产公允价值 $FVA1$、$FVA2$ 和 $FVA3$ 的均值依次是 3.787 元/股、17.58 元/股和 2.282 元/股。第二层次金融资产是主要配置对象，从标准差和极值可知，其离散度是三层次中最大的。"持有至到期投资"（HTMI）平均为 22.49 元/股，中位数为 18.10 元/股。"发放贷款与垫款"（LOAN）平均为 61.45 元/股，中位数为 51.93 元/股，$P5$ 分位数为 26.48 元/股，$P95$ 分位数为 139.5 元/股。

表 9-10 变量描述性统计

变量名称	观测值	平均值	标准差	最小值	最大值	中位数	$P5$	$P95$
P	398	7.400	6.157	1.571	48.71	5.555	2.222	17.99
$CIPS$	398	0.964	0.697	0.0526	5.076	0.754	0.290	2.496
$FVFA$	398	23.65	20.38	0.0116	123.5	17.12	5.180	73.38
$FVA1$	398	3.787	6.773	0.000	56.47	0.844	0.000	16.00
$FVA2$	398	17.58	15.48	0.0111	85.48	13.30	3.132	54.63
$FVA3$	398	2.282	4.162	0.000	38.22	0.567	0.000	10.59
$HTMI$	398	22.49	15.12	1.527	77.07	18.10	5.011	52.89

续表

变量名称	观测值	平均值	标准差	最小值	最大值	中位数	P5	P95
LOAN	398	61.45	33.68	13.03	191.9	51.93	26.48	139.5
NFA	398	33.67	27.28	−12.18	157.8	22.96	8.904	86.99
OA	398	120.0	61.38	40.02	334.6	108.8	50.08	245.0

表 9-11 报告了分年统计数据。可见，其一，银行业股价整体趋于稳定，股价波动幅度趋缓。"每股股价"（P）整体呈波动下降趋势，2015 年末平均为 8.806 元/股，2018 年末降至 6.517 元/股，2021 年末又达到平均 6.999 元/股。"每股综合收益"（$CIPS$）整体较平稳，2015 年末平均为 1.207 元/股，2021 年末平均 1.01 元/股。其二，"以公允价值计量的金融资产"的存量规模显著增加。FVFA 在 2016 年出现跳跃式增长，从 2015 年末的 14.23 元/股增加到 2016 年 12 月的 21.85 元/股，这进一步说明我国商业银行的资产配置模式在 2015 年发生重大转变。其三，配置到第三层次的公允价值资产存量增幅最大。FVA1、FVA2、FVA3 在 2015 年末平均为 0.519 元/股、12.77 元/股、0.941 元/股，在 2021 年末平均为 4.329 元/股、20.65 元/股、2.488 元/股。

表 9-11 2015—2021 年间的分年均值统计

年度	2015/12	2016/12	2017/12	2018/12	2019/12	2020/12	2021/12
P	8.806	8.693	8.374	6.517	7.411	6.529	6.999
CIPS	1.207	0.984	0.832	1.052	0.951	0.827	1.01
FVFA	14.23	21.85	22.16	21.45	24.25	26.75	27.46
FVA1	0.519	1.904	4.287	4.133	4.387	4.458	4.329
FVA2	12.77	17.36	15.76	15.50	17.14	19.73	20.65
FVA3	0.941	2.583	2.114	1.815	2.722	2.557	2.488
HTMI	10.47	13.32	14.78	19.41	28.59	28.13	28.76
LOAN	52.13	57.92	58.25	56.71	60.25	65.16	69.89
NFA	59.66	51.51	43.8	34.84	23.1	23.7	25.07
OA	133.4	127.4	120.2	114.9	111.9	117.0	123.7

表 9-12 报告的各变量的两两相关系数的分析结果与前文基本一致。其一，金融资产公允价值与上市银行的综合收益以及股票价格两者仍然呈

第9章 公允价值的可实现性

表9-12 变量两两相关性分析

	P	CIPS	FVFA	FVA1	FVA2	FVA3	HTMI	LOAN	NFA
P	1	0.778***	0.492***	0.243***	0.459***	−0.024 4	0.29***	0.422***	0.569***
CIPS	0.835***	1	0.54***	0.426***	0.508***	0.018	0.536***	0.551***	0.654***
FVFA	0.6***	0.575***	1	0.522***	0.909***	0.278***	0.564***	0.513***	0.343***
FVA1	0.439***	0.427***	0.772***	1	0.34***	0.195***	0.446***	0.291***	0.384***
FVA2	0.572***	0.551***	0.923***	0.533***	1	0.033	0.466***	0.524***	0.297***
FVA3	0.092*	0.072	0.207	0.167***	−0.069 1	1	0.249***	0.122**	−0.169***
HTMIAMC	0.291***	0.476***	0.478***	0.367***	0.407***	0.229***	1	0.532***	0.353***
LOAN	0.526***	0.587***	0.524***	0.308***	0.538***	0.064	0.554***	1	0.399***
NFA	0.468***	0.566***	0.276***	0.218***	0.242***	0.096*	0.149***	0.238***	1

注：***、**、*分别表示1%、5%、10%的显著性水平。上三角部分是Spearman系数，下三角是Pearson系数。

现为显著的正相关关系。其二,第一、第二层次公允价值具有综合收益相关性和价值相关性。其三,第三层次与现实收益和股票价格的相关性依旧较弱。

表9-13报告了资产项目两分法下的检验结果。公允价值依然具有收益相关性和价值相关性。与2009—2015年相比,2015—2021年实证结果显示,第二层次公允价值信息的收益相关性和价值相关性都有显著提升。原因可能有以下两点:第一,2014年作为我国互联网元年,在开发技术与普及水平上都有了提高,因此作为大量运用现实条件估值模型的第二层次公允价值信息,在模型完善度、系数可靠性、数据覆盖量上的信赖度有提高,进而带来了收益实现性的明显改观;第二,这几年资本市场走势平稳,加上学术界与实务界的深入研究,使得金融资产的公允价值估值模型迭代更新,逐渐趋于成熟与可行,这增强了第二层次公允价值信息的可实现性。

表9-13 对假设H1和假设H2做检验

VARIABLES	(1) CIPS	(2) CIPS	(3) P	(4) P
FVFA	0.007***		0.110***	
	(5.83)		(8.49)	
FVA1		0.008**		0.095**
		(2.21)		(2.37)
FVA2		0.007***		0.120***
		(4.16)		(6.33)
FVA3		−0.006		0.043
		(−1.11)		(0.77)
OA	0.008***	0.008***	0.043***	0.043***
	(18.76)	(18.96)	(9.98)	(10.00)
Constant	−0.118**	−0.104**	−0.368	−0.341
	(−2.58)	(−2.22)	(−0.76)	(−0.68)
Observations	398	398	398	398
R-squared	0.646	0.652	0.488	0.491

续表

		(1)	(2)	(3)	(4)
	系数比较	F-stat		系数比较	F-stat
回归1	$FVFA=OA$	0.11	回归3	$FVFA=OA$	18.23***
回归2	$FVA1=FVA2$	0.03	回归4	$FVA1=FVA2$	0.23

注：***、**、*分别表示1%、5%、10%的显著性水平。

9.7 结论与启示

本章研究公允价值层次信息的可实现性决策机理。基于2009—2015年银行业数据的主检验样本，研究发现：(1)公允价值层次的可实现性存在递减效应，第一层次与综合收益的相关性系数显著大于第二层次，第三层次不显著。该结论在以下一期综合收益为因变量的分析模型中依然成立。(2)各层次公允价值的价值相关性也存在对应的递减规律，可实现性最高的第一层次大于第二层次，第三层次不显著。该结论在控制了市场活跃性后依然是稳健的。(3)市场活跃性对价值相关性有增强作用并且受到了公允价值可实现性的制约，对第一层次的增强作用大于第二层次，与第三层次的交互系数不显著。

基于2015—2021年的银行业数据，进一步检验发现，第二层次与第一层次公允价值信息在收益相关性和价值相关性两方面都不再有显著差异。原因可能在于，近年来的数字技术发展提升了以大量运用现实条件估值模型为基础的第二层次公允价值信息的预测准确性，资本市场的平稳运行和学术支持使得公允价值估值模型趋于成熟与可行，从而增强了第二层次公允价值信息的可实现性。也由此可见，公允价值信息的决策有用性主要取决于可实现性，可实现性的变动将引致价值相关性的显著变动。

以上发现支持了公允价值信息的决策有用性取决于收益可实现性的分析，证实了能够带来真实收益的公允价值具有决策支持作用，而不能带来真实收益的公允价值缺乏用于支持决策的定价机理。这一结论深化了公允价值信息可实现性的理论，启示如下：第一，若要提高报告质量，就要改进公允价值的可实现性，可实现性是制约各层次信息质量及决策有用性的决定因素。第二，单强调公允价值的概念属性，而不强调收益实现原则属性，是有违于市场定价逻辑的，公允价值的概念属性要与收益实现原则并重，才能实现内部协调和决策有用。

未来研究可进一步探讨公允价值信息可实现性的影响因素，关键是发现导致可实现性断裂的因素。特别是致力于研究市场波动在何时导致公允价值可实现性断裂的重大现实问题，这对于预测金融风险和救治金融危机将有重要意义。

第10章 公允价值的计量不确定性

公允价值会计作为重要的金融监管制度，一方面具有风险提示作用，另一方面也会带来计量不确定性。本章主要通过梳理既有研究成果来对公允价值信息的不确定性展开分析，并在10.1节对公允价值会计的行为导向提出几点意见。①

10.1 计量不确定性下的财务行为

第三层次公允价值信息高度依赖特定交易场景和缺乏可验证性，此时公允价值计量的不确定性相当高，并有可能导致财务行为异化。如图10-1所示，财务行为异化的经济后果体现在宏微观两个层面。微观层面可能出现与并购相关的重大会计舞弊风险，宏观层面可能出现与资产证券化有关的金融市场风险。

图10-1 计量不确定性的经济后果

---

① 尽管《财务报告概念框架》(IASB, 2018) 的术语是"计量不确定性"(measurement uncertainty)，但学者们更多使用"信息风险"(information risk) 一词。原因可能是，概念框架更侧重于提示估计结果在决策指导方面的不确定性风险，而学者的研究更侧重于强调会计作为外在因素对会计实践活动的反映。本章在中文语境下会结合语义使用计量不确定性与信息风险两个名词。

10.1.1 会计舞弊风险

合并商誉是公允价值估计舞弊的"重灾区"。企业合并的估值金额通常相当高,这也提供了高估资产价值和转移股东财富的管理工具,而且是在符合契约原则下的合法转移。不仅购买方可以通过合法交易转移财富,并且当前会计准则还保留了准许购买方在将来若干年进行商誉减值以重估并购产权价值的裁量权。当前的制度设计提供了两个管理工具:(1)准许评估被并购资产的现时价值;(2)准许估计被并购资产的未来损失。尽管在程序上有严格而复杂的要求,包括资产评估程序、法律意见程序、审计程序,但由于各主要国家法律环境的差异、各主体遵从会计准则方面的选择性,因此实际的执行结果有很大差异。

并购商誉中的重大会计舞弊可能性与审计难以验证有关。所以,合并商誉下的会计舞弊将比以往任何时刻都更加活跃且更加隐蔽。假若并购对价是非现金资产,并且用于并购的非现金资产和被并购方净资产的公允价值被同时高估,那么其后果是以较小的真实成本虚构了被严重夸大的产权交易,其管理目的通常在于影响股票价格。假若并购对价是现金资产,并且被并购方的净资产公允价值被高估,此时需怀疑并购方借并购名义转移财富。当然,某些合并商誉的估值误差是与管理层过度自信或者市场环境有关。也正由于难以鉴别经济实质的真伪,所以合并商誉中可能隐藏极高的舞弊风险。

10.1.2 金融市场风险

本节以资产证券化业务为例,讨论公允价值会计作为一项监管制度的风险后果。

公允价值会计下的资产证券化业务很可能助推金融风险。尽管美国"救市计划"第133部分对SFAS 157的合理性调查,基本肯定了公允价值会计在金融危机期间的作用。但这个调查是技术逻辑下的,没有考虑会计的制度逻辑。在制度逻辑下,公允价值会计下的资产证券化行为是什么样的呢?以下分析公允价值会计为资产证券化行为的崛起提供了哪些便利条件。先以应收账款的证券化为例解释会计准则的制度逻辑:原本坏账准备估计误差对金融风险的影响有限,但如果管理层以保理方式将应收账款委托给金融机构而做成证券化产品以提前兑现流动性,那么就会增加一项新的金融风险。

原因在于,保理业务属于金融创新,它加速了市场流通和货币供给,但也给资本市场和实体经济埋下了多重隐患:其一,由于债权债务参与了市场定价,因此公司的信用风险被转嫁给更多的市场投资者,进而被扩散到整个金融体系中;其二,应收账款原本有流动性储备之用,但在证券化过程中衍变为新的流动性风险资产;其三,一些企业以证券化方式进行质押借款,致使债务风险和资本成本增加;其四,管理层可能因此而放松债权管理和倾向于过度销售。这些金融行为在金融资本的推动下,很可能发展成为金融市场的系统性风险。

公允价值会计在制度层面为这些信用风险资产的提前终止确认提供了计量工具。现行会计准则准许在主要风险和报酬已经转移的情况下进行终止确认,而只保留较小的剩余风险在表内或转移到表外披露,这使得几乎所有的违约风险和市场风险都被表外化,导致对或有义务的记录和反映很不完整。此时,公司层面的风险资产加总水平远低于金融市场的实际风险水平,虽然在公司层面实现了风险转移,但在市场层面积累了新的金融风险。所以,公允价值会计对金融创新的容纳性也正是对金融风险的助推。企业层面的风险在各种金融创新的掩饰下,不是透明度不足,就是被包装精良,这事实上增加了金融监管的复杂性,而会计作为规则体系实际上没能主动介入金融监管。

10.2 公允价值的信息风险来源

即便不存在金融行为异化,公允价值计量的不确定性也是客观存在的。常见的信息风险来源有两个:计量误差和经济波动。计量误差是任何计量工具都难以避免的,经济波动源自经济的内生因素,两者都具有客观存在性。这两类信息风险,在某些情况下相当复杂并难以预测。

Barth（2004）曾提出，公允价值的信息风险主要来自三个方面：经济的内在波动（inherent volatility）、计量误差导致的波动（estimation error volatility）、混合计量属性带来的波动（mixed-measurement volatility）。由于混合计量属性的波动难以避免，因此主要还是计量误差和经济波动两个信息风险来源。

与计量误差有关的信息风险可以用公允价值会计的输入层级做替代估计。SFAS 157《公允价值计量》以及 IFRS 13《公允价值计量》规定，一项资产或者负债的公允价值信息的输入来源有三个层次。第一输入层级是直接采用该项资产或者负债在活跃市场的报价（不需要做任何调整）；第二输入层级是采用类似资产或者负债在活跃或者不活跃市场的报价作为替代估计，或者以其他可观察的参数（如利率）作为估值的基础并做出适当调整；第三输入层级是采用估值模型计算公允价值，并且估值模型的某些参数不可观察。这三个输入层级的计量误差是不同的。Barth（2006）指出，第一个输入层级向投资者提供了最可靠和最相关的估值信息，是理想中完美的公允价值信息；第二和第三输入层级可能存在估计误差，一定程度上增加了公允价值信息的不确定性。Landsman（2007）通过回顾公允价值会计准则在美国、英国和欧盟的应用，也提示准则制定者需要关注测定误差和估计来源对信息质量的影响。

有大量文章主张公允价值信息的不确定性具有信息含量，是对经济波动的反映，其有用性在于揭示了金融活动的内在风险。Barth 等（2006）认为会计只有将经济内在波动的信息传递给市场参与者，才能有利于金融市场的稳定。Barth 等（2008）以及 Barth 和 Landsman（2010）提出，公允价值的信息含量也表现在向投资者呈报了金融资产的内在波动，确信金融体系的稳定性是银行监管者的职责，而不是准则制定者的职责。

但是，另一些研究认为，信息风险会降低会计信息质量和决策有用性。在 Penman（2007）看来，公允价值会计的应用问题没有得到很好解决。当公允价值会计被定义为现行市价时，加剧了财务报告质量的下降，尽管公允价值会计在概念上能够增加财务报告质量，但人们更应该讨论什么时候采用公允价值，而不是讨论如何测量公允价值。葛家澍（2009）曾指出，若在资产、负债、权益和收益中确认公允价值估计，就歪曲了财务报表数字，导致真实数与估计数相混合，以及已实现收益与未实现损益相混合，因此历史成本信息由财务报表提供较好，公允价值信息由附注和其他方式提供较好。孙丽影和杜兴强（2008）提出，无论哪一层次的取值都不具有可靠性，因为都是模拟市场参与者在计量日交易可能达成的市场价格。它意味着任何人在任何时候都可以基于某一组假设估计出所谓的公允价值，并且还会引出未实现性和非客观性，这些特征说明保障公允价值信息的决策有用性必须依赖有效的管制，通过惩戒来保障决策有用性（孙丽影、杜兴强，2008）。周华和刘俊海（2009）则认为学术界过分夸大了历史成本会计的缺陷，过高评估了公允价值信息的优点，建议科学地评价历史成本信息和公允价值信息的价值导向。

10.3 公允价值信息风险的证据

1. 公允价值信息风险的国际研究

信息风险的实证研究不同于公允价值三层次信息的价值相关性研究。信息风险的解释对象是公允价值信息在若干会计期间的波动性，此类研究考察的是这些信息波动与股票价格波动的关系。而公允价值层次的价值相关性，重在考虑本期的公允价值信息对本期股价的解释力。但学者们也会在公允价值层次的研究中，用信息风险去解释第二和第三层次的分析结果，从而也可以理解为信息风险的研究包含了价值相关性研究。

区别了两类研究后，接下来看国际期刊关于信息风险的代表性文献。主要有 Bernard 等（1995）、Benston（2006）、Hodder 等（2006）、Riedl 和 Serafeim（2011）、Fiechter（2011）、Goh 等（2015）及其他新近研究。早期，Bernard 等（1995）研究发现公允价值信息显著增加了丹麦银行业的收益波动与资本波动。然后，Hodder 等（2006）是公允价值信息风险领域的首个文献，其研究方法颇为经典。Hodder 等（2006）发现，银行业综合收益的波动率是净利润波动率的 2 倍，全面确认公允价值变动损益时的波动率是净利润的 5 倍，这些数字表明公允价值变动向资本市场传递了银行业的内在风险。与 Hodder 等（2006）相反，Fiechter（2011）对来自 41 个国家 222 家银行的跨国数据进行检验，结果显示银行业通过操纵公允价值估计人为地降低了收益波动。近期研究中，Riedl 和 Serafeim（2011）发现公允价值信息与 Beta 系数的相关关系在输入层级间呈现递减倾向，说明市场对信息风险要求了更高的收益率。Evans 等（2014）检验结果显示，证券投资的公允价值累计调整数与随后几期的已实现收益呈现出正相关关系。这表明投资者可以用累计未实现损益来预测以后期间的会计收益。Brousseau 等（2014）研究了为交易而持有的证券投资的公允价值与股票价格波动的关联性，发现市场参与者使用公允价值信息方式的不同会引起逐笔交易下的个股股价动能与会计指标之间呈现动态调整，但是不会导致更高或者更低的市场波动。Goh 等（2015）经研究发现金融资产公允价值信息输入层级与股票价格的相关系数依次递增，输入层级越高（第一层次为最高），相关系数也越高，说明市场能够识别信息风险。

现有文献还发现了公司治理对公允价值信息风险的抑制作用。Song 等（2010）以美国银行 2008 年数据为样本，基于 Ohlson（1995）模型检验了公允价值信息决策有用性的依赖条件。实证结果表明，三个层次的公允价值都呈现了价值相关性，并且按计量层次分类的公允价值披露相对于按资产负债类型分类的公允价值披露具有更好的增量解释力。Song 等（2010）构建了评分体系，从董事会独立性、审计委员会专业性、审计委员会活跃度、机构投资者持股规模、审计规模以及内部控制缺陷六个角度进行综合评分，发现公允价值信息的价值相关性与公司治理能力显著相关。当公司治理能力越强时，公允价值信息的价值相关性就越高；并且，公司治理能力对第三层次公允价值相关性的影响最为显著（Song 等，2010）。这些研究说明改善公司治理可以降低公允价值的信息风险。

Bhat（2013）也研究了公司治理与公允价值信息风险的关系。通过选取 2003—2005 年的大型银行数据，研究得到以下解释：市场参与者认为拥有强大公司治理的银行，其公允价值变动损益具有更强的相关性和可靠性。Bhat（2013）发现，会计信息披露质量对公允价值变动损益的价值相关性仅有微弱的正向影响，但公允价值估计与股票价格的相关性对公司治理指标的反应是更敏感的。依据这些结果，Bhat（2013）认为高质量的公司治理可以帮助市场参与者评估公允价值估计的质量。

新近研究开始关注改善会计透明度对于减轻公允价值信息风险和决策有用性的作用。FASB 在 2010 年 6 月要求上市公司在公允价值层次下进一步披露金融工具分类信息。针对这个新的制度安排，Lu 和 Mande（2014）选取 394 家美国银行，实证检验改进公允价值信息披露质量的政策效果。他们对年报中没有披露公允价值补充信息的银行进行了剔除，通过比较 2010 年与 2009 年前两个季度的数据，经检验发现 2010 年公允价值信息补充披露可以显著提升银行业第二层次公允价值金融资产的价值相关性，但对第一、第三层次的金融工具的影响比较小。Du 等（2014）以 2008 年初至 2009 年末所有美国商业银行连续八个季度的数据作为研究样本，通过比较将资产调整入或者调整出第三层次公允价值的银行和没有此类调整的银行，其回归结果表明，资产的回归系数显著为正，而负债的回归系数显著为负。并且，三个资产交互项的回归系数也全部显著为正，这说明对于进行这种转换的银行来说，金融资产公允价值各计量层次的价值相关性与没有此类转换的银行相比是显著递增的。所以，Du 等（2014）的结论是，当公司通过调整输入值来反映市场条件的变化时，公允价值信息的价值相关性得到了显著提升。他们的研究可以为分析师和研究者在评估市场对于公允价值信息可靠性的偏好时提供决策参考。

一些文献以金融危机作为特定背景，对公允价值会计是否具有金融风险传导作用进行研究。其中，Laux 和 Leuz（2010）表明公允价值会计与银行资产的过高估值显著相关，与资产价格的螺旋式下跌无关。这方面也有一些国内学者的研究。胡奕明和刘奕均（2012）发现股票价格在市场波动期比平稳期反应更显著，并且波动率与公允价值信息的正相关性主要体现在长周期。谭洪涛等（2011）通过事件研究显示股市过度反应与公允价值变动损益显著相关，并且过度反应主要存在于估计窗口。郑鸣等（2009）对美国房地产市场数据的分析结果支持公允价值会计具有顺周期效应。除展开实证研究外，更多学者在理论层面进行了批评性评述（如 Plantin et al.，2005；Plantin et al.，2008；Allen and Carlettr，2008；黄世忠，2009；王守海等，2009；陈旭东、逯东，2009）和支持性评述（Ryan，2008；Barth et al.，2008；Nelson et al.，2008；Barth and Landsman，2010；Waymire and Basu，2011；于永生，2009），并且两方面意见一直未能达成共识。

2. 公允价值信息风险的国内研究

国内有关公允价值信息风险的经验证据还很不足，但有关公允价值信息决策有用性的研究比较丰富。

首先，国内公允价值信息风险的经验研究数量不多。王鑫（2013）发现综合收益在预测未来净利润和未来经营活动现金净流量方面的有用性弱于净利润。黄霖华和曲晓辉（2014）发现长期股权投资重新分类为可供出售金融资产的公允价值确认具有价值相关性，而且对股票价格的解释力度强于影响净资产变动的其他项目。邓永勤和康丽丽（2015）发现，第一、二、三层次公允价值资产的价值相关性逐渐降低，较高的信息透明度和信息丰富度能提高第三层次公允价值信息的价值相关性。曾雪云等（2016）对金融业的其他综合收益波动展开研究，发现综合收益波动显著大于净利润波动，但是仅有净利润波动可以被市场定价，其他综合收益波动与股票价格波动和股票收益波动之间缺乏稳健一致的风险相关性。另一些文献从证券分析师视角（曲晓辉、毕超，2016）和审计视角（王守海等，2017；孙岩、张晓雪，2017）两方面提供了公允价值信息决策有用性的不同解释，但几乎没有讨论公允价值的信息风险。

其次，国内的价值相关性研究通常也讨论公允价值信息风险。徐经长和曾雪云（2013）以《企业会计准则解释第3号》为背景，研究显示可供出售金融资产的公允价值变动在其他综合收益项目补充呈报时存在增量价值相关性，直接计入股东权益变动表时仅有较弱的价值相关性，说明在展现经营结果的会计主表中呈报全部的综合收益有助于提升决策有用性。刘永泽和孙翯（2011）以2007—2009年持有交易性金融资产和可供出售金融资产的公司进行检验，发现与公允价值相关的资产信息具有一定的价值相关性，提升了财务报告的信息含量。王玉涛等（2010）考察公允价值相对于历史成本的价值相关性差异以及未实现损益的价值相关性，实证结果发现公允价值相对于历史成本具有增量的价值相关性，并且两类金融资产的未实现损益也具有价值相关性。吴战篪等（2009）显示市场能够对营业利润与证券投资收益的价值相关性进行区分，根据它们的重要性赋予不同的估值。

最后，一些国内早期研究以会计准则变更作为外生事件建立分析模型，以评价会计信息质量，也可解释公允价值信息。其中，朱凯等（2009）发现在实施新准则后会计盈余的价值相关性并没有显著提高，并且因会计准则改革而产生的投资者信息准确度调整，显著改变了现行准则中的会计盈余的价值相关性。谭洪涛和蔡春（2009）检验了2006—2007年新准则实施前后的盈余质量变化，研究发现新准则会计质量的提高主要体现在对巨额亏损的确认上和价值相关性的改善上。薛爽等（2008）利用新旧准则过渡期的数据，研究发现在现行准则下的净资产和盈余信息有更高的价值相关性。

第 11 章　公允价值会计下的避税行为

11.1　引　言

本章主要考察公允价值会计下金融资产损失的择机确认与避税动机。以往研究通常是从金融资产收益管理角度解读公允价值会计的角色，而鲜少关注利用公允价值工具择机确认损失达到避税目的。这在保险公司是常见之举。保险行业的利润率高，又是证券类金融资产的主要持有者，会存在以税收规避为动机的真实性盈余管理活动吗？保险公司如何利用负向盈余管理达到避税目的？

本章将就此问题展开案例研究。中国某保险（集团）股份有限公司（简称 M 公司）是一家在国内具有领先地位的"A＋H"股双重上市公司，也是一家综合性全能保险公司，其业务范围涉及人寿保险、财产保险和险资管理等多个业务领域。M 公司于 1991 年成立，原注册资本为 10 亿元。经过 1995 年增资、分业、重新规范后，2001 年改组为股份制公司。此后多次增资和引入境外投资者，到 2007 年时注册资本变更为 67 亿元，并于 2019 年将注册地迁至上海。按其官方数据，2019 年上市公司及下属企业共实现营业收入 3 854.89 亿元，同比增长 8.8%；净利润为 277.41 亿元，同比增长 54.0%；过去三年的总资产复合增长率为 14.4%。这是一家具有长期利润增长趋势和持续盈利能力的公司。以下先进行文献梳理和理论分析，然后以 M 公司为例展开分析，最后是结论和建议。

11.2 文献与理论分析

11.2.1 金融资产损失确认的避税动机

根据 2007 年实施的会计准则规定，企业在取得除长期股权投资准则所规范的股权投资等金融资产以外的其他金融资产时，应在原《企业会计准则第 22 号——金融资产的确认与计量》下划分为四类：以公允价值计量且其变动计入当期损益的金融资产（包括交易性金融资产和指定为公允价值计量且其变动计入当期损益的金融资产）、持有至到期投资、贷款和应收款项及可供出售金融资产。虽然 CAS22 在 2017 年进行了修订，要求自 2021 年起在保险公司中实施，不再保留可供出售金融资产项目，但仍可通过其他债权投资项目和交易性金融资产项目实现纳税筹划和税收规避。交易性金融资产在持有期间的公允价值变动损益直接计入利润表。而可供出售金融资产在持有期间计入资本公积，出售时才转入投资收益。这样证券投资收益（securities gains and losses，SGL）就包含了已实现损益和未实现损益两部分。在这一模式下，上市公司便可以通过对金融资产出售时机的选择来操控投资收益。

以避税为动机的盈余操纵主要是真实性盈余管理活动。公司通过真实交易活动进行避税，以减少当期所得税成本，操纵所得税税款，从而获得更多的剩余收益。对公司而言，所得税是一项重要的费用支出，而在现实中采取避税行为，相当于无偿占有这笔资金，不仅可以避免债务融资带来的财务风险，还可以增加公司的营运资金。因此，避税就成了重要的盈余管理动机。

保险公司具有行业特殊性，现金收入和经营风险双高，对偿付能力的要求也较高。这些经营特质使得保险公司必须保持较高的现金流动性，因此通常大规模配置流动性大的金融资产。金融资产的特性是价格有较高波动性和交易可实现性，因此，保险公司有便利条件通过金融资产损失确认来实现负向利润调整。并且，这些负向盈余管理活动还可在下一期以购入等价金融资产的方式避免真实的交易损失，这就实现了成本期间互换。

11.3.2 金融资产损失确认的时机选择

当公司进行负向盈余管理时，倾向于通过应税项目的损益调整达到盈余管理与公司避税双重目的。理论上，此类活动可以发生在任何时期。但实际上，通常发生在下半年。大量研究证实，第四季度是盈余管理的高发时期（Xu et al., 2007；张昕，2008）。这往往出于三个方面的考虑：一是年度报告目标；二是下一年度经营预算；三是出于税收考量。我国企业所得税在前三个季度实行预缴，第四季度结束后在次年 5 月 3 日之前进行汇算清缴，因此第四季度是重要时点。但直接发生在年终结算之前，就很可能引起税收征管机关和审计机构的关注，所以，为了减轻被查处的风险，这些负向盈余管理的实际发生时点可能在第四季度早期或者更早一些。

第三季度确认损失的概率是更高的。这主要有两方面考虑：一方面，第四季度的报表数字通常更容易受到市场关注，如果在第四季度报告巨额损失，则容易引起投资者的恐慌，这会影响年末的股价表现。所以，为了避免对股票价格产生冲击，上市公司通常会避免在第四季度释放重大坏消息。另一方面，市场对第三季度财务报表的关注通常弱于第二季度和第四季度。第一季报与上一年年报报出时间较为接近，第二季度有半年报审计，第四季度有年报审计，这三个时间点都受到高度关注。相比之下，第三季度财务报告处于半年报和年报之间，不容易引起市场关注，是上市公司释放坏消息的最佳时机。如獐子岛公司，就多次在第三季度报告巨额存货减值损失。国内外均有研究证实上市公司的交易时机选择策略。例如，Skinner（1994）证实坏消息与季度盈余关系更紧密，而与年度盈余联系较少。曹国华和艾林（2013）发现，商业银行存在普遍的季度盈余管理现象，其中第三季度和第四季度的盈余管理行为可以解释股价的变动。基于以上分析，保险公司在下半年进行损失确认的可能性较大。

11.3 避税动机检验

从图 11-1 可看出，尤其是近年来，M 保险公司的利润总额与所得税费用均较高。2018 年 M 保险公司的利润总额达 280.08 亿元，其所得税费用也达 95.74 亿元。

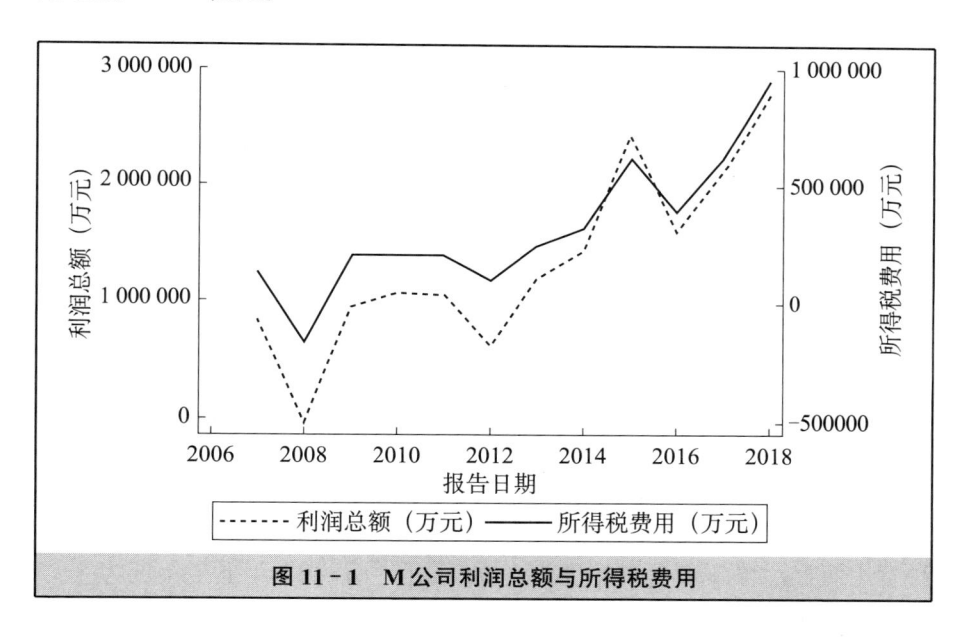

图 11-1　M 公司利润总额与所得税费用

由于保险业的特殊性，金融资产投资在保险公司资产总额中所占比重较大，在确认当期损益时的操作空间就比较大，使其有机会以卖出包含持有损失的证券产品的方式进行税收规避。从图 11-2 可看出，M 保险公司的可供出售金融资产占总资产的比例最高可达 39.41%，最低也达 19.93%。从其持有可供出售金融资产的规模来看，确实有盈余管理的可能性。

结合图 11-1 和图 11-2，2012 年 M 保险公司的利润总额为 61.13 亿元，处置的可供金融资产损失达 42.49 亿元，而所得税费用仅为 9.83 亿元。M 公司这一处置可供出售金融资产损失的活动，较难与公司日常交易行为区分开。其报表数据看似基于真实交易，实则真实地改变了盈余结

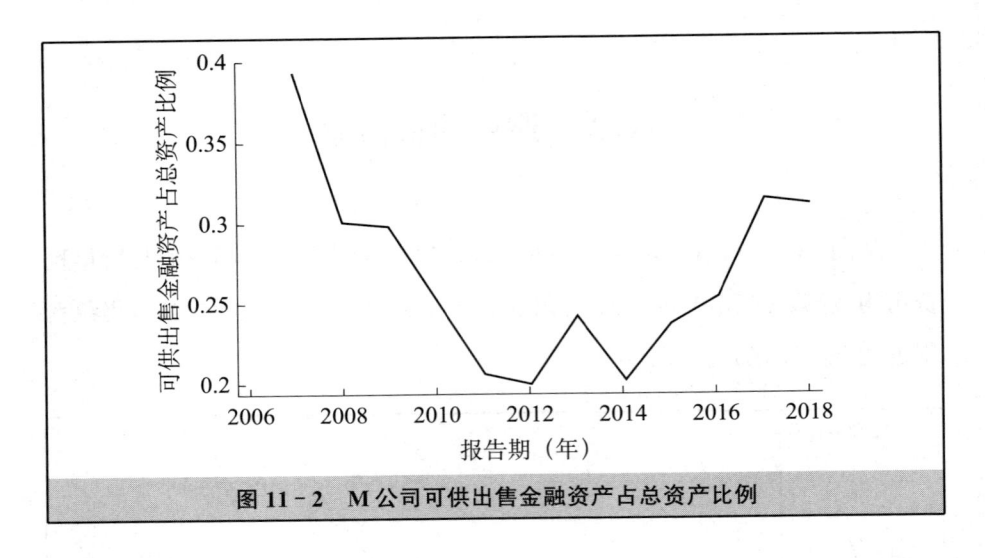

图 11-2 M 公司可供出售金融资产占总资产比例

果，是一种典型的现金流量操纵和盈余操纵行为。同时，也可以看出，M公司处置可供出售金融资产的真实交易活动具有灵活性与隐蔽性的特点。所以，保险公司存在基于避税动因的以金融资产损失处置为工具的盈余管理。

以下进一步分析保险公司通过确认金融资产损失来达到负向盈余管理的时机。在 2011 年上半年，M 保险公司处置可供出售金融资产收益 4.81 亿元，而 2011 年下半年处置可供出售金融资产损失 21.44 亿元。就所得税费用而言，2011 年上半年度为 3.02 亿元，而 2011 年下半年度为 8.73 亿元。由此可见，2011 年 M 公司下半年高达 21 亿元的金融资产损失，在客观上达到了减轻所得税负的目的。如果不是这些大额金融资产损失，其下半年所得税费用应达到 10.17 亿元。因此，保险公司更倾向于在下半年度确认金融资产损失。

11.4 结论与建议

本章研究发现保险公司存在择机处置金融资产损失以调节报告盈余的会计操纵，其金融资产损失确认与公司避税程度呈正相关。利用公允价值计量工具进行负向盈余管理是公司避税的一种方式，尤其通过可供出售金融资产损失确认是保险公司达到负向盈余管理的重要手段。对 M 公司的案例分析显示，其更容易在下半年度确认金融资产损失。这是由于与半年报相比，公司的年度报告更容易受盈余目标和避税动机的影响。

  鉴于此，提出以下建议：其一，鉴于保险公司以金融资产损失处置为工具的负向盈余管理较不易引起税务机关的察觉，监管部门可适当加强对负向盈余管理的关注，并重点关注下半年度的公司避税与盈余管理行为。其二，对于会计信息使用者而言，盈余分析应该更为深入，既要看年度报告，也要看季度报告，以深入理解公允价值会计扮演的角色，不仅从税收与净收益，而且从税收与重大损失的联动关系进行分析，多方面衡量企业的真实经营业绩，以做出理性的投资决策。

第 12 章　公允价值会计下的金融危机应对

以往对公允价值会计的研究多从公允价值信息展开，而较少考虑经理层的证券交易策略。本章着重考察经理层利用公允价值会计应对金融危机的行为，从交易行为的视角解读公允价值会计的制度影响。

研究发现，在金融危机的冲击下，经理层利用公允价值计量规则进行金融资产分类管理和证券利得交易，显著降低了业绩波动，此举有助于缓解实体经营危机，增强生存能力，是重要的风险应对策略。并且，非金融业的金融资产分类管理和利得交易在市场层面分别减轻了股票价格波动和价格传染效应，这说明非金融业的证券管理策略在应对市场波动方面是有效的；但金融业的上述证券管理策略未能显著减轻其股票市价的波动性。该结论解释了我国上市公司在公允价值会计与金融危机双重影响下的证券投资行为，说明适度的金融投资有助于增加危机应对能力。此项研究对于评估公允价值会计的制度影响和合理利用金融投资行为，以及深入理解金融危机冲击下微观层面的风险传导与应对机制具有重要提示意义。

12.1　引　言

本章主要考察我国上市公司在金融危机与市值会计（mark-to-market

第 12 章 公允价值会计下的金融危机应对

accounting)① 双重影响下的证券投资行为。2008 年金融危机的爆发使得公允价值会计备受争议。虽然在理论上公允价值波动会通过循环反馈效应导致资产价格传染和金融危机蔓延（Plantin et al.，2008；Allen and Carlettr，2008；黄世忠，2009），但业内普遍认为对市值会计的指责混淆了计量规则与资产证券化的影响（Ryan，2008；Barth et al.，2008；Barth and Landsman，2010；Waymire and Basu，2011）。②这是因为，多数高风险的证券化产品属于场外交易，甚至某些巨额担保业务不过是几张"纸片"（strips），根本没有被反映在资产负债表中。因此，金融机构意欲在 2008 年金融危机之后废止市值会计和扩大成本计量模式，"是有阴谋的"（于永生，2009；Waymire and Basu，2011），只有全面应用公允价值计量模式才有利于改进财务报告透明度和强化金融风险管理（Hodder et al.，2006；Barth et al.，2008；Barth and Landsman，2010）。至于金融危机的价格传染效应，学者们也提到了多个其他方面的因素。于永生（2009）提出顺周期效应的根源在于次贷产品本身的复杂性，Ryan（2008）以及 Barth 和 Landsman（2010）提出财务报告透明度的不足是循环反馈效应的原因，Waymire 和 Basu（2011）提出投资者短视是导致金融危机扩散的原因，Nelson 等（2008）认为资产价格坍塌源自多种混杂事件的影响。

虽然学术意见不同，但市值会计"推波助澜"作用的实证检验一直很少。原因在于公允价值变动（即证券持有损益）虽然是通过市值计量模式反映到股票价格，却由金融资产的内在风险所引起，因此很难分离金融资产的内在波动与公允价值的估计误差，进而导致对实证结果的解释存在困难。以至于 Plantin 等（2008）、Allen 和 Carlettr（2008）提出金融资产和

---

① 公允价值会计在概念上侧重于解释以市场价格作为计量基础时的理论含义。市值会计（mark-to-market accounting）则强调市场价格。本章从行为视角考察管理层的证券交易策略与会计规则的互动关系，因此假设前提中不包含对公允与否的讨论。为了显示这一立场，本章采用术语"市值会计"。

② 市值会计是以在计量日出售一项资产或转移一项负债所能获得或所需支付的价格作为入账基础的计量方法。在美国《2008 紧急经济稳定法案》的《Study on Mark-to-Market Accounting》报告中，多处使用 fair value accounting、fair value measurement、mark-to-market accounting 作为术语。

市值会计两者都有价格传染效应。谭洪涛等（2011）发现市场对交易性金融资产的公允价值变动损益存在过度反应，并由此推理市值计量模式显著放大了股市泡沫。但 Barth 和 Landsman（2010）指出，除非能够证明公允价值会计对金融风险存在过度反应，否则对市值会计的指责依然没有证据。这是因为过度反应只说明投资者对金融资产的不确定性给出了较高的估值系数，但并不表明市值计量模式对金融资产波动性有过度反应和计量误差。

在严重的学术分歧下，究竟如何理解市值会计和证券投资行为两者在金融危机中的作用？忽略经理层管理意图来讨论会计方法和金融资产对金融危机的影响是不可能有一致意见的。会计对于金融危机的发生和恶化，充其量为次要作用（Ryan, 2008；Barth et al., 2008；Barth and Landsman, 2010；Laux and Leuz, 2010；Waymire and Basu, 2011）。这是因为即便不采用市值会计，在可摊销的成本法下也需要计提减值准备；即便不估计减值损失，也依然能通过其他渠道释放给投资者，因此将金融危机的恶化归责于计量模式实属牵强（Ryan, 2008；Barth et al., 2008）。并且，Reinhart 和 Rogoff（2009）、Rajan（2010）、Gorton（2010）等重要文献，无一提到会计对金融危机有某种影响，当会计被提到时，一般是在阐述会计欺诈行为（Waymire and Basu, 2011）。

更重要的是，从风险与收益的均衡来看，经理层在承担证券波动性风险的同时还应有预期收益。按照风险中性假说，只有当证券分类管理和证券择机交易的收益大于或等于证券价格波动的风险时，才可能产生金融投资行为。所以，除非是市场极度恐慌和流动性极度匮乏，否则经理层应当能够获得证券择机处置的收益。Plantin 等（2008）以及 Allen 和 Carlettr（2008）的分析并不完全可信，他们并没有充分考虑证券交易的收益，因而可能过高估计了公允价值波动对金融危机的贡献。

如此说来，当前亟待就金融危机期间的公允价值会计的影响做出重新评估。一方面，就金融发展来说，虽然投资银行业和保险业在美国是金融危机的始作俑者，但目前就国内来说，这两个金融部门所持金融风险资产的规模对资本市场稳定性的整体影响还很有限。与此同时，为数众多的非

第 12 章　公允价值会计下的金融危机应对

金融业公司自 2007 年以来已经开始持有大量证券资产，并且正处于积极参与金融市场和实体金融化的发展过程中。另一方面，就金融危机期间的环境因素来说，美国是金融危机的源发地，我国是"输入型"危机，主要面临金融危机的应对问题，而非美国所面临的金融危机治理问题，所以国内企业如何应对 2008 年金融危机是有待实证考察的重要问题。综合而言，我国企业 2008 年前后如何应对全球性金融经济危机的恶劣影响？证券投资行为扮演了何种角色？增强还是减缓了金融危机的蔓延？这对于解释上市公司的证券投资行为与角色，评估公允价值会计的后果与作用，深入理解金融危机的微观应对机制都有重要的提示意义。

就此重要研究问题，以往研究发现金融机构惯常利用自主酌量权在盈利能力下降时通过证券择机交易进行盈余平滑（如 Lee et al.，2006）。这曾是银行在 20 世纪 80 年代经济滞涨时期的一项重要财务策略（Moyer，1990；Scholes et al.，1990）。同理，我国企业 2008 年前后遭遇全球性的金融危机时，经理层有动机利用证券择机交易缓解业绩震荡。当经理层利用证券择机交易进行盈余平滑时，投资者的恐慌情绪减弱，进而有利于稳定股票价格和减缓金融危机蔓延，而不是恶化了金融危机。

通过考察发现，金融危机前后（2007—2010 年），我国上市公司经理层的证券投资意图在于，以金融资产分类管理和证券交易利得来缓冲外部经济冲击和产品市场风险，其预期收益是在可承受的金融资产市价波动下有利于降低盈余波动性和股票价格风险。无论金融业还是非金融业，金融资产分类管理和证券交易利得都显著减轻了盈余波动性，此举有助于度过金融危机，增加生存机会。并且，非金融业的证券管理策略在缓解市场波动方面也是有效的，分类管理有助于减轻价格传染效应，利得交易显著降低了股票价格波动。但金融业的证券资产公允价值在一定程度上传导了金融风险，而且利得交易未能显著减轻股票价格波动。此外，研究发现金融业在成本会计下也存在证券利得交易，但没有证据表明非金融业在成本计量模式下存在以证券投资收益对冲主体业绩波动的行为。

本章建立了证券投资、公允价值与金融风险的联立分析框架，有助于拓展对以下重要问题的认识：

(1) 以 2008 年金融危机为背景,从经理层证券投资意图的视角同步考察证券价格波动和证券管理策略对盈余波动与市场波动的影响,研究结论提示经理层的证券管理策略发挥了危机应对和自救作用,是一项重要的风险缓冲机制。这解释了我国上市公司在市值会计与金融危机双重影响下的证券投资行为、动机与角色,为会计准则的修订提供了分析视角与经验证据,说明适度的金融投资有助于增加财务柔性和应对能力,对于深入理解金融危机冲击下微观层面的风险传导与应对机制、合理利用金融投资行为和增强金融经济体系的稳定性具有重要意义。

(2) 以往对公允价值的研究较少考虑经理层的证券交易策略,存在遗漏变量的问题,一定程度上高估了公允价值会计对金融危机的贡献。本章的研究显示 Plantin 等(2008)、Allen 和 Carlettr(2008)的理论主要适合于金融机构,非金融业的证券资产公允价值的价格传染效应是不显著的。

(3) 非金融业在两种计量模式下的证券投资行为存在显著差异,在公允价值会计下属于财务策略且具有盈余平滑作用,但在成本计量下更偏向于价值投资;揭示出稳健性原则对金融投资行为具有抑制作用,而公允价值会计对证券投资行为具有激励作用。此结论有助于理解和评价公允价值会计的制度含义与经济后果。

(4) Barth 等(2008)、Ryan(2008)、Barth 和 Landsman(2010)提出公允价值有助于揭示证券资产的内在风险。研究发现主要是可供出售金融资产而不是交易性金融资产传导了证券资产的信息风险,从而揭示了可供出售金融资产公允价值信息的波动性风险。

12.2　制度背景与理论分析

12.2.1　公允价值信息对股票价格波动的影响

近年来,金融资产公允价值的风险相关性(risk-relevance)引发了广泛讨论。先是 Barth 等(1995)研究发现上市公司财务报告的波动性与公允价值的估值风险显著正相关,认为公允价值有助于揭示银行和保险部门的内在风险。以此为基础，Hodder 等（2006）发现美国银行业持有的衍生金融工具的价格波动与投资者的股票持有损益存在显著负相关，说明金融资产波动性越大的公司有更大的信息风险和更低的股票收益。在行为金融学领域，也有文献发现股票价格与会计损益存在显著关联。例如，Sadka（2007）用盈余替代股利作为对未来现金的估计，发现当投资者改变对未来现金流的预期时，股票价格会呈现出显著变动，大约 70% 的股利分配能被盈余变动所解释。这些研究表明，Barth 等（2008）提出"公允价值的信息含量也表现在向投资者呈报了金融资产的内在波动性"，是有支持证据的。

综合以上，公允价值反映了证券投资的未来现金流，公允价值波动应当反映金融资产的价格风险，也就是未来现金流的不确定性。当证券公允价值的波动较大时，说明未来现金流有较大的不确定性，此时持有该证券的上市公司的股价会相应波动。据此，提出研究假设。

假设 H1：在控制其他因素的情况下，上市公司的证券资产公允价值波动与其股票价格波动显著正相关。

12.2.2　证券利得交易对股票价格波动的影响

证券利得交易的起因之一在于，FASB、IASB、CASC 等准则制定机构准许对以公允价值计量的可供出售金融资产在持有期间构建"利润蓄水池"的特殊会计处理。按照 FAS 115《对某些债务性及权益性证券投资的会计处理》、FAS 157《公允价值计量》或者我国《企业会计准则》的相关要求，以公允价值模式计量的证券资产，可以遵循管理层意图分为交易性金融资产和可供出售金融资产（在 CAS 22 中被划为以公允价值计量且其变动计入其他综合收益的金融资产，对应会计科目在 2019 年之前是可供出售金融资产，在 2019 年之后是其他债权投资和其他权益工具）。其中，交易性金融资产的公允价值变动通过影响净利润计入利润表，可供出售金融资产的公允价值变动不影响净利润，通过其他综合收益计入权益变动表，这就给经理层留下了通过操纵金融资产分类来决定是否在利润表上报告金融资产持有利得的自由裁量权。①关于利润表应当报告哪些内容的争议，一直存在于 FASB、IASB、CASC、AIMR 等准则制定机构。这些争议反映了这样一个事实：在评价主体经营业绩时，净利润总是比其他指标受到更多的关注。正因为如此，某项修改会计准则的决议在提交讨论时，如果将会导致会计损益出现较大的波动，则往往会引起争议，而可供出售金融资产的公允价值变动正是其中最重要的争议项目。关键在于，管理层惯常利用金融资产分类将更多的证券投资归类为可供出售金融资产，一是可以规避在利润表上报告金融资产的价格波动，二是可以谨慎选择可供出售金融资产持有利得的实现时点进行盈余操控，也就是证券利得交易。

证券利得交易是指当有价证券产生持有利得时就卖出，当有价证券产生未实现损失时就持有的行为，其管理意图在于向投资者报告更高的净盈余（Hirst and Hopkins，1998）。通常也称为择机交易（cherry-picking），由于处置时机惯常选择在经营业绩下降的时候，所以证券处置收益与处置前净盈余存在显著负相关性（Lee et al.，2006）。比如，现有研究发现金融机构普遍存在显著的证券择机交易，证券处置收益越大时，处置前的盈利能力越低（Beatty et al.，1995；Collins et al.，1995；Jordan et al.，1998；Lee et al.，2006）。例如，Lee et al.（2006）研究发现美国财产保险业长期存在择机交易行为，证券处置利得与处置前净收益显著负相关；吴战篪等（2009）利用 2007 年的数据分析，认为我国上市公司通过出售时机选择对证券投资收益进行了管理。

证券利得交易可以实现盈余平滑和规避亏损，是美国储贷危机时期一项相当重要的财务策略（financial reporting strategy）（Scholes et al.，1990；Moyer，1990）。在 20 世纪七八十年代，美国经济长期处于滞胀和储贷危机之下，为了缓解经济危机对实体经济的影响，美国政府

---

① 利润表旨在呈报一定期间内除与所有者交易之外的所有来源的主体权益增加或者减少的程度及方式。权益变动表反映一定期间内与所有者进行的交易所导致的资产和负债的变动方式，包括股利分配、发行股票和期权、兼并方与购买方之间的股权交换以及被分类在净收益之外的计量项目。

第 12 章　公允价值会计下的金融危机应对

在 1986—1988 年间采取减税措施，所得税税率依次是 46％、40％ 和 34％，然而银行业没有延迟证券交易利得的确认时机，反而大量卖出有未实现收益的证券资产，此举增加了自愿性缴税和政府的财政收入，看上去有悖常理，但事实上银行经理们正在试图控制外部经济危机对经营亏损的冲击（Moyer，1990）。Scholes 等（1990）也发现银行业在这段时期普遍选择在经营状况恶化到临界最低资本金充足率时变现证券利得，这些证券利得交易帮助银行业度过了经营危机。

国内资本市场普遍存在亏损规避和盈余平滑的报告动机，加上 2008 年前后受全球性金融危机和经济衰退的影响，金融、外贸、航空、运输以及服务业等多个产业部门面临经营困境和存在巨额亏损，所以实体经济困境使得经理层有强烈的管理意图通过证券利得交易实现盈利目标和平滑目标。以集装箱行业为例，2009 年全球需求量仅相当于正常年份的 10％，其中干货集装箱业务产出量与上年同比下降 92％。在这种极恶劣的经济环境下，中集集团（000039）的实业经营亏损接近 4 亿元，但管理层通过处置可供出售金融资产兑现了 14.5 亿元利润，使得 2009 年对外报告的净盈余达到 10.8 亿元。[①] 其他典型案例还有中国人寿（601628）、中国平安（601318）、雅戈尔（600177）等公司。[②] 这些案例说明择机交易的财务柔性增强了上市公司的危机应对能力，增加了生存机会。因此，在 2008 年金融经济危机的冲击下，我国企业通过金融资产分类管理和择机交易缓解实体经营危机的动机是相当强烈的。

综上所述，在 2008 年金融危机的震荡下，上市公司主营业务的盈利能力显著下降，甚至出现巨额亏损和经营危机，因此经理层有动机进行金融资产分类管理和证券择机交易，一方面利用分类管理隐匿证券资产的内

[①] 中集集团（000039）2009 年年度报告，第 24、64、213 页。

[②] 中国人寿（601628）2007—2009 年可供出售金融资产处置利得分别是 435.68 亿、303.94 亿和 400.82 亿元，净利润是 282.97 亿、192.74 亿和 330.36 亿元。中国平安（601318）2008 年可供出售金融资产处置利得 50.1 亿元，净利润 8.7 亿元。雅戈尔（600177）2008 年可供出售金融资产处置利得 22.3 亿元，净利润 17.9 亿元。上述数据说明这些公司在处置可供出售金融资产之前存在巨额亏损，通过择机处置实现了盈利目标，也因此缓解了实体经营危机，增强了应对能力。

在风险，另一方面利用证券利得交易规避亏损和实现盈余平滑，这就形成了金融市场收益与产品市场收益的互补机制，使报告盈余的波动性显著降低，进而有助于减轻全球金融危机和国内经济低迷对业绩衰退与价格波动的影响。据此，提出第二个研究假设。

假设H2：在金融危机的背景下，上市公司的证券处置收益波动与其他经营性资产的损益波动显著负相关。

投资者情绪波动是导致金融危机蔓延的重要因素。当盈余波动性增加时，证券持有者因为损益波动出现情绪变化，进而导致噪声交易和股价波动（Barberis et al.，1998，2001，2005）。当股票价格上涨时，投资者会更倾向于冒险，将资产价格推得更高；而如果前期出现亏损，投资者会更加厌恶风险，资产价格可能超跌（Barberis et al.，1998，2005；刘春航、张新，2007）。2007年次贷危机爆发后，银行业和保险业证券资产的公允价值出现剧烈波动，引发投资者恐慌和市场过度反应，导致股票价格降得更低，进而降低了持有该公司股票的其他公司的股价，如此循环反馈和交叉传染，导致了流动性缺失和金融危机的蔓延（Plantin et al.，2008；Allen and Carlettr，2008）。

但市场主体也会采取紧急应对措施，力求稳定经营业绩和股票价格，因此在微观层面形成风险缓冲机制，以减轻实体经济的震荡和资本市场的波动。就持有证券投资财务柔性的公司来说，当经理层通过证券处置降低了盈余波动性时，股票价格波动的风险会相应降低。现有研究显示经理层的盈余平滑行为是有信息含量的，能够被市场定价和估值（如Jayaraman，2008）。因此，在2008年金融危机的宏观环境下，当经理层通过证券处置实现盈余平滑时，传递了有能力应对经营困境和经济危机的信号，于是投资者的悲观情绪减弱，有助于消减过度反应和噪声交易对股票价格超跌的影响，进而有利于减轻股票价格的震荡与负反馈效应。据此，提出第三个研究假设。

假设H3：在金融危机的背景下，上市公司的证券处置收益波动与其股票价格波动显著负相关。

12.3 研究设计

12.3.1 样本与数据采集

本章的样本取自金融危机爆发期及前后各一年，分析对象是2007—2010年间连续在市交易并且至少其中一年持有证券投资的上市公司。以2007年为起点，是因为金融、航空等多个部门2007年已经受到次贷危机的影响，显现了巨额损失。例如，中国人寿（601628）2007年次级债券的余额是102.1亿元，其中交易性金融资产持有损失高达63.8亿元，计提资产减值损失高达34.3亿元。

样本筛选顺序依次是：剔除连续四年证券投资等于零的931家公司（占1 537家A股上市公司总数的60.6%），剔除被拒绝发表审计意见的7家公司（占0.5%），所有者权益小于零的13家公司（占0.8%），有数据缺失的2家公司（占0.1%）。最终得到由584家上市公司组成的有效样本。

本章从2007—2010年报中采集了可供出售金融资产的持有利得、可供出售金融资产的处置收益、交易性金融资产的处置收益等数据。这项独有的数据采集工作使我们能对金融资产处置收益、金融资产持有利得等盈余组成项目进行细分和可靠度量。其他数据摘自国泰安CSMAR数据库。

12.3.2 分析模型

Barth（1994）、Petroni和Wahlen（1995）、Nelson（1996）、Venkatachalam（1996）等早期文献探索了两种建模方式。第一种建模方式以利润表为基础，将盈余分为公允价值变动和已实现损益两部分。第二种建模方式以资产负债表为基础，将资产分为以成本模式计量的资产、以公允价值计量的资产原值与公允价值变动损益三部分。Barth等（2001）的综述显示，现有研究取得了基本一致的结论，银行业持有的证券资产公允价值变动具有价值相关性。鉴于研究结论的一致性，Hodder 等（2006）等近期文献仅采用了第一种建模方式。国内实证研究对第一种建模方式的借鉴较多（如邓传洲，2005；吴战篪等，2009；徐经长、曾雪云，2010；谭洪涛等，2011）。加之，非金融业是国内资本市场上证券类资产的重要持有者，其证券持有损益、证券处置收益对净盈余的影响比较大，但证券投资占总资产的比例通常比较低。由于这个特征，第二种建模思路很难体现国内上市公司经理层的证券投资意图。所以，本章借鉴 Hodder 等（2006），在第一种建模方式下构建以下分析模型。

$$Volatility_i = \lambda_0 + \lambda_1 \sigma FVAFS_i + \lambda_2 \sigma FVTFA_i + \lambda_3 \sigma IST_i$$
$$+ \lambda_4 \sigma ORE_i + \sum \lambda_k INDs_n + \mu_i \quad (12-1)$$

$$Volatility_i = \delta_0 + \delta_1 \sigma FVAFS_i + \delta_2 \sigma ISE_i + \delta_3 \sigma ORE_i$$
$$+ \sum \delta_k INDs_n + \varepsilon_i \quad (12-2)$$

模型（12-1）侧重于考察可供出售金融资产利得交易的影响，模型（12-2）侧重于考察利润表中全部金融资产收益的影响。被解释变量有三个衡量指标：盈余波动性 $Evolatility$、股票价格波动 σRET 和个股风险系数 $MTbeta$。$Evolatility$ 是以会计为衡量的业绩波动，σRET 是以股票价格为衡量的市场波动，$MTbeta$ 是以市场为基准的个股系统性风险。解释变量分别是：可供出售金融资产公允价值波动 $\sigma FVAFS$、交易性金融资产公允价值波动 $\sigma FVTFA$、金融资产处置收益波动 σIST、金融资产收益波动 σISE。控制变量主要是主营资产收益波动 σORE。在以 $MTbeta$ 为被解释变量时，我们借鉴 Hodder 等（2006）加入资产规模 $SIZE$ 和净市值比 BM 作为控制变量。此外，我们在模型中控制了行业效应：金融业按照证券业、保险业、银行业和信托业划分，非金融业按照 CSRC（2001）一位数行业编码划分。

12.3.3 变量定义

1. 对盈余波动性与市场波动的度量

对盈余波动性 $Evolatility$ 的构建，本章用每股净盈余的标准差表示。

Hodder 等 (2006)、Jayaraman (2008)、Dichev 和 Tang (2009) 等大量研究也都采用净盈余的标准差或方差度量业绩波动。对盈余波动性的测算以三年为周期，由 2007—2009 年以及 2008—2010 年的业绩波动组成截面数据。在稳健性检验部分考察四年期的波动性，实证结果是一致的。

股票价格波动的衡量采用 σRET，用个股年收益的标准差表示，以三年为周期。σRET 等于考虑现金分红再投资的个股年回报率。股票价格波动 σRET 取值越大，表示股票价格波动的风险越大。

个股的系统性风险 $MTbeta$ 系数的测算公式见模型 (12-3)，借鉴 Hodder 等 (2006)，等于个股收益对市场收益的协方差与市场收益方差的相关系数的绝对值，也以三年为测算期。市场收益取的是以总市值加权平均法计算的分市场月回报率，分市场是指沪市主板、深市主板和中小板市场。$MTbeta$ 取值越大，表示对综合市场的偏离程度越高。

$$MTbeta_{it} = Abs\{COV[RET(Stock_{it}), RET(Market_{jt})] \div VAR[RET_{it}(Market_{jt})]\} \quad (12-3)$$

2. 对证券资产内在风险的度量

证券投资的内在风险用公允价值波动来衡量。交易性金融资产的公允价值波动用 $\sigma FVTFA$ 表示，等于计入利润表的公允价值变动损益 $TFAgain$ 的波动性，$\sigma FVTFA = Std[TFAgain/Shares]$。可供出售金融资产公允价值波动用 $\sigma FVAFS$ 表示，等于计入股东权益变动表的公允价值变动损益 $AFSgain$ 的标准差，$\sigma FVAFS = Std[AFSgain/Shares]$。$\sigma FVTFA$ 和 $\sigma FVAFS$ 的取值越大，表明证券资产的内在风险越大。

对公允价值波动的测算之所以用总股本做平减，是因为公允价值变动损益对盈余与股价的影响较大，而占总资产的比重较小。由于这个原因，公允价值的研究惯常以总股本而非总资产进行平减（如 Barth，1994；Hodder et al.，2006；Lee et al.，2006；邓传洲，2005；吴战篪等，2009；徐经长、曾雪云，2010），这与公司治理的研究不同。并且，每股盈余也是行为金融学的常用变量，例如 Sadka (2007) 就考察了每股盈余波动而不是净资产收益率对股价的解释力。

对假设 H1 的检验,若 $\sigma FVTFA$ 和 $\sigma FVAFS$ 的系数符号显著为正,表示公允价值波动越大,股票价格风险越高,说明公允价值传导了证券资产的内在风险。

3. 对金融资产收益波动的度量

可供出售金融资产处置收益的波动用 σIST 表示。$\sigma IST = Std\,[IST/Shares]$,以三年为测算期。可供出售金融资产处置收益 IST,等于买卖差价扣除税费后的余额。金融资产收益波动的衡量指标 σISE,等于计入利润表的证券资产未实现损益与已实现损益之和的波动。相对于 σIST,σISE 可以更完整地揭示金融投资策略对报告盈余以及市场波动的影响后果。金融资产收益 ISE,等于可供出售金融资产交易利得+交易性金融资产处置收益+交易性金融资产公允价值变动,见模型 (12-4)。

$$ISE_{it} = IST_{it} + TFAsell_{it} + TFAgain_{it} \qquad (12-4)$$

对假设 H2 和 H3 的检验,我们主要关注 σISE 和 σIST 的系数。按照假设 H2,在以 $Evolatility$ 为被解释变量的回归中,σISE、σIST 的系数符号预期为负,此时证券投资具有盈余平滑作用。按照假设 H3,在以股票价格波动 σRET 和个股风险系数 $MTbeta$ 为被解释变量的回归中,若 σISE、σIST 的系数符号显著为负,说明证券管理策略对市场波动具有缓冲作用;否则,说明证券管理策略在应对市场波动方面无效。

4. 对收益波动的度量

收益波动 σORE 的测算公式见模型 (12-5)。σORE 是指净收益中除金融资产收益以外其他资产收益的波动,也称为主营业务收益波动。对金融业来说,σORE 代表的是金融中间业务的不确定性。对非金融业来说,σORE 代表的是金融危机背景下产品市场经营业绩的不确定性。

$$\sigma ORE_i = Std\,[(Earnings_{it} - IST_{it} - TFAsell_{it} - TFAgain_{it})$$
$$\div Shares_{it}] \qquad (12-5)$$

12.4 描述性统计

12.4.1 描述性分析

考虑到信息风险存在差异,我们对金融业与非金融业分别做检验。金融业共 26 家,占总体的 4.5%;非金融业共 558 家,有效观测值 1 116 个,占总体的 95.5%。为了减轻奇异值的影响,我们对连续变量在 1% 和 99% 的水平上进行了 Winsorize 缩尾处理。

表 12-1 栏目 A 报告了金融业的变量描述性统计。盈余波动性 $Evolatility$ 的均值是 0.421,股价收益波动 σRET 的均值是 7.297,说明金融业在金融危机期间的业绩与市价具有相当大的不确定性。个股风险系数 $MTbeta$ 均值是 1.207,说明金融业的价格风险是综合市场的 1.2 倍;标准差是 0.491,主要是因为保险、证券、银行和信托业的系统性风险存在较大差异。交易性金融资产价格波动 $\sigma FVTFA$ 均值是 0.099,中值是 0.029,标准差是 0.128,说明计入利润表的金融资产公允价值的波动性较小;可供出售金融资产市价波动 $\sigma FVAFS$ 均值是 0.554,中值是 0.213,标准差是 1.017,显现出可供出售金融资产的信息风险显著大于交易性金融资产,说明经理层利用了金融资产分类,试图减轻证券资产内在风险对净利润的影响,这与假设 H2 相符。σIST 和 σISE 的均值分别是 0.178 和 0.172,标准差分别是 0.341 和 0.306,显示证券交易利得的波动性与离散度比较大。

表 12-1 的栏目 B 报告了非金融业的变量描述性统计。如表 12-1 所示,盈余波动性 $Evolatility$ 的均值是 0.216,股票价格波动 σRET 的均值是 5.137,显示非金融业在金融危机期间经历了较大的业绩波动和价格风险。个股系统性风险系数 $MTbeta$ 的标准差是 0.256,远小于金融业。交易性金融资产价格波动 $\sigma FVTFA$ 的均值是 0.023,中值是 0.001,上四分位数是 0.030,仅有较小的不确定性,原因在于经理层仅把少部分证券投资归入了交易性金融资产。可供出售金融资产价格波

动 $\sigma FVAFS$ 的均值是 0.360，是 $\sigma FVTFA$ 均值的 16 倍，因此权益变动表吸纳了相当高的金融资产价格波动，说明经理层对金融资产分类的利用有助于降低利润表的收益波动，这与假设 H2 相符。

表 12-1 变量描述性统计

栏目 A：金融业	观测值	均值	标准差	25%分位数	中位数	75%分位数
$Evolatility$	52	0.421	0.387	0.168	0.328	0.630
σRET	52	7.297	5.054	3.025	6.560	9.814
$MTbeta$	52	1.207	0.491	0.920	1.050	1.273
$\sigma FVTFA$	52	0.099	0.128	0.009	0.029	0.159
$\sigma FVAFS$	52	0.554	1.017	0.029	0.213	0.365
σIST	52	0.178	0.341	0.005	0.046	0.159
σISE	52	0.172	0.306	0.009	0.049	0.200
σORE	52	0.436	0.337	0.124	0.349	0.736
$SIZE$	52	26.10	2.115	24.29	26.89	27.97
BM	52	0.349	0.205	0.174	0.301	0.554
栏目 B：非金融业	观测值	均值	标准差	25%分位数	中位数	75%分位数
$Evolatility$	1 116	0.216	0.150	0.126	0.220	0.341
σRET	1 116	5.137	5.113	2.437	3.735	5.715
$MTbeta$	1 116	1.085	0.256	0.915	1.083	1.227
$\sigma FVTFA$	1 116	0.023	0.192	0.000	0.001	0.030
$\sigma FVAFS$	1 116	0.360	1.889	0.001	0.027	0.278
σIST	1 116	0.028	0.083	0.001	0.003	0.029
σISE	1 116	0.043	0.203	0.001	0.009	0.046
σORE	1 116	0.229	0.290	0.078	0.152	0.284
$SIZE$	1 116	22.01	1.335	21.09	21.79	22.71
BM	1 116	0.326	0.214	0.174	0.269	0.429

注：共 824 个公司一年可供出售金融资产处置，2007—2010 年依次是 145 例、265 例、268 例和 146 例。

12.4.2 单变量检验

表 12-2 对各项业绩波动指标做均值差异分析。首先对两类金融资产

第12章 公允价值会计下的金融危机应对 · 183 ·

的公允价值波动做比较，结果显示：金融业的可供出售金融资产市价波动 $\sigma FVAFS$ 比交易性金融资产的市价波动 $\sigma FVTFA$ 高出 0.455 元/股，在 5% 水平下显著；非金融业的 $\sigma FVAFS$ 的均值水平比 $\sigma FVTFA$ 高出 0.337 元/股，在 1% 水平下显著。由于当时实行的《企业会计准则》对金融资产的计量规则是可供出售金融资产的价格波动不需要计入净利润，这说明经理层通过金融资产分类管理显著减轻了证券公允价值对盈余波动性的影响，是对假设 H2 的支持。

表 12-2 对各类业绩波动指标做单变量检验

金融业			非金融业		
变量	均值差异	t 值	变量	均值差异	t 值
$\sigma FVAFS - \sigma FVTFA$	0.455**	2.45	$\sigma FVAFS - \sigma FVTFA$	0.337***	4.19
$\sigma FVAFS - \sigma ORE$	0.117	0.69	$\sigma FVAFS - \sigma ORE$	0.131	1.62
$\sigma ISE - \sigma ORE$	-0.264***	-4.63	$\sigma ISE - \sigma ORE$	-0.185**	-20.1

注：***、**、* 分别代表在 1%、5%、10% 水平上显著。

接着对金融资产市价波动与主体资产收益波动进行比较，可以发现：在金融业中，可供出售金融资产的价格波动 $\sigma FVAFS$ 比主体资产收益波动 σORE 高出 0.117 元/股，但不显著（t 值＝0.69）；在非金融业，$\sigma FVAFS$ 均值比 σORE 高出 0.131 元/股，也不显著（t 值＝1.62）。这个结果的经济含义在于：尽管人们一般认为金融资产的波动性大而实体经济则相对稳定，但实际情况是产品市场与金融市场的不确定性没有显著差异，主要原因是国内的实体经济在 2008 年输入型危机的冲击下遭遇了剧烈震荡。

最后对金融资产处置收益与主体资产收益波动进行比较，可以发现：金融业的金融资产收益波动 σISE 比核心资产收益波动 σORE 低 -0.264 元/股，并且在 1% 水平下显著（t 值＝-4.63）；非金融业的金融资产收益波动 σISE 比主体资产收益波动 σORE 低 -0.185 元/股，并且显著（t 值＝-20.1）。这个结果初步解释了上市公司金融投资行为的动机和角色：就净利润的组成来说，金融资产收益波动显著小于实体经济的震荡,这说明在遭遇了金融危机与经济低迷后,经理层仍可以通过审慎管理证券资产保持财务柔性,而实体经济却缺乏这样的应对能力。

12.4.3 Pearson 系数

表 12-3 报告了各变量的 Pearson 相关系数,可以发现如下结果:

(1) 盈余波动性 $Evolatility$ 与股票价格波动 σRET 以及个股系统性风险 $MTbeta$ 系数显著相关,说明上市公司的业绩波动对市场波动具有解释力。

(2) 交易性金融资产的公允价值波动 $\sigma FVTFA$ 与股价收益波动 σRET 显著正相关,初步说明在利润表呈报的交易性金融资产公允价值向投资者传导了金融投资的市场风险;但 $\sigma FVTFA$ 与个股风险系数 $MTbeta$ 的相关性较弱,可能是因为交易性金融资产公允价值金额较小的缘故。

(3) 可供出售金融资产的公允价值波动 $\sigma FVAFS$ 与盈余波动性 $Evolatility$ 不相关,主要是因为 $\sigma FVAFS$ 不是净利润的组成部分,同时也说明经理层利用金融资产分类减轻了证券资产内在风险对盈余波动性的影响,这与假设 H2 相符。

(4) 可供出售金融资产的公允价值波动 $\sigma FVAFS$ 对股票价格波动 σRET 的影响在金融业与非金融业之间存在差异。在金融业,$\sigma FVAFS$ 与 σRET 显著正相关,说明市场对可供出售金融资产的内在风险给出了定价。在非金融业,$\sigma FVAFS$ 与 σRET 没有显著相关性,说明金融资产分类管理有助于减轻股票价格波动,这与假设 H3 相符。

(5) 金融业的证券处置收益波动 σIST 与盈余波动性 $Evolatility$ 及股票价格波动 σRET 正相关,非金融业的 σIST 与盈余波动性 $Evolatility$ 及股票价格波动 σRET 没有显著相关,这可能是证券交易对市场波动既有平抑作用,但也会增加市场波动,因此能否验证假设 H3 需要在控制其他变量的情况下进行检验。

表 12-3　变量的 Pearson 相关系数

金融业	$Evolatility$	σRET	$MTbeta$	$\sigma FVTFA$	$\sigma FVAFS$	σIST	σISE	σORE	$SIZE$
σRET	0.414***								
$MTbeta$	0.193***	0.546***							
$\sigma FVTFA$	0.061	0.534***	0.319						
$\sigma FVAFS$	0.023	0.473**	0.273*	0.457**					
σIST	0.211*	0.473**	0.398**	0.633***	0.889***				
σISE	0.119*	0.440**	0.392**	0.598***	0.848***	0.980***			
σORE	0.751***	0.614***	0.508***	0.628***	0.543***	0.641***	0.613***		
$SIZE$	−0.033	−0.175	−0.545***	−0.303	0.005	−0.179	−0.202	−0.075	
BM	−0.302**	−0.337*	−0.532***	−0.278	−0.379**	−0.454**	−0.487***	−0.348**	0.691***
非金融业	$Evolatility$	σRET	$MTbeta$	$\sigma FVTFA$	$\sigma FVAFS$	σIST	σISE	σORE	$SIZE$
σRET	0.687***								
$MTbeta$	0.501***	0.171*							
$\sigma FVTFA$	0.874***	0.129***	0.058						
$\sigma FVAFS$	0.344	0.013	0.161*	−0.017					
σIST	0.252	0.076*	0.065	0.225***	0.400***				
σISE	0.231	0.113**	0.085**	0.628***	0.300***	0.854***			
σORE	0.873***	0.389***	0.159**	0.294***	0.031	0.232***	0.345***		
$SIZE$	0.002	0.124**	0.086**	0.113***	0.047	−0.030	0.034	0.227***	
BM	−0.472***	−0.229***	0.110**	−0.006	0.223***	0.023	0.022	−0.007	0.553***

注：***，**，*分别代表在1%，5%，10%水平下显著。

12.5 实证检验

12.5.1 证券投资行为对业绩波动的影响

从金融资产分类管理来看，表12-4的回归（1）显示金融业可供出售金融资产公允价值波动 $\sigma FVAFS$ 每增加1单位将导致盈余波动性 $Evolatility$ 增加0.113单位，交易性金融资产公允价值波动 $\sigma FVTFA$ 每增加1单位将导致盈余波动性 $Evolatility$ 增加0.685单位，这两类金融资产与盈余波动性 $Evolatility$ 都在1%置信水平下正相关。并且，盈余波动性 $Evolatility$ 对交易性金融资产 $\sigma FVTFA$ 的影响系数是可供出售金融资产 $\sigma FVAFS$ 的6.1倍，F检验显示系数差异在1%置信水平下显著，这说明经理层利用金融资产分类管理降低了报告盈余的波动。回归（2） $\sigma FVAFS$ 的系数与回归（1）一致。回归（3）显示非金融业的金融资产分类管理对盈余波动具有平滑作用：可供出售金融资产公允价值波动 $\sigma FVAFS$ 的系数是0.003，且显著性水平仅在10%，交易性金融资产公允价值波动 $\sigma FVTFA$ 每增加1单位将导致 $Evolatility$ 增加0.849个单位，F检验显示两者差异具有统计显著性，这说明在股东权益变动表呈报证券资产公允价值降低了盈余波动，但在利润表报告证券价格变动将会对业绩波动产生极重要的直接影响。

表12-4 证券公允价值与管理策略对盈余波动性的影响

$Dep. = Evolatility$	金融业		非金融业	
	回归（1）	回归（2）	回归（3）	回归（4）
Intercept	0.026	0.026	0.012	0.012
	(0.54)	(0.68)	(0.56)	(0.52)
$\sigma FVAFS$	0.113***	0.114***	0.003*	0.007***
	(8.60)	(4.34)	(1.79)	(4.26)
$\sigma FVTFA$	0.685***		0.849***	
	(7.94)		(40.6)	

续表

$Dep. = Evolatility$	金融业		非金融业	
	回归（1）	回归（2）	回归（3）	回归（4）
σIST	−0.297***		−0.233***	
	(−6.95)		(−6.10)	
σISE		−0.383***		−0.816***
		(−4.22)		(−7.34)
σORE	1.066***	0.981***	0.938***	0.930***
	(12.3)	(28.8)	(61.4)	(65.0)
INDs	Yes	Yes	Yes	Yes
Obs.	52	52	1 116	1 116
Adj-R^2	0.988	0.949	0.842	0.888
F 检验：$\sigma FVAFS = \sigma FVTFA$	(0.000)***	—	(0.000)***	—

注：***、**、*分别代表在1%、5%、10%水平下显著。金融行业是指银行、信托、证券、保险。非金融业按证监会 CSRC（2001）行业编码分为 12 类。VIF 检验显示金融业各变量 VIF 值小于 10，非金融业各变量 VIF 值小于 5，模型 VIF 均值小于 3，没有严重的共线性问题。

从金融资产处置收益来看，表 12-4 的回归（1）显示金融业证券交易利得波动 σIST 的系数在 1% 置信水平以下显著为负（$t=-6.95$），说明可供出售金融资产的处置收益每波动 1 单位，盈余波动性 $Evolatility$ 将减少 0.297 个单位；回归（2）显示金融资产收益波动 σISE 的系数在 1% 置信水平以下显著为负（$t=-4.22$），说明计入利润表的金融资产未实现收益与已实现收益加总后每波动 1 单位，盈余波动性 $Evolatility$ 可以减少 0.383 单位。对非金融业的检验结果也与金融业一致：回归（3）显示证券处置收益波动 σIST 的系数（−0.233）在 1% 置信水平以下显著为负（$t=-6.10$），回归（4）显示金融资产收益波动 σISE 的系数（−0.816）在 1% 置信水平以下显著为负（$t=-7.34$），这说明非金融机构的经理层利用证券择机交易降低了金融危机对主营业务收益的负面冲击。

综上，对两类金融资产公允价值以及可供出售金融资产处置收益的考察，说明经理层的证券投资行为在对冲主体资产的业绩波动和减轻报告盈余波动性方面是显著有效的,从而证实了本章的假设 H2。这个结果是对以往研究的支持。现有研究发现银行业和保险业的证券交易与处置前净盈余存在负相关关系（Beatty et al.，1995；Collins et al.，1995；Jordan et al.，1998；Lee et al.，2006）。本章利用国内数据揭示出经理层利用证券管理策略在微观层面建立了风险缓冲机制,发现其对企业在金融危机冲击下的主体资产收益波动具有平滑和对冲的作用。

12.5.2 证券投资行为对市场波动的影响

就金融资产的公允价值来说,金融业与非金融业的检验结果是不一样的。表 12-5 回归（1）显示,金融业可供出售金融资产公允价值波动 $\sigma FVAFS$ 估计系数在 10% 置信水平下显著（$t=1.88$）,$\sigma FVAFS$ 每增加 1 单位,股票价格波动 σRET 将增加 3.321 单位。回归（2）对 $\sigma FVAFS$ 的估计也有一致的实证结果。这说明可供出售金融资产的市价波动向市场传导了证券投资的内在风险。虽然可供出售金融资产的公允价值是在股东权益变动表呈报,但投资者依然对金融资产的内在风险给出了定价。这个结果符合 Barth 等（2008）的理论分析,与 Hodder 等（2006）的研究发现也是一致的。由此可见,公允价值变动传导了金融资产的信息风险,这部分地证实了本章的假设 H1。但另一方面,回归（3）和回归（4）显示,非金融业的可供出售金融资产公允价值波动 $\sigma FVAFS$ 的系数不显著,这说明经理层通过金融资产分类管理"隔断"了证券公允价值变动对金融风险的传导作用。也就是说,经理层通过将数额庞大的证券资产价格波动直接计入股东权益变动而不是净利润,此举有效减轻了上市公司的盈余波动,进而减轻了传染效应和有助于稳定股票价格。其作用机理就是 Hirst 和 Hopkins（1998）以及 Maines 和 McDaniel（2000）的解释：可供出售金融资产的公允价值在股东权益变动表呈报时的信息透明度比较低且不易为投资者关注；以及 Brown（1997）的解释：股东权益变动通常被认为缺乏信息含量且不被作为业绩报表对待。加之我国在 2009 年以前没有引入"综合收益"概念,从而可供出售金融资产的公允价值更可能不被视为损益项目。鉴于市场对非金融业可供出售金融资产的公允价值波动 $\sigma FVAFS$

缺乏敏感性,这说明金融资产两分类有助于减轻资产价格波动和维护金融市场稳定,从而证实了本章的假设 H3。

就金融资产的处置收益来说,金融业与非金融业也呈现了显著差异。表 12-5 的回归(1)和回归(2)显示,金融业的证券交易利得波动 σIST 和金融资产收益波动 σISE 的系数虽然为负,但都不显著($t=-0.85,-1.00$),因此没有证据表明金融业的证券管理策略对市场波动具有显著减缓作用。与 $\sigma FVAFS$ 结合来看,金融业证券资产的价格波动传导了市场风险,证券处置收益对股票价格波动的缓冲作用较弱,因此金融业未能证实本章的假设 H3,却支持 Plantin 等(2008)以及 Allen 和 Carlettr(2008)对价格传染效应的理论分析。

表 12-5 的回归(3)和回归(4)显示,非金融业证券交易利得波动 σIST 的系数在 5% 置信水平下显著为负($t=-1.97$),金融资产收益波动 σISE 的系数在 1% 置信水平下显著为负($t=-5.36$),表明经理层的证券交易策略对股票价格波动具有显著减缓作用,这支持了假设 H3。与 $\sigma FVAFS$ 结合来看,非金融业的证券资产市价波动与股票价格风险的相关性比较弱,并且证券处置收益对股票价格波动具有显著减缓作用,这说明非金融业的应对策略在资本市场获得了预期收益,有助于稳定投资者情绪和股票价格。

表 12-5　证券公允价值与管理策略对股票价格波动的影响

$Dep.=\sigma RET$	金融业		非金融业	
	回归(1)	回归(2)	回归(3)	回归(4)
Intercept	3.100**	2.918**	5.665***	5.811***
	(1.97)	(2.10)	(4.32)	(4.41)
$\sigma FVAFS$	3.321*	2.601*	-0.024	0.070
	(1.88)	(1.87)	(-0.23)	(0.68)
$\sigma FVTFA$	-4.652		-7.607*	
	(-0.38)		(-1.94)	
σIST	-15.66		-1.973**	
	(-0.85)		(-1.97)	

续表

$Dep. = \sigma RET$	金融业		非金融业	
	回归（1）	回归（2）	回归（3）	回归（4）
σISE		−4.869		−3.028***
		(−1.00)		(−5.36)
σORE	6.454*	7.070*	8.590***	8.091***
	(1.71)	(1.95)	(9.10)	(8.78)
INDs	Yes	Yes	Yes	Yes
Obs.	52	52	1 116	1 116
Adj-R²	0.367	0.398	0.216	0.239
F 检验：$\sigma FVAFS = \sigma FVTFA$	(0.641)	—	(0.000)***	—

注：***、**、*分别代表在1%、5%、10%水平下显著。金融行业是指银行、信托、证券、保险。非金融业按证监会 CSRC（2001）行业编码分为12类。VIF 检验显示金融业各变量 VIF 值小于10，非金融业各变量 VIF 值小于5，模型 VIF 均值小于3，没有严重的共线性问题。

此外，交易性金融资产公允价值波动 $\sigma FVTFA$ 的系数符号为负。这可能有两个原因，一是股票价格波动较大的公司会倾向于持有较小规模的金融资产，二是金融资产的市价波动影响了经理层对主体收益和利得交易的确认时点与数额。

12.5.3 证券投资行为对 Beta 系数的影响

就公允价值波动来说，表12-6回归（1）显示金融业可供出售金融资产 $\sigma FVAFS$ 的系数是0.089，但 t 值为1.61，交易性金融资产 $\sigma FVTFA$ 的系数3.019在1%水平下显著（t 值＝7.67），回归（2）显示可供出售金融资产 $\sigma FVAFS$ 的系数不显著，回归（3）和（4）显示非金融业可供出售金融资产 $\sigma FVAFS$ 的系数0.009和0.010在1%水平下显著（t 值＝3.19，3.49），但交易性金融资产 $\sigma FVTFA$ 的系数为负且接近显著。这些数据表明实证结果缺乏稳健性。虽然 Beaver 等（1970）早已证实盈余波动与 Beta 系数存在正向关联，然而就盈余波动的两部分组成来说，我国上市公司持有的金融资产与 MTbeta 系数的相关性仍然不明晰。

就证券交易利得来说，表 12-6 回归（1）显示金融业可供出售金融资产处置收益波动 σIST 的系数在 1‰ 置信水平下显著为负（$t=-3.21$），回归（2）显示金融资产收益波动 σISE 系数不显著。由于实证结果不够稳健，因此金融业的证券处置利得对金融危机冲击下股票价格波动的抵减作用比较弱。在非金融业，回归（3）显示可供出售金融资产处置收益波动 σIST 的系数 -0.041，在 10% 置信水平下显著（t 值 $=-1.85$），回归（4）显示利润表中金融资产收益波动 σISE 的系数是 -0.049，在 10% 置信水平下显著（t 值 $=-1.91$），说明非金融业在金融危机背景下的金融资产处置收益减弱了公司个体与市场波动的关联度，这个实证结果支持了假设 H3。

综上所述，我国上市公司在公允价值会计下的证券投资活动是一项重要的风险应对策略，其中非金融业的应对措施在证券市场也是有效的，显著减轻了 2008 年以来全球经济衰退和金融危机冲击下上市公司股票价格的系统性风险，但金融业的风险应对策略未能显著降低股票价格波动，这可能是因为金融业的金融资产与主体资产具有同质性。

此外，主体资产收益波动 σORE 在表 12-4 与盈余波动性 $Evolatility$、在表 12-5 与股票价格波动 σRET、在表 12-6 与个股风险系数 $MTbeta$ 都呈现为显著正相关，说明主体损益是影响市场波动的主要因素。

表 12-6 证券公允价值与管理策略对个股价格风险的影响

Dep. = MTbeta	金融业		非金融业	
	回归（1）	回归（2）	回归（3）	回归（4）
Intercept	2.381***	1.884	0.881***	0.888***
	(2.65)	(1.59)	(8.67)	(8.73)
$\sigma FVAFS$	0.089	0.053	0.009***	0.010***
	(1.61)	(0.85)	(3.19)	(3.49)
$\sigma FVTFA$	3.019***		−0.053	
	(7.67)		(−1.68)	
σIST	−0.605***		−0.041*	
	(−3.21)		(−1.85)	

续表

$Dep. = MTbeta$	金融业 回归（1）	金融业 回归（2）	非金融业 回归（3）	非金融业 回归（4）
σISE		0.050		−0.049*
		(0.19)		(−1.91)
σORE	1.056***	0.645***	0.143***	0.146***
	(7.59)	(3.91)	(5.80)	(5.89)
SIZE	−0.061*	−0.036	0.003	0.002
	(−1.80)	(−0.80)	(0.60)	(0.52)
BM	0.126	−0.520	0.152***	0.153***
	(0.44)	(−1.49)	(4.64)	(4.67)
INDs	Yes	Yes	Yes	Yes
Obs.	52	52	1 116	1 116
Adj-R²	0.706	0.516	0.075	0.075
F 检验：$\sigma FVAFS = \sigma FVTFA$	(0.000)***	—	(0.000)***	—

注：***、**、* 分别代表在 1%、5%、10% 水平下显著。金融行业是指银行、信托、证券、保险。非金融业按证监会 CSRC（2001）行业编码分为 12 类。VIF 检验显示金融业各变量 VIF 值小于 10，非金融业各变量 VIF 值小于 5，模型 VIF 均值小于 3，没有严重的共线性问题。

以下进行了多个稳健性检验。

（1）改变样本空间。以 2007—2010 年间全部的上市公司为样本，通过序数变量 Long 控制持有金融资产的年限。若连续四年没有金融资产，则 Long＝0；若其中一年持有金融资产，则 Long＝1；依此类推。实证结果显示，各变量的估计系数与前文是一致的。Long 的系数显著为正，说明持有金融资产年限越长的公司有更高的盈余波动性和 MTbeta 系数。这进一步解释了上市公司持有证券投资的管理意图，即以金融资产收益缓解实体经营风险和外部经济冲击。

（2）改变对波动性的度量。以流通市值加权为市场收益的基准计算个股的 MTbeta 系数，以净盈余的增长构建 Evolatility 指标，不改变系数的显著性。把波动性的度量期改为 2007—2010 年，实证结果是基本稳健的。

12.6　进一步研究

稳健主义遵循的非对称计量原则在于，在成本计量模式下，金融资产损益确认遵循稳健性原则，对持有损失与持有利得的确认具有不对称性，也就是仅确认证券资产减值损失且不得确认未实现利得。将它与公允价值会计所遵循的价值相关性原则进行比较，不难发现会计并非是纯粹意义上的信息反映系统，而是一个可以对企业投融资行为和资本配置产生深刻影响的规则体系。

在稳健性原则下，要求尽可能预估所有损失而不预估任何利润（Watts，2003），以至于经理层有承担金融资产未实现损失的责任，却不能确认金融资产价格变动的收益，于是增加了经理层对金融资产的监管责任，从而对金融投资行为产生抑制作用，致使成本会计下的金融资产规模比较低（徐经长、曾雪云，2012）。

但在公允价值会计下，资产与负债的计量基础是市场的公允价，市场价格与账面价值的差额在扣除递延所得税之后计入当期损益或者股东权益，经理层在承担证券价格波动损失的同时，也能确认证券价格波动的风险收益，从而突破了传统稳健主义的约束，更有利于体现经理层对金融资产的管理绩效，加之公允价值会计提供了金融资产分类的管理弹性，所以很可能激励经理层的金融投资行为（徐经长、曾雪云，2012）。鉴于此，本研究的预期是：上市公司在成本计量模式下的证券投资行为对公司业绩的影响比较弱且难以发挥盈余平滑作用。

我们从584家主样本公司中选取2003—2006年连续在市交易的514家为样本，仍以三年为业绩波动的测评期。金融资产收益的数据我们从财务报告附注的投资收益项目手工采集。表12-7报告了实证检验的结果，金融业与非金融业再次呈现出差异。

表 12-7 对成本计量模式下的证券投资行为做实证检验

Dep.= Volatility	金融业			非金融业		
	回归（1） $Evolatility$	回归（2） σRET	回归（3） $MTbeta$	回归（4） $Evolatility$	回归（5） σRET	回归（6） $MTbeta$
Intercept	0.002	−1.502	0.727***	0.001	0.934*	1.082***
	(0.67)	(−0.81)	(6.59)	(0.15)	(1.80)	(16.5)
σISE	−0.373***	−1.568	−0.426	−0.003	12.85***	0.663**
	(−7.86)	(−0.17)	(−0.26)	(−0.90)	(4.73)	(1.97)
σORE	0.991***	1.010***	1.275***	0.965***	0.933**	0.236***
	(96.1)	(9.30)	(3.25)	(124.0)	(2.09)	(4.14)
INDs	Yes	Yes	Yes	Yes	Yes	Yes
Obs.	25	25	25	999	999	999
Adj-R^2	0.978	0.687	0.524	0.943	0.404	0.151
F 检验：$\sigma ISE=\sigma ORE$	(0.000)***	(0.000)***	(0.000)***	(0.000)***	(0.000)***	(0.000)***

注：***、**、* 分别代表在 1%、5%、10% 水平下显著。VIF 检验显示金融类上市公司各变量 VIF 值小于 7，非金融类上市公司各变量 VIF 值小于 3，模型 VIF 均值小于 3，没有严重的共线性问题。

就金融业来说，表 12-7 回归（1）的金融资产收益波动 σISE 与盈余波动性 $Evolatility$ 显著负相关，说明证券择机交易在成本会计下也是存在的；回归（2）和回归（3）显示 σISE 与股票价格波动 σRET 以及个股风险系数 $MTbeta$ 的相关性依然不显著，说明证券利得交易对股票价格波动的影响比较弱。就非金融业来说，回归（4）的金融资产收益波动 σISE 与盈余波动性 $Evolatility$ 的相关性不显著（t 值=−0.90），因此没有证据显示非金融业在成本会计下的证券投资具有盈余平滑作用，这说明非金融业在成本计量模式下不存在以金融资产收益对冲实体经营风险的管理意图；回归（5）和（6）的金融资产收益波动 σISE 与股票价格波动 σRET 及个股风险系数 $MTbeta$ 显著正相关而非负相关，显示出金融投资收益对股票价格风险具有显著增强作用，这与实体经营业绩对波动性的影响是一致的，说明成本计量模式下的证券投资行为更倾向于传统意义上的价值投资而非市值会计下的财务策略。综上所述，非金融业在成本计量模式下的证券投资行为与在公允价值会计下的证券投资策略存在显著差异,但金融公司在两种计量模式下的证券投资策略是一致的。

12.7　结论与讨论

随着金融改革的深化,上市公司证券投资行为的重要性逐渐显现。本章以584家金融危机期间持有证券资产的上市公司为样本,从经理层证券投资意图的视角,探究证券利得交易、金融资产分类、金融资产波动、盈余波动与市场波动之间的复杂关系,得到以下主要结论:一是在公允价值会计下,经理层通过金融资产分类和证券利得交易显著降低了盈余波动性,试图减轻2008年金融危机对主体业绩和股票价格的冲击,在微观层面建立了风险缓冲机制,增加了企业的应对能力和生存机会。二是非金融业的风险应对策略在减轻市场波动方面也是有效的。经理层的金融资产分类管理与利得交易策略对股票价格波动具有显著减轻作用,并且可供出售金融资产的市价波动与股价波动仅有弱相关性,因此证券管理策略有助于减轻金融危机的扩散。这与Scholes等(1990)、Moyer(1990)对美国20世纪80年代银行业证券投资策略的研究结论一致,说明适度的金融投资有助于增加财务柔性和帮助克服经营困难。三是金融业的应对策略虽然能减轻以净盈余衡量的会计收益波动,但未能显著减轻以股票价格波动衡量的市场风险,并且在一定程度上传导了金融资产的信息风险。

本章的研究还有助于解释以下重要问题:其一,两种计量模式对金融投资行为的影响存在显著差异。稳健性原则对金融投资行为具有一定的抑制作用,但公允价值会计对证券投资行为具有激励作用,这揭示了公允价值会计的制度含义。其二,两类金融资产在传导金融风险方面存在显著差异。结合谭洪涛等(2011)对交易性金融资产的研究,我们可以认为,交易性金融资产对股价的影响主要存在于盈余公告日,而可供出售金融资产主要影响多个会计期间的股票价格波动,因此主要是可供出售金融资产传导了证券资产的信息风险。其三,就净利润的两部分组成来说,金融资产的收益波动显著小于主体资产的收益波动，这说明在遭遇经济低迷之后，经理层仍然可以通过审慎管理证券资产保持财务柔性，而实体经济却缺乏这样的灵活度和应对能力。

这些结论深化了金融危机与公允价值两方面的研究，有助于深入理解市值会计在金融风险的微观传导与应对机制中的角色，有助于诠释和评估公允价值会计的制度后果以及公允价值会计与金融稳定性的关系，对于增强金融经济体系的稳定性具有启示意义：

（1）我国上市公司在公允价值会计下存在活跃的金融投资行为，并且经理层的管理意图在于以金融资产分类和证券交易利得应对2008年金融危机冲击下的经济不景气与市场价格波动，这也说明适度的金融投资活动有助于增加财务柔性。

（2）从结果来看，证券资产公允价值对市场波动的传导效应在经理层证券管理策略的影响下比理论预期会弱一些。所以，不必过于担忧金融资产公允价值以及市值会计对市场风险的传染效应。

（3）虽然金融资产的价格波动是内生的，但对金融风险的传导作用是受经理层意图控制的，主要通过金融资产分类、证券利得交易及调整证券持有规模来实现。

（4）稳健性原则对金融投资行为具有一定抑制作用，但公允价值会计对业绩和价值的估计原则是既确认持有损失也确认持有利得，此时有利于体现对金融资产的管理绩效，加之提供了金融资产分类的会计弹性，因此对经理层的金融投资行为具有激励作用。

最后有两点需要进行延伸讨论。一是金融投资行为、公允价值会计与金融市场风险的关系是依条件转换的。本章侧重于考察证券利得交易的积极面，也即有助于增强财务柔性和应对能力。但是，密集处置以及恐慌性处置将导致被抛售公司股票价格急剧下跌。鉴于利得交易的假设前提是在流动性正常条件下以处置持有利得为目的的理性行为，而非恐慌性抛售，加之我国非金融业持有其他公司股票的份额较小，所以学者们经常担忧的金融风险传导效应是可控的。二是本文关于经理层利用证券交易策略应对金融危机的研究与盈余管理的研究有一定冲突。盈余管理在某些情况下是中性的，并不必然具有负面性。在这一点上，Wilson（1996）甚至指出会计学者对管理策略（strategic management）缺乏关注而对盈余管理过度关注；Trueman 和 Titman（1988）指出盈余平滑在某些时候是可取的，可以增强企业的生存能力或者帮助减轻税收负担；Dye（1988）认为各种内外部制约条件可能促使投资者宽容经理层的盈余管理；Barth 和 Taylor（2010）提出证券利得交易不是对投资者利益的侵占，因此不构成委托代理问题。希望本章的内容有助于深化对证券利得交易的理解。

第13章 中篇总结

公允价值会计的学术争议一直难以协调。支持者（如Barth）倾向于完全认同，反对者倾向于完全否认。甚至有学者认为将价格波动计入财务报表违背经济法理（如周华，2017）。这两方面的意见需要辩证统一来看，公允价值会计既有利也有弊。本篇原创性地分析论证了公允价值会计的约束条件、可实现性机理、利用证券利得交易应对金融危机等会计理论。现将主要内容提炼如下：

（1）公允价值会计要求把持有利得也计入财务报表，这是对计量理论的重要突破。它有四个必备条件，分别是活跃市场、有序交易、非关联关系、脱手价。其计量特征有三个：1）既确认持有损失，也确认持有利得；2）在活跃市场中可即时成交的资产和负债；3）计价基础需来自外部市场，通常不受管理层控制。这三个计量特征是划分公允价值会计与类公允价值会计的基本点。

（2）提出了公允价值信息决策有用性的四个约束条件：数据可得性、收益相关性、交易活跃度、价格平稳度。数据可得性解释了公允价值来源端的可靠性，即"如实反映"。主观性往往发生在管理层对估值参数和模型拥有选择权且缺乏外部约束的情况下，公允价值信息则能提供来自市场的客观数据。但公允价值变动信息需与未来收益建立直接相关关系，才有决策支持作用，此为收益相关性。交易活跃度解释了当前公允价值转换为未来现金流的难易程度。交易不活跃的有价证券，其当前交易价格与未来交易价格的相关程度低，对于预测未来现金流收益的有用性较低。价格平稳度解释了当前公允价值信息对未来现金流的离散程度。市场价格波动越大的情况下，与未来现金流量的相关性越低。在这四个约束条件中，收益相关性主要制约公允价值的适用范围，交易活跃度和价格平稳主要制约第一、二层次公允价值的决策有用性，数据可得性主要制约第三层次公允价值的决策有用性。

（3）首次论证并证实了公允价值信息的可实现性机理。本篇研究发现，公允价值信息的决策支持作用取决于当前公允价值数据与未来现金流收益的一致性。进一步来说，可实现性也解释了会计信息决策有用性的一般作用机理；相反，计量不确定性解释了公允价值会计的决策风险。这就不可能以"天真的（naive）信息使者"之由，推脱会计在金融稳定方面的应有之责。未来更应看到会计是经济活动内在因素的本质，而不是把会计作为经济活动的外在因素。

（4）研究发现公允价值信息层次存在收益可实现性递减规律，第一层次的收益可实现性大于第二层次，第三层次则不显著。但2015年之后的数据揭示了不同于此的公允价值层次决策有用性。总之，公允价值三个计量层次的决策有用性，更多取决于这些信息本身的可实现性，而不是概念层面的公允性。依据本研究，能带来真实盈亏的数据才是决策有用信息；否则就是无用信息。

（5）提出了完善公允价值信息决策有用性的建议。分别是优化计量工具、增加披露内容、改变披露位置、完善市场环境和完善治理基础。对计量工具的优化建议，包括谨慎使用公允价值会计和适当情况下引入预期会计，并且需要强化管理者的信息披露责任以及会计在市场稳定方面的治理作用。

（6）公允价值信息决策有用性的缺陷在于计量不确定性。就经济实质而言，不能把"可能"当作"是"，也不能把"将会"当作"是"。由于公允价值计量的不确定性是内生的，因此决策有用性风险也是内生的。

（7）需要重视公允价值会计下的财务策略。这是一个新颖且极少被关注的领域。本篇研究发现，在金融危机的冲击下，经理层利用公允价值计量规则进行金融资产分类和证券利得交易，显著降低了业绩波动，此举有助于缓解实体经营危机，增强生存能力，是重要的金融风险应对策略。此外,还需关注公允价值会计下的税收规避行为,这在我国的保险公司已经有突出的现实表现。

总的来说,本篇系统论证了应当将公允价值会计视为普通计量工具的观点,提出了公允价值会计下的可实现性机理、管理者行为、金融危机应对这几个研究话题。这些工作是在长期积累下完成的。

下 篇

本土会计管理理念与预期会计理论建构

　　经济发展到一定阶段后,对未来现金流的估计将十分重要。这也是会计理论与实践发展的自然过程。计量的演进规律表明,成本会计记录已发生事项,市值会计记录市场价格变动,预期会计(forward accounting)面向前瞻性信息。作为估计未来事项的计量活动,预期会计将有望发挥抑制过度交易、重建市场萧条下交易活跃度的作用,帮助解决极端市场条件下利用现行交易价格估计资产价值时偏离内在价值的重大经济问题。预期会计将拓展会计的功能,促使会计信息具有预测作用和调节能力,从而更好地发挥会计作为经济体系内部因素所应有的价值管理和经济规制作用,帮助实现金融市场稳定和经济增长目标。

　　那么,如何定义预期会计?如何在当前的财务报表中反映对未来现金流的估计?本篇将围绕这两个问题从多个方面展开分析讨论。主要内容有:阐述预期会计的概念基础、极致公允主义下的预期会计设想;分析现行财务报告概念框架下的预期理念;提出关于预期会计理论的构想;最后进行总结和讨论。

第 14 章　预期会计的概念基础

14.1　预期会计概念的提出

　　会计是什么？依据《企业会计准则——基本准则》的规定，会计是指确认、计量和报告活动（财政部，2014a）。从"确认、计量和报告"的本意来讲，确认是一种选择，计量是一种技术，报告是一种沟通。所以，会计既是技术活动，也是管理活动。在讨论管理时，会计是经济的内生因素；而讨论技术时，会计是外生的计量工具。

　　作为技术活动的会计，早先是统计，后来是计算，当前是估值。人类文明的初期是计数的时代。当人们用结绳、标记等符号作为数的反映时，统计就发生了。随着经济活动的发展，为加深对商业活动的理解，人们创设了若干的会计等式，从明清时期的"四柱清算法""龙门账"，到诞生于欧洲中世纪的"借贷记账法"，这些记账法则作为现代会计的萌芽，标志着计算的重要性。人们在统计的基础上对各种会计要素（资金运动）的变化及其关系进行记录，并且不断吸取实践领域的创新来完善会计理论体系。而随着计量技术的改进和商业活动的复杂化，会计估计的使用日益增加。早期的会计估计有坏账率估计、存货损失估计、成本结转估计和费用分摊估计。后来的估计日益繁多，期间费用估计、残净值估值、折旧期间估计、无形资产摊销期间估计、资产减值估计、商誉减值估计，等等。

　　那么，究竟会计活动会在"估计"理念下演进，还是会保持"计量"

本位呢？平衡两者关系的关键在于会计的算法体系。会计算法体系的变革，从历史成本开始，逐步发展出重置成本、可变现净值、市场交易价格和未来现金流量折现值。这个过程是会计日益偏离统计和偏重估计的功能嬗变。现今的资产负债表项目，期末计量普遍以会计估计为基础。并且，过去时期的估计大量建立在已发生的基础上，当前时期的估计普遍建立在市场假设的基础上，未来时期的估计将建立在前瞻性信息的基础上。

这种趋势与其说是会计理论创新的驱动，不如说是社会发展的驱动。过去的社会变革处于慢节奏中，现在是数字时代，资源整合和商业价值都处于快速变化下。作为对客观世界的反应，资产的计量和权益的计量等会计活动不可避免地需要建立在估计的基础上。虽然从反映在用价值（value in use）到估算公允价值，这个转变过程仅有半个世纪；但是，随着时间的推移，必然还需要加强未来事项估计。

现今已具备发展预期会计的技术条件和现实基础。一方面，大数据信息技术、人工智能、数字时代的到来，使得预期会计有了可行性；另一方面，社会经济生活对预期的需求很快就会产生。特别是在金融创新和商业模式创新的驱动下，实际上已经有一些重要事项需要预期估计。理论层面为此做出了准备，在 IASB 发布的《财务报告概念框架》中，已经涉及了包括前景评价目标（assessing the prospects for future net cash inflows to the entity）、前瞻性信息（forward-looking information）、现值计量技术（present value）等有关预期会计的定义和内容。虽然这些概念基础建立在公允价值会计基础上，但它们主要用于规范和指导以未来现金流为基础的要素项目的确认、计量和报告。所以，对与预期会计相关的理论展开深入分析，已经具备了重要性和现实性。

14.2　预期会计概念的辨析

预期会计，我将它定义为基于未来事项估计资产或负债现行价值的会计活动。预期会计还可以解释为利用前瞻性信息以现值对未来现金流进行估计和前景评价的计量技术。如图 14-1 所示，这里界定的预期会计，是一项不同于公允价值会计、类公允价值会计的计量模式。尽管资产减值会计和公允价值会计也可以估计未来现金流，但它们不需要以前瞻性信息为假设前提，而是以既有事实和已发生事项为估计基础。在概念基础上，我们必须首先厘清预期会计与公允价值会计以及资产减值会计等类公允价值会计的区别。预期会计是计量领域的一个前沿问题，除 Barth（2006）和曾雪云（2016b）等个别文献外，还极少有专门研究就此做出讨论。以下主要对财务报告概念框架和重点文献加以讨论。

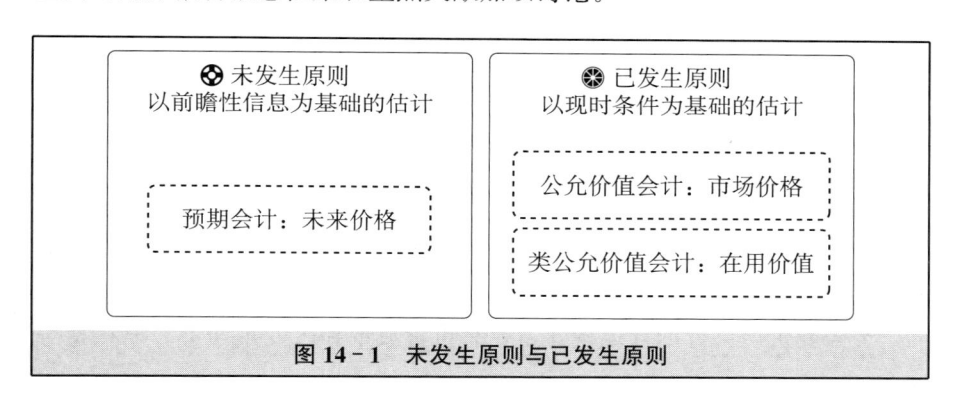

```
┌─────────────────────────┐  ┌─────────────────────────┐
│  ❋ 未发生原则            │  │  ❋ 已发生原则            │
│  以前瞻性信息为基础的估计 │  │  以现时条件为基础的估计   │
│                         │  │  ┌─────────────────────┐│
│                         │  │  │公允价值会计：市场价格││
│  ┌─────────────────────┐│  │  └─────────────────────┘│
│  │  预期会计：未来价格  ││  │  ┌─────────────────────┐│
│  └─────────────────────┘│  │  │类公允价值会计：在用价值││
│                         │  │  └─────────────────────┘│
└─────────────────────────┘  └─────────────────────────┘
```

图 14-1　未发生原则与已发生原则

14.2.1　不同于公允价值会计的已发生原则

公允价值会计作为一项计量技术，其原则在于确认期末市价变动的损益，但计量日并没有实际现金流入和实际现金流出。它的计量原则有两层含义。

第一层含义是，公允价值会计是对未来某个时点将要转让的资产或者将要偿还的债务在现时假设下可能发生的损益变动做出事前估计。尽管主体在资产负债表上确认了记账时点的市场变动，但并没有发生实际交易。所以，公允价值会计反映了对未来现金流的估计。这个分析意见在很多著作和论文中得到一致认同。Barth 撰写的《Including Estimates of the Future in Today's Financial Statements》一文就提出："许多学者反对在财务报表中使用公允价值计量，是因为他们认为这样会将对未来的估计引入当期财务报表。然而，在现行的会计准则下，几乎所有的报表项目都或多或少地反映了对未来的估计。这并不奇怪，因为资产和负债的定义就要求包含对未来经济利益的流入和流出的估计。"

第二层含义是，公允价值会计对未来现金流的估计需要一个必不可少的前提，这就是已发生原则。这里的"已发生"是变化已经发生，不是交易已经发生。所以，公允价值会计的记账基础仍然是一个已经存在的事实。也就是说，公允价值会计的记账依然是事实基础，还没有发生的改变即便将来可能发生也不能作为入账的基础。这一点是公允价值会计与预期会计的根本区别。

在经典的成本会计下，需要以交易等产权转移活动作为记账基础，否则不可以确认损益变动和资产价值变动，这仍然是统计思维。而在公允价值会计下，价格变动也可以确认资产价值变动和损益变动，这已经是经济学的思维范式。但这两种模式都没有预期思维，预期是指现在还没有发生而将来可能发生的未来事项。举例来说，贵州茅台在 2020 年 12 月 7 日的收盘价是 1 812.40 元，它是事实逻辑，属于公允价值范畴，但还不是预期会计；只有当用未来折现的方法估计当前价格时，才是预期会计。

类公允价值会计的计量模式主要有重置成本和可变现净值。斯科特等学者的著作《财务会计理论》和 IASB《财务报告概念框架》将对初始成本的估值技术统一为"在用价值"（value in use）类别。在用价值包含两层含义。第一层含义是，表明这些资产价值的计量基础是与持续使用这项资产相关的现金流。所以，类公允价值会计也有现金流估计。并且，这个现金流在记账日没有实际发生，而是假定它在记账日会发生资产转移。在斯科特（2012，p200）的著作中，讨论过一些已经长期存在的应用在用价值的例子。例如，养老金及其他退休福利、成本与市价孰低、物业厂房设备价值重估、应收和应付项目、摊余成本等。这些类公允价值会计的应用，确实旨在反映可能的现金流入或者流出。但需要注意它的第二层含义，类公允价值会计下的现金流是"已发生"原则。该项资产并没有发生所有权归属的改变，并且企业也不打算对外交易，但依然需要估计它在今天时点相对于未来而言所能产生的现金流入，所以类公允价值会计的记账基础都是已发生事实。

综上所述，公允价值会计与类公允价值会计都反映了假想现金流的现时估计，属于以现行条件估计现时价值的算法技术，但预期会计是前瞻性估计。

14.2.2 不同于公允价值会计的他评原则

虽然公允价值会计与类公允价值会计都反映了对未来现金流的估计，然而前者是他评原则，后者是自评原则，预期会计的当前应用遵从自评原则。

公允价值是市场属性，在定义上以"脱手价"作为计量基础，遵循他评原则，准许对损益变动做双向调整。类公允价值是成本属性，遵循自评原则，对损益变动只记可能的损失、不确认可能的收益。这是两类计量基础的区别。但一些国内外研究常常混淆公允价值与类公允价值。在理念层面，正如本书前面章节所指出的，两者可以统一到公允价值的概念上。但是，在计量层面，这两类计量基础不能混淆。本文重申，公允价值会计与类公允价值会计下的算法理念不同，应当在术语层面上将它们区别开来。例如，可变现净值遵循的是稳健性原则，损益变动在价值减损时需要做会计处理，在价值增加时不做会计处理。这就是类公允价值会计，而不是公允价值会计。同理，固定资产和存货的减值也是类公允价值会计，而不是公允价值会计。

在信息来源方面，类公允价值会计的理念是持续使用该资产到终止确认所能产生的未来现金流，公允价值会计则假定当前时点处置该资产可以收回的现金流。所以，公允价值会计的计量基础是脱手价格，以交易对手的报价为基础。《企业会计准则第39号——公允价值计量》规定，"在公允价值计量下，资产和负债按照市场参与者在计量日发生的有序交易中，出售资产所能收到或者转移负债所需支付的价格计量"。可见，公允价值会计的计量基础是市场价格，它排斥自用视角的估计，即便市场价格偏离价值，通常也不允许以管理层估计替代。

在可靠性方面，公允价值会计存在难以控制的市场风险和价格不确定性，但类公允价值会计在紧急情况下可以阻断市场风险和异常价格波动。正由于有此差别，所以IASB对公允价值会计的适用范围做出了严格限定。《国际财务报告准则第 13 号——公允价值计量》第六条指出"类似于公允价值但又不是公允价值计量的资产计价,有存货的可变现净值以及按使用价值计算的资产减值"(IASB,2011)。我国《企业会计准则第 39 号——公允价值计量》第四条规定"与公允价值类似的其他计量属性的计量和披露不适用于本准则"(财政部,2014b)。并且,公允价值会计与类公允价值会计两者偏离可靠性的风险后果也是不同的。类公允价值会计的计量风险主要影响公司个体(曾雪云,2016a)。一些经典的类公允价值计量技术如应收账款的期末计价、折旧、摊销等,计算过程比较简单,审验方法比较成熟,计量结果的可靠性也比较高,即便存在某些会计舞弊,对整个资本市场的影响也是有限的。但公允价值会计的广泛应用,特别是在金融资产和资产证券化中的广泛采用,与金融市场风险存在紧密关系。

在厘清了公允价值会计与类公允价值会计的区别之后,再来比较预期会计。预期会计以对前瞻性信息的利用为基础,也即预期会计用于估计预想将要发生的未来事项和未来交易。这些事项有:油气资产的预期弃置费用、金融资产的预期损失、已销售商品的预期返修成本、诉讼事件的预期赔偿。这些都是对未来事项的预期,并且都属于成本估计和费用估计类别,显著影响资产的现时估计,需要前瞻性信息作为估值条件,有的还需要折现现值技术。就这些常规事项而言,预期会计也遵从自评原则,但不排除有他评事项。

14.3 预期会计的研究进展

预期会计的研究起源于 IASC 对未来现金流估计的关注。IASC 在 1989 年发布的《编报财务报表的框架》中提出,财务报告的目标是为财务报表使用者在作出经济决策时提供有用的信息,而反映当前经济形势和对未来的最新估计将在其中发挥重要作用。预期会计的研究极少且集中于 Barth 教授。Barth(1996)在研究银行贷款的公允价值估计时发现,监管资本较高的银行,其贷款系数也更大,这与市场参与者会对银行披露的贷款未实现收益进行折现是一致的。Aboody 等（1999）以英国会计准则允许对固定资产的价值进行重估为背景展开研究时发现，对固定资产公允价值的估计反映了企业管理者对未来业绩的预期。尽管有学者对应用未来估计的具体资产和负债项目进行了研究，但一直未出现预期会计这个概念。Scott 在其著作中讨论过一些已经长期存在的、反映了对未来现金流的估计的例子，如应收和应付项目、摊余成本、成本与市价孰低、物业厂房设备价值重估、养老金及其他退休福利，然而也没有提预期会计术语。

作者发表于《会计研究》2016 年第 7 期的《预期会计的理论基础与前景——未来现金流视角》一文，首次对"预期会计"进行定义和理论建构，并且试图厘清预期会计与公允价值会计的差异性。该文明确提出当前的理论和概念基础在于：目前会计准则对公允价值计量的应用还极少指向未来事项和前瞻性信息，并且主要目的在于估计现行市价和现行成本（曾雪云，2016b）。

尽管预期会计、公允价值会计、类公允价值会计都有对未来现金流的预期，但区别在于预期会计以前瞻性信息为计量基础（曾雪云，2016b）。也就是说，预期会计对未来现金流的估计对象是需要前瞻性信息的未来事项，这个事项在当前还没有发生和并不存在，它是对未来合乎逻辑的假设和对未来事项的估计。

近期也有学者对此展开研究。Barker 等（2020）提出资产负债表法忽视了对未来不确定性的估计。权责发生制下，由于不确定资产没有被确认以及错配是不可避免的，不确定性破坏了资产负债表和利润表。而资产负债表和利润表的结合能够加强在不确定的情况下与投资者的信息交流，从而能够满足国际会计准则和概念框架关于提供"未来现金流量、时间和不确定性"信息的财务报告目标。尽管关于未来现金流量预测的研究在增加，但以前瞻性信息为基础的预期会计相关的研究依然很少，远没有得到应有的重视和发展。

第 15 章 极致公允主义下的预期会计构想

将更多对未来的估计包含在财务报表中,这是 Mary E. Barth 教授在 *Including Estimates of the Future in Today's Financial Statements* 一文的核心内容。Barth 曾于 2001—2009 年连续担任 IASB 理事,也曾在 FASB 和 AICPA 担任咨询专家。她的大量研究最终都证实或阐述了公允价值信息对估值具有决策有用性。考虑到目前还少有预期会计的研究,而 Barth 教授曾在 IASB 和 FASB 长期任职,对公允价值会计有长期而专注的研究,因此以下主要围绕 Barth(2006)讨论极致公允主义下的未来现金流估计。虽然文献较单一,但讨论是充分的。

15.1 极致的预期构想

15.1.1 将更多对未来的估计纳入当期财务报表

Barth(2006)基于公允价值理念提议将更多对未来的估计包含在财务报表中。主要内容包括:"公允价值会计的适用范围需要进一步扩展,以后将在当期财务报表中包含更多对未来的预期。这主要是因为,准则制定者认为,如果资产和负债的计量体现了当前的经济形势和对未来的最新估计,将能够为经济决策提供更加有用的信息,从而满足财务报告的目标。财务报表如何披露对未来的估计,取决于资产和负债的计量属性以及对资产和负债的定义。现在的资产定义,取决于过去发生的交易所导致的预期经济利益的流入或流出,对于流入而言,还需要能够控制预期收益,因此并非所有预期都在表内确认。那些在附注中披露的信息,可以帮助使用者理解已确认的估计和提示未确认的估计,是有用信息,应当予以确认。虽然在财务报表中确认更多估计,可能导致对收入确认的争议,但是这种计量方式能够提供更有利于经济决策的信息。"

Barth（2006）的核心理念是将全部未来信息都包含在当前的财务报表中。即在当前的资产负债表中完整地反映全部对未来现金流的估计,以使当前的主体权益包含影响公司价值的全部未来信息,既有由现时资源与现时义务引导的未来交易,也有由商业模式、风险预测、形势分析、战略规划等非现时资源与非现时义务引导的未来事项,也包括对折现率及折现率影响因素的估计。前提则是修改资产定义的两个约束条件和会计分期假设。所以,将公允价值理念发挥到极致,会计就会成为一个可以估计未来一切信息与现金流的超级系统。

15.1.2 重新定义资产和负债的概念

财务报表应当包含哪些对未来的估计?这取决于资产和负债的定义（Barth,2006）。资产的定义比计量属性的影响更广,因为包括公允价值在内的任何属性都不能指定被计量的内容。计量内容是由资产和负债的定义规定的。所以,财务报表包含估计的程度,取决于有哪些项目被确认的资产和负债。根据《财务报表编制与列报框架》对报表要素的定义:资产是由过去的交易或事项所形成的、被企业所控制的、预期会导致未来经济利益流入的经济资源;负债是由过去的交易或事项所形成的、预期会导致未来经济利益流出企业的现时义务（Barth,2006）。这些定义要求过去的交易或事项产生未来由企业控制的经济利益流入的现时权利,或导致未来经济利益流出的现时义务。它们能够帮助人们确定实体的资产和负债以及对预期的潜在选择。然而,实体是否应该拥有资产或负债取决于是否有影响未来流入或流出的现时权利或义务,对资产而言,还需要实体能够控制该现时权利。问题是,确定过去的交易或事项需要判定和讨论,辨别资产是否满足控制标准也是如此,这在某些时候是难以识别的。所以,准则制定者或许应考虑修改资产和负债的定义（Barth,2006）。

资产和负债的当前定义似乎是清晰的,然而在确定资产和负债时,由于应考虑哪些是未来经济利益的流入或流出,以及应考虑哪些是过去的交易或事项,这就可能导致法律问题。Barth(2006)提出,以预期借款损失为例,《国际会计准则第39号》要求银行评估是否有证据表明借款资产有减值迹象,虽然有几段指导意见,但这些意见并未明确指出何时进行减值确认,即"过去"何时结束和"未来"何时开始。例如,第59段指出,借款人的重大财务困难是减值的证据。但是,财务困难究竟是什么时候开始的?是借款人的积蓄被耗尽的时候?是失去工作且积蓄无多的时候?是所在工厂宣布裁员计划的时候?是当石油价格增加从而提高了销售价格的时候?显然,这个例子涉及对资产价值的测量,它指出了一些在确定过去交易或事项上的困难(Barth,2006)。

哪些预期可以判定为资产或负债?或者说哪些预期流入或流出能够在财务报表确认?有些组织可能认为,如果会计主体能预期未来现金净流入量,它就具有资产的特点。然而,某些预期流入量可能来自实体的增长或者未来交易的预期收益性。由于这些预期是基于形势分析,不是从过去的交易或事项派生出来的,实体也没有控制权利,因此它们在 IFRS 的定义下不满足资产定义,不能计入财务报表(Barth,2006)。所以,必须清楚哪些预期流入量或流出量占据了经济利益的一部分。以保险合同为例,准则制定者把合同执行看做过去交易(合同签订)产生的义务,因为合同赋予保险人与合同相关的现金的控制权,此时与合同相关的预期净现金流量符合资产的定义。但保险公司还预期许多投保人在合同到期时会续约,该预期是建立在经验基础上的。这就带来了问题:与初始保险合同相关的净资产是仅限于初始合同条款所带来的预期净现金流入?还是也包括由预估后续合同所产生的预期净现金流入?这与银行的未来存款预期一样,可以作为未来交易处理,但不属于能为主体控制的交易或事项预期,因此该笔预期现金不符合目前的资产定义(Barth,2006)。

如何预期未来交易?资产和负债的定义本身并不能确定是否由买卖双方协定的任意事项都应被作为一项资产或者负债来处理,因此主体权益的某些价值可能并非源于财务会计概念框架定义下的资产和负债。也就是说，总有一些权益的价值来源没有在财务报表中确认，却包括了预期未来交易可能带来的现金流入或者流出。而也可能有人得出结论，认为这些预期未来交易符合资产或负债的定义，Barth（2006）提出，至少存在如图 15-1 所示的三种备选方法。

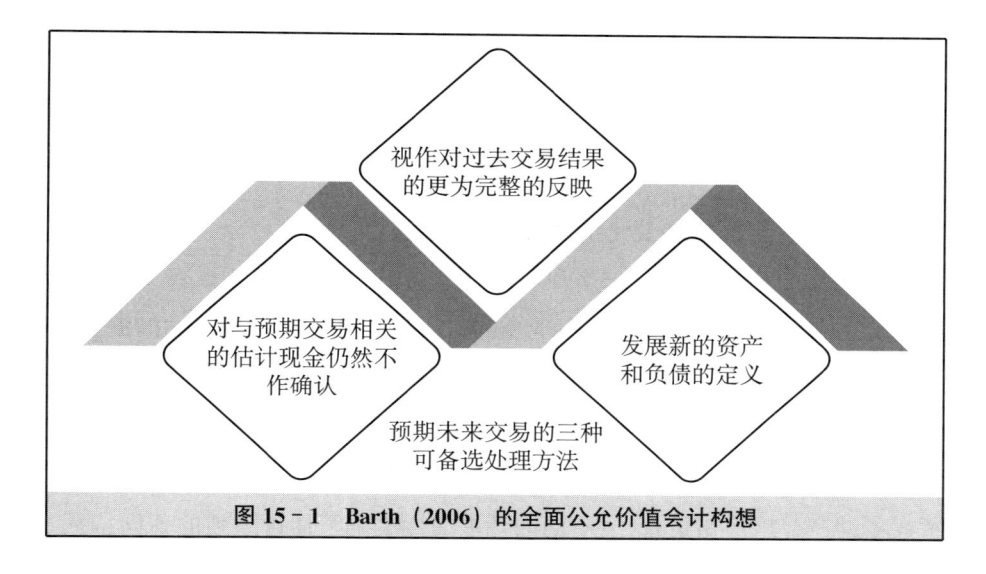

图 15-1　Barth（2006）的全面公允价值会计构想

方案一是将此类预期交易视为对过去交易结果更为完整的反映。譬如，某人的结论是，预期未来存款或保险合同续签产生于与存款人或投保人所建立的初始关系，此时过去事项不是初始存款或合同执行，而是客户关系的建立。在这个解释原则下，可以得出预期交易实际上是过去交易的结果的结论，但在很多情况下不足以满足资产的定义，因为资产确认还需要满足另一个限定条件，这就是主体控制。所以，这种方法还不能包括所有对未来的期望。

方案二是发展新的资产和负债的定义。从现行定义中清除"过去的交易或事项"以及"控制"这两个限定条件。如果 IASB 取消这两个限定，那么在符合包括可靠计量在内的确认标准的情况下，主体权益价值的全部来源都可以在财务报表中确认。这些价值来源可能包括实物期权，也可能包括管理层对未来决策的价值，还可以把预期销售确认为资产，把商业风险确认为负债。总之，这是一个与现行概念框架相当不同的报告范式，目前还没有哪一家准则制定机构建立了这类定义。即使是正在拟订实施的完全公允价值计量（full fair value accounting），也难以与第二种方法相媲美。唯有在新的资产和负债的定义下，才能将全部对未来的估计包含在当前财务报表中，最终呈现不同于以往的报告体系。

第三个选择是，对与预期交易相关的估计现金仍然不作确认，但需要对"过去交易和事项"以及"控制"做出清晰阐述。这也是现行会计准则体系的选择。

15.1.3　全面拓展公允价值会计应用

Barth（2006）提出，未来预期以什么方式体现在财务报表中，这取决于资产和负债的计量属性。但现今的财务报表是多种计量属性的混合结果。这些计量属性包括：历史成本（适用于现金和持有至到期负债）、修正的历史成本（适用于不动产、厂房、设备和应收款）、公允价值（适用于衍生金融工具和资产重估）以及实体特定价值（适用于发生减值的存货、不动产、厂房与设备）。不同的计量属性决定了估计事项的不同特征。例如，实体特定价值与公允价值会计具有不同的估计特征。公允价值会计需要使用市场参与者认为合适的折现率进行折现。实体特定价值则需要估计该实体预期收到的未来现金流量并以该实体的资本成本进行折现，而不考虑该折现率与其他实体的差异性。

Barth（2006）进一步认为，多种计量属性是由习惯做法和实际操作的不同所引起的，不利于对会计信息的理解。从《财务报表编制与列报框架》（IASC，1989）的角度来看，多种计量属性混合使用会导致内部不一致的财务报表信息。这些不一致的信息将给财务报表使用者带来困难（Barth，2006）。由于财务报表中的金额是基于多种计量方法的，这首先会使对加总项目的解释变得复杂，如对净利润的解释。其次，一些特别报表项目中个别因素的确认也会存在困难。举例来说，某实体可能笼统地宣称存货计量采用成本与可变现净值孰低法，然而不可能说明每种存货具体采用了什么方法。又如，某实体可能反映了不动产、厂房和设备的重估增值，而一旦该数据被确认，若要区分哪一项资产以及折旧来自成本计量、而某部分价值来自公允价值会计是极为困难的（Barth，2006）。

采用不同计量属性，还意味着相同的经济事项可能遇到完全不同的会计处理。例如，对于远期合约来说，只有当被归类为衍生金融工具时才以公允价值确认，否则不需要在资产负债表列报。然而，这两份远期合约的经济意义却是相同的。又如，当某实体宣称其有能力和意向将债务工具持有至到期，该债务工具会以历史成本计量；而如果该实体并未宣称，则该债务工具应以公允价值列报。所以，不同计量属性的混合使用会给财务报表使用者了解实体经济活动造成极大困难（Barth，2006）。

若把公允价值作为单一计量模式，则可有效减轻多种计量属性所造成的以上困难（Barth，2006）。IASB更加重视公允价值计量属性，很大程度上是因为公允价值会计是唯一既全面又内在一致的计量方法。采用公允价值来计量资产和负债很有吸引力，因为它符合《财务报表编制与列报框架》规定的信息质量要求。这些质量标准会被引入财务报告的基本目标，帮助投资者和其他使用者进行经济决策。这些标准包括相关性、可比性、一贯性和及时性。公允价值是相关的，因为反映了现有经济条件。公允价值是可比的，因为任何一种资产或负债的公允价值只取决于资产或负债的特征。公允价值也提供了一贯性，因为它反映了每一时期的同类信息。公允价值又是及时的，因为它们反映了经济条件的变动。并且，公允价值还可被视为履行了对财务报告的管理职能，因为财务报表反映了实体处理资产时的资产价值，这个资产价值对确定回报率是极重要的。所以，公允价值会计在未来将得到全面扩展（Barth，2006）。

15.2　对极致构想做评议

将更多对未来的估计纳入当期财务报表、大量扩展公允价值会计的使用、采用单一计量属性、准许收益可预测性下降，Barth（2006）提供了理解未来会计的基础。但我以为不应持有这样的极致构想。

15.2.1 评议在财务报表中确认更多对未来的估计

依据 Barth（2006）的论述，资产和负债的现行定义限制了对预期交易和预期价值的估计，其发展趋势是："以后将在当期财务报表中包含更多对未来的预期，适用范围还会得到进一步扩展。这主要是准则制定者认为，如果资产和负债的计量体现了当前的经济形势和对未来的最新估计，将能够为经济决策提供更加有用的信息，从而满足财务报告的目标。这也是准则制定者关注公允价值会计的原因。"并且，财务报表如何披露对未来的估计，取决于资产和负债的计量属性，以及财务报告对资产和负债的定义。现在的定义取决于过去发生的交易所导致的预期经济利益的流入流出，对于流入而言，还需要能够控制预期收益，所以并非确认了预期经济利益的全部。所以，当期资产和负债的定义约束了对预期的估计，假使能放松资产和负债的定义，那么更可能提供有利于经济决策的信息（Barth，2006）。综上所述，Barth（2006）的逻辑在于，现行概念框架不要求列报上述未来交易，遗漏了重要估值信息，不利于报表使用者做出投资决策。

我的观点是，"确认更多对未来的估计"即便是会计人员的责任，也未必就是财务报表的责任。财务报表是以时点为界限的，需要以明确而且清晰的方式列报在当前时点的资产、负债、权益的价值构成，以及过去一期这些资产、负债以及权益变动所引起的损益变动和现金流量变动。这是会计的功能和职责所在，但它不需要以列报更多对未来的估计为前提。进一步分析，与未来交易和未来事项有关的未来现金流是不确定事项，它们与当前时点的财务状态没有直接关系，从而不需要在今天的财务报表做估计。换言之，假如列报更多对未来的估计是必须的，那么可以尝试编制未来期间财务报表，而未必需要把大量未来事项和未来交易估计列入当前财务报表。

15.2.2 评议把未来交易纳入资产和负债的定义

究竟如何列报预期？是否列报未来交易？关于总有一些价值来源没有确认在财务报表中，Barth（2006）提出如果有人得出结论说这些未来交易也可以确认为资产或者负债,那是有合理基础的。而且在三种备选方法中,方法一和方法二都包含有大量对未来交易和未来事项的预期。尽管在理论上可以这么设想,譬如将互联网公司的用户量、平台型企业的数据都以某种方式列报于财务报表,但这在执行层面依然是困难重重的。

公允价值会计的计量基础不是未来交易,而是当前时点的假想交易。所以,公允价值会计与预期会计两者有本质区别。未来交易应当界定为在未来时点可能发生或者不发生的事项。诉讼赔偿的可能性、续保的可能性、应收账款发生坏账的可能性、银行贷款资产发生违约风险的可能性等,这些都是未来事项。对这些未来事项的预期,利用前瞻性信息算出结果时,预期会计就得到了应用。但如果假设前提不是未来事项与未来交易,而是当前时点的可能交易,那么公允价值会计就具备了应用条件。例如,假定投资性房地产在当期会按照市价出售、假定主体在购买法下并购子公司的商誉在当期是依然有价值的,这些假想事项或者交易的假设时点就在当前记账日,而非未来记账日,这就是对公允价值会计的限定条件。在这个限定条件下,既不需要修改资产和负债的定义,也不需要包含未来交易和事项预期。本期财务报表决策有用性的基准是提供资产、负债、权益在决算日的现实现金流量和假想现金流量,这里没有未来预期。

Barth(2006)在阐述拓展对未来现金流量的估计和公允价值会计的应用时,得到了不受约束的推演结果。但其中有一个关键性缺失,那就是没有厘清公允价值作为价值理念与作为计量模式的区别。公允价值会计作为一种计量模式,它的应用应有边界,它的定义也应独立于公允价值的理念。公允价值理念与公允价值会计的区别在于:公允价值理念的泛在性决定了它在会计理论中的基础性作用,因此有公允价值计量和类公允价值计量这两类计量模式。公允价值会计的技术性,决定了它在会计理论中具有主动性作用,因此有不断拓展的基础。但是,公允价值作为一个理念,如果希望获得超越 IASB 在《财务报告概念框架》中的解释地位,就应该由类公允价值会计、公允价值会计、预期会计三个基础计量模式共同解释,而不可能被公允价值会计全部解释。这也是不适合采用单一计量模式,而采用混合计量模式的原因。任何旨在推广单一计量模式的理论，都不足以完全解释现金流量的业务特征，所以是不适合的。

综合以上，未来事项不需要视为当期交易的延续而纳入资产负债表，资产和负债的定义也无须做出重大修改。资产的价值如何确认，在会计上经历了从稳健原则到相关性原则的重大转变。报表使用者的决策基础也经历了重大变迁，以往的决策面向过去，当前的决策重在当下，未来的决策应当考虑预期。

15.2.3 评议准许收益可预测性下降

Barth（2006）提出，若直接更新资产和负债的定义，那么某一特定期间的收入就是对前期的预期值与本期的实际值之间的差异调整。在这种情况下，收入由两部分组成，一部分是预期的变化，另一部分是用于确定这些期望现值的折现率对实体净资产收益率的影响。鉴于会计收益反映的是当前期与未来期的权益价值变化，而不再是对当期经营活动的总结和记录，那么利润表的重要性和预测价值将极大程度地降低，并且会计分期将失去存在价值。依据 Barth（2006）的进一步分析，虽然收益的可预测性下降了，但这些预期信息对财务报告目标的实现有价值，它能帮助报表使用者预测实体的未来现金流量，因此重要的是对资产价值的估计，而非会计收益本身是否可以预测。在此情况下，虽然预期变化较难预测，或者不可预知，但收入列报反映了预期与实际之间的差别以及对未来预期变化的调整，揭示了当前期间经济情况的变化，这将为反映风险预期提供某种可能性（Barth，2006）。

我以为，在财务报表中确认更多对未来的估计会导致对收入确认的争议，是不可取的。财务报表的有用性在于帮助报表使用者做出决策，而不是替代报表使用者做出决策。因此，应当在财务报表中保留收益可预测性，而不是采用预期会计估计全部未来信息。

收益可预测性是财务报表的内在功能，通过对本期实际发生的现金流量以及假想的现金流量（公允价值会计和类公允价值会计）进行估计，得到对本期实际现金流量和现金流量可能性的理解，用以估计在未来期间可能发生的现金流量，这是今天的财务报表需要具备的决策有用性。会计的时点概念和期间概念必然有其意义，不宜过度拓展公允价值理念的应用。与前瞻性信息相关而与当期无关的未来前景，应该交由未来去解决，而非在当下做评估。

第16章　财务报告概念框架中的预期理念

IASB 在 2018 年 3 月 29 日正式发布了新修订的《财务报告概念框架》，以审慎积极的态度采用与预期相关的计量技术。这对会计准则制定、会计理论发展以及会计实务都将产生重要影响。而此前，IASB 已经于 2015 年 7 月公告《财务报告概念框架（征求意见稿）》，阐述了相关内容。

16.1　前景评价目标

《财务报告概念框架（征求意见稿）》首次引入了前景评价目标。以往的财务报告概念框架仅以决策有用性作为对财务报告的目标。但是，《财务报告概念框架（征求意见稿）》在财务报表部分，给出了如图 16-1 所示的两个次级目标，分别是前景评价和受托责任。原文翻译是，"财务报表提供某一主体资产、负债、权益、收入和费用的相关信息，这有助于财务报表使用者评价主体未来净现金流入的前景以及评价管理层对主体资源的受托责任"（IASB，2018）。

财务报表的双元目标
- 前景评价　由市场导向转向预期导向
- 受托责任　经理层对主体资源的管理

图 16-1　《财务报告概念框架》的财务报表双目标

采用前景评价目标,说明财务报告概念框架正在由市场导向转向预期导向(曾雪云,2016b)。显然,公允价值会计强调当前市场价格来源的合理性,多数情况下有内在价值作为支撑,但在流动性紧缩和市场定价机制失灵的情况下,依然难以反映未来现金流量,此时就特别需要引入前景目标以使得其他定价机制也具有计量的合法性,可以替代公允价值会计来发挥信息反映的功能。所以,由市场导向转向预期导向,这是会计理论进步的标志。

通常来说,新的会计理念需要被主要国家采用,并切实用于具体会计准则的修订,才能够产生实质性政策影响。实际上,在IASB(2015)关于《财务报告概念框架(征求意见稿)》形成之前,一些会计事项的处理就体现了前景目标。2014年,IFRS 9《金融工具》准则修订稿就包含了前瞻性信息。而对前瞻性信息的利用,所体现的正是主体对未来前景的评价。所以,前景目标实际上已经存在于部分具体会计准则,它将在多大程度上影响会计准则的整体制定和形成基本理论,在当今依然是一个相当前沿的理论问题。

在《财务报告概念框架》的财务报表的目标和范围部分,有一段关于信息列报的规定,可以帮助理解。IASB(2015)提出,"有些信息是通过在财务状况表和财务业绩表中确认满足要素定义的项目来提供的。财务报表同样也提供关于确认项目以及满足要素定义但未予确认项目的额外信息"。通过这段话,可以知道,IASB对于表外信息披露的决策有用性是重视的。重要的是,有些要素项目可能难以计量和不需要确认,但它们会影响参与者的预测和决策,因此需要在附注中披露。这也是前景评价目标的一种实现方式。

16.2 前瞻性信息

前瞻性信息是会计理念创新的重要标志。2013年7月,IASB发布修订后的《财务报告概念框架(讨论稿)》(*A Review of the Conceptual*

Framework for Financial Reporting Discussion Paper，DP)。其中就提出，"前瞻性信息是未来导向信息，譬如有关前景和计划的信息，并且前瞻性信息也是以经验为前提和需要专业判断的信息"(IASB，2013)。

《财务报告概念框架（征求意见稿）》还对如何利用前瞻性信息做出了解释。其中提出："只有当关于未来可能的交易或事项的前瞻性信息与理解主体在期末或期间存在的资产、负债和权益（即使未予确认）或某期间的收入和费用相关时，这些信息才包含在财务报表中"(IASB，2015)。这是一条限制性规定，并非鼓励采用前瞻性信息，但它允许将前瞻性信息纳入财务报告。前瞻性信息与当前财务报表的关系在于：与前瞻性信息有关的未来现金流，在有助于理解主体的现时状态时，可在财务报表进行确认和计量；否则，不能计入财务报表。这意味着，在有助于理解现时状态时，准许将前瞻性信息计入财务报表。

由于很难验证前瞻性信息，因此不难理解主体在使用前瞻性信息方面将是积极的。这是因为，在前瞻性信息被准许用于财务报表的情况下，它将有助于管理者更加遵循他们自己的意愿，而不是客观实际。但这些行为在提供可比性和一致性方面，会降低会计信息质量。所以，对前瞻性信息的使用在很长时间都会受到限制。除非信息技术的创新足以提供强大的前瞻性信息估值模型的参数系统，并且这些估计系数是可以公开获得、能够得到公众认可以及企业管理者难以施加影响的。这个技术条件在大数据、云计算、区块链和人工智能等新兴技术日益发达的趋势下，也许可以早于预想提前到来。

16.3　潜在经济利益

《财务报告概念框架（讨论稿）》对资产的定义进行了简单修订。如图 16-2 所示，修订后的资产定义是，"资产是过去事项形成的由主体控制的现时经济资源。经济资源是一项能够产生潜在经济利益的权利"(IASB，2015)。新的资产定义体现了预期理念，但依然以过去事项和控制权为约束条件，体现了准则制定者的审慎预期理念。同时，新修订的资产定义以"现时经济资源"定义资产属性，相比此前以"预期能带来经济利益的资源"的表述，有两个方面的改进：一是使资产定义的解释更加清晰、明确；二是首次将"确认"从"计量"中分离出来。这一改进有利于把预期理念纳入财务报告的体系中。

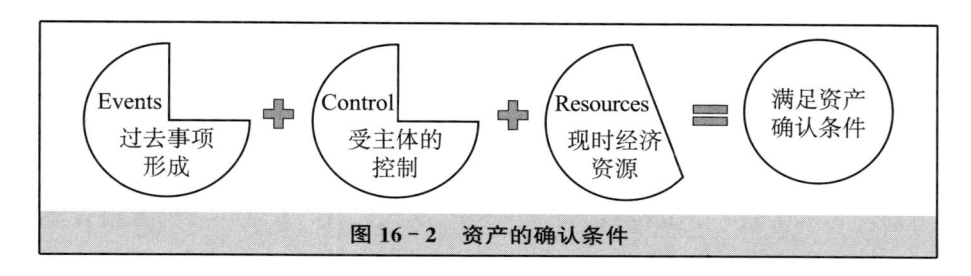

```
Events          Control       Resources      满足资产
过去事项    +   受主体的   +   现时经济   =   确认条件
  形成           控制           资源
```

图 16-2　资产的确认条件

将"确认"与"计量"分离开来，而且不再直接出现"预期"（expect）术语。IASB 对此的解释是：资产或负债应当被视为标的资源或义务，而胜于被当作经济利益的最终流入或流出；以及资产或负债必须能够带来经济利益的流入或流出，但流入流出的数量可以是不确定的，因此，没有必要在资产定义中讨论现金流的概率和计量问题（IASB，2013；曾雪云，2016b）。

此项修订旨在厘清"确认"与"计量"这两个会计活动。此前，两者的界限并不清晰。这次之所以分离开来，首先是因为业务活动的长期发展提供了一些实例，可以帮助完善会计基本理论。有些业务事项符合确认条件，但难以计量，如企业的人力资源和市场占有率；有些业务事项符合计量条件，但难以确认，如担保责任和银行业的表外承兑义务。因此，今后需要将这两者区别开来。

在资产的定义中，需要解决的是确认问题，而不是计量问题。概念层面解决确认问题，准则层面解决计量问题，这就把概念框架的功能与会计准则的功能区别开来。计量是在事项核算时通过选用计量属性或者计量技术来决定的。同一确认原则下，不同的计量技术可能提供不同的计量结果。因此，资产的定义既不需要也不可能对计量做出规定。

经过在概念层面分离计量与确认这两项会计活动，那些难以确定金额或者属性的资源将来也可能确认为资产。但究竟如何计量、列报、披露，还需要大量讨论和探究。总而言之，将计量从资产的定义中分离之后，"预期"两字不在资产的定义中出现，这不意味着预期不重要；相反，预期在《财务报告概念框架（征求意见稿）》的计量部分有大量表述。

16.4 现值计量技术

IASB 的计量分类经历过多次调整。在 2010 年发布的《财务报告概念框架》中，按"历史成本""现行成本""可实现价值""现值"划分计量类别（measurement categories）（IASB，2010）。在 2013 年《财务报告概念框架（讨论稿）》中，按"以成本为基础的计量""现行市场价格""其他以现金流为基础的计量"划分计量类别（IASB，2013）。在 2015 年《财务报告概念框架（征求意见稿）》和 2018 年正式发布的新版《财务报告概念框架》中，多种计量技术被归并到历史成本和现行价值两个计量基础（measurement bases）。

回看这四次调整，从五个计量属性到四个计量类别，再归到三个计量类别，最后并为两个计量基础。每一次调整都体现出对计量的重新认识。以往 FASB 提出五个计量属性，属于平行分类；现在的两个计量基础，是两分法。《财务报告概念框架》提出："现行价值"（current value measurement）包括市场公允价值、资产在用价值（value in use）和负债履约价值（fulfilment value）三个信息来源（IASB，2015）。"现行价值"作为计量技术是指使用反映计量日依存条件的新信息来提供资产、负债、收入和费用项目的货币信息的计量活动。"在用价值"指预期从某项资产的持续使用和最终处置中获得现金流量的折现值。"履约价值"指预期在履行责任时发生现金流量的折现值（IASB，2015）。

这些对计量技术的定义，无不强调现金流量折现值（the present value of cash flows）。① 依据 IASB 对现行价值的构想，除非市场价格可以不

---

① 征求意见稿中有专门附录对现金流量折现技术进行详细指导。这在历次概念框架的修订过程中属于首次。

需要采用现金流折现技术，对于资产在用价值和负债履约价值而言，由于不是以外部市场价格作为参考，而是主体自行估计，那么它们应考虑未来期间的现金流量和折现率。

换言之，新修订的概念框架关于计量活动的指导性意见是，一项资产可以有两个计量基础，或者是它的取得成本，或者是它的现行价值。现行价值计量基础可以有两个来源，或者是市场价格，或者是自用估计。在这个分类结构中，强调了基于预期的自用估计是一种不同于市场价格的计量基础。可以想象，预期会计将日益发挥作用。虽然就现在而言，自用价值往往不需要折现，但不排除将来需要折现技术。特别是在数字经济背景下，大量的新业态和另类资产涌现，以数据资产的估值为例，很难采用成本法进行准确的价值估计，因为它的生成成本与其价值创造能力的相关性很小，需要采用估值技术。

新的计量分类也反映了现任 IASB 委员斯科特教授的估值理念。准则制定者一直致力于推动计量观的发展（斯科特，2012）。计量观是一种主张在具有合理可靠性的前提下应将现值融入财务报表的理论主张，以确认会计在帮助投资者预测公司业绩和价值时应承担更多的责任和义务（斯科特，2012）。正由于计量观先验性地将未来现金流融入了财务报告的编制中，意图提高会计信息含量，帮助投资者做出更好的预测；加上前景理论、剩余收益模型等提供了理论基础，价值相关性研究提供了经验证据；所以，可以说财务报告概念框架是在决策有用性计量观（measurement approach）下发展起来的（斯科特，2012）。

《财务报告概念框架》的附录中列出了"现金流量折现值"（the present value of cash flows）的计量技术指引。这也显示了预期理念的重要性和拓展在财务报表中的使用可能性，说明 IASB 已经将预期引入财务报表做出了准备。

值得强调的是，除预期信用损失外，现阶段还极少采用现值计量技术估计未来损益。虽然有几个现金流量折现值的实际应用，如持有至到期投资和融资租赁要求采用实际利率法，但它们的估计基础来自固定现金流量和固定收益分期计量，而不涉及前瞻性信息。所以，当前的现行价值在实际应用中并不需要估计与现时状态无关的未来交易和未来损益。

综上所述,《财务报告概念框架》已经从财务报表的目标与范围、前瞻性信息的利用、资产的定义、计量分类、计量技术的规范等方面为采用预期会计打下了基础。这也说明企业的经营活动正在越来越多地建立在对未来的估计上。就未来而言,需要利用前瞻性信息,这是预期会计的应用前提。

第 17 章　基于会计管理观诠释预期会计

《财务报告概念框架（征求意见稿）》引入了预期理念，但有关预期会计的内涵和外延都还不清晰。加之 2018 年 IASB 正式发布的《财务报告概念框架》并没有很好定义会计与经济的关系以及会计在经济体系中的作用，因此必然缺乏从经济视角来看待会计有用性的功能定位。相应地，也就缺乏对作为经济制度安排的预期会计的适当性、可用性、实施建议的解释。本章将讨论这些内容，并作为下一章的理论基础。

17.1　会计与经济的关系

会计究竟是独立于经济活动的信息系统，还是经济体系内部的管理活动？概念框架一直缺乏解释。西方学术同行普遍从信息经济学视角解释会计的作用[1]，认为财务报告是独立于经济活动的外在信息系统，主要满足投资者的信息需要，不大可能协调管理层与股东之间的矛盾，也不可能满足监管当局的特定目的。尽管会计准则的制定过程充满博弈，但会计的报告目标是独立的和中立的。

国内学术界持有不同意见。会计管理活动论的学者强调会计具有社会

---

[1]　相关讨论如 Barth（2008）以及陈汉文等翻译的斯科特的著作《财务会计理论（第 6 版）》的译者序等。此外，也有欧美学者强调，会计信息具有经济后果（economic consequences），如 Zeff（1978）。

属性，会计在本质上是一项管理活动，而不仅仅是信息系统。① 在会计管理活动论看来，会计可以视为"信息使者"（information messenger），但会计不只是信息使者。国内持信息技术观的学者也普遍认同会计有管理参与性。近年来，学者们开始讨论会计的职能，更是强调了会计在经济社会生活中的作用。所以，会计具有管理含义是得到广泛认同的本土管理理念。

具体来说，其管理含义来自三个方面。一是在宏观层面，会计准则和概念框架也是经济制度的组成部分，它们会影响会计主体和市场参与者的行为，因此会计准则是有制度后果的②。二是会计准则作为政策对经济发展有导向作用。三是在微观层面，财务报告是会计选择的结果，选择性适用会计政策体现了会计作为一项管理活动对经济的参与性。综合起来，会计不能理解为纯粹的信息使者。

如图 17-1 所示，会计与经济的关系在于：会计对经济既有反映性，也有参与性。若是割裂两者的内在联系，只认可反映性，不认可参与性，则不仅影响对会计信息决策有用性的解释，而且不利于发挥会计在稳定金融市场与促进经济发展上的作用。会计对经济的反映性与参与性需要得到兼顾。我认为，财务报告概念框架作为会计活动体系的统领性文件，对这个基础理论问题，需要有所讨论。

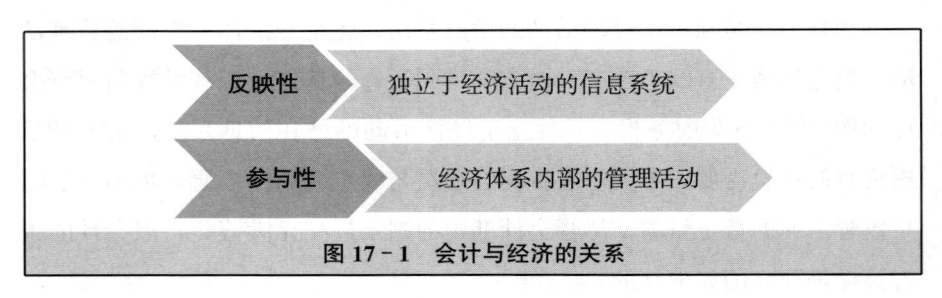

反映性	独立于经济活动的信息系统
参与性	经济体系内部的管理活动

图 17-1　会计与经济的关系

---

① 后来学者有的支持会计管理活动论（王世定、夏冬林，1999；曾雪云，2011），有的认为此类争议没有意义（陈信元、金楠，1999；孙铮、贺建刚，2008）。

② 欧美学者对制度后果的强调，如 Zeff（1978）提出会计信息具有经济后果。

17.2　会计在经济体系中的作用

当前以决策有用性作为《财务报告概念框架》的逻辑起点，这限制了对会计在经济体系中的功能发挥。随着经济的增长，除了与投资者沟通信息外，会计早已发展出金融监管、公司治理、宏观统计等多重功能。这些功能应当加以整合和相互协调。在下一轮概念框架的修订中，不仅要改进对于会计信息决策有用性的解释，还应当厘清会计在帮助投资者预测公司价值方面的责任边界。对会计信息有用性的界定，一是要定义会计的资本市场估值有用性的能力边界，二是要统筹考虑各项功能的协调性，不可顾此失彼。财务报告需要帮助投资者预测市场价值，但不可能替代投资者估值。目前的财务报告包含了大量的不确定性，这个计量导向需要再思考。

会计信息质量评价的重点依然是可靠性（reliability），会计信息可以支持决策，但不可以替代决策。会计对可靠性的要求应高于市场估值，而不是依赖市场估值。对估值模型和前瞻性信息的依赖，必然导致计量不确定性。会计应且只应提供有助于理解现行价值及其形成过程的信息，而不应无边界地将计量不确定性纳入财务报表。对市场价值的发现是投资者的责任，不是会计的责任。会计的责任在于提供有助于估值的可靠信息，而不在于价值估计。投资者按自己的理解和风险偏好做出估计，估计结果一定存在差异性和多样性。从这一点上说不可能找到市场价值的最优解。会计也不需要给出市场价值的最优解，会计的报告对象是多元的，会计的报告内容是普适的。在下一轮概念框架的修订中，不仅要改进决策有用性的解释，还应规定会计在帮助投资者预测公司价值方面的责任边界。这些理论预设是需要改进的，准则制定者对此需要有深刻认识，并加以讨论和予以明确。

17.3 预期会计的理论导向

《财务报告概念框架》没有定义或解释以下三个基础性问题，但这正是影响预期会计理论建构和适用情境的基本理论。其中的管理理念可为建构一个可信、安全的预期会计理论体系提供保障和支持作用。现分析如下。

17.3.1 改进利润表

理论层面，在决策有用性目标下，公允价值理念得到推广，资产负债表受到重视，而利润表的重要性下降。但在实践活动中，包括投资者在内的各类财务报表使用者，都很重视营业利润、成本费用、净利润、综合收益等业绩指标，并非像部分会计学家们想象的那样不再重视利润表。部分学者认为盈余操纵导致了会计信息低质量，进而要求摒弃利润表，提升资产负债表的重要性。这种"头疼医脚"的形而上思维，着实体现了"西医式"的处理方式。中国优秀传统文化下的"中医式"处理方式，反对"治标不治本"和提倡从问题本身出发解决既有问题。所以，应当认真思考如何改进利润表，以提升它在帮助使用者理解公司业绩方面的功能性，而不是像现在这样贬斥利润表理念。

进一步来说，利润表与资产负债表存在勾稽关系，对利润表的操纵也必然反映到资产负债表，利润表与资产负债表的信息具有同质性。所以，针对利润操纵问题，必须通过优化利润表的结构和项目，把利润表打造成整齐有序的业绩信息的结构化知识图谱，以增加透明度的方式强化业绩披露监管。考虑到利润表的独特价值在于帮助报表用户提升对盈余结构、盈余质量、财务柔性的理解，并且在评价盈余波动性、盈余持续性以及期间损益等方面不可或缺，因此对利润表信息质量的改进是准则制定者必须考虑的。这个导向性理念提示我们，在预期会计理论建构方面，利润表的有用性及其收益可预测性是与资本负债表具有同等重要性的。

17.3.2　重视可实现性

《财务报告概念框架》坚持认为以如实反映（faithful representation）作为术语，相比以可靠性更好地描述了计量不确定性对价值相关性（relevance）的影响，以及在其他相关方面的学术权衡。因此，可靠性已经从2010年不再作为IASB的会计信息质量特征（IASB，2015）。我认为，这实际上是对计量不确定性的接纳。对可靠性的忽略，不仅导致了会计信息决策有用性的下降，还弱化了会计信息在内部管理、市场治理和监管方面的作用。

但是，会计的管理含义不可能脱离以信息可靠性为基础的财务报告。财务报告应中立、客观地满足各类报表用户的共有需求。财务报告的对象是非特定的。一旦将报告对象默认为投资者，就违背了中立性和客观性。只有深度认同财务报告使用者的多样性，才能认同会计职能的多样性，才能产生具有普遍意义的预期会计理论体系。

就可靠性的内涵而言，随着会计理论的发展，正在被其他质量特征所解释和丰富。如实反映、相关性、及时性、可理解性、可比性、实质重于形式，都在某些方面强调了会计信息的可靠性。它们使得可靠性本身很难再作为一个独立的会计信息质量评价指标而存在。但可靠性不是要被忽略，而是比之前更重要了，因为实际上人们已经细化了可靠性的判断标准。这就是说，在预期会计的理论建构中，不能降低可靠性质量要求。基于这一理论导向，本著作提出"可实现性"质量指标，重在揭示公允价值计量对即期现金流量的可表达性，这是最为接近可靠性的一种计量特征。

17.3.3　混合计量模式

单一计量模式会导致重大计量缺陷。在20世纪30年代美国经济大萧条时期，资产的现行市价已经严重偏离其初始成本，但当时依然强调成本计量。2008年金融危机期间，市场流动性已经严重缺失，但当时依然强调市价估值基础。这些计量弊病都源于固化了单一的计量模式。单一计量模式能提供会计收益计算尺度的内在一致性，但难以适应市场变化。

那么，应当如何选用计量模式呢？我认为，对计量模式的采用，需要首先讨论市场条件和现金流量特征。尊重业务逻辑和客观事实，选用契合的计量模式，而非单从理论的完美性出发，这才是建构预期会计应有的理论导向。要把过去、现在、未来三个时间段里有助于理解资产或负债现行价值及其变化过程的信息有序整合在财务报表中，而非笼统地讨论市值会计、成本会计和预期会计中的哪一个更先进。在技术层面，应当分析资产或者负债的现金流量特征，选用最适合其现金流量特征的计量技术。在原则层面，应使会计的反映职能建立在清晰地划分"过去""现在""未来"三个价值来源及其变化过程的基础上。财务报告的中立性和客观性在于分别提供"过去""现在""未来"的信息，对现行价值及变动过程有清晰的列报，以满足不同报表使用者的需求。

进一步来说，当过去的信息不足以反映资产或负债的现行价值时，既要保留资产或负债的初始价值，也要反映价值变动过程；当现行市价不足以反映内在价值时，既要把前瞻性信息补充进来，也要保留现在时点的价格信息以及初始购置时的成本信息，以展示价值变动的过程。所以，总的来说，混合计量模式优于单一计量模式，多种计量模式应当并用。

第18章　基于会计管理观建构预期会计理论

18.1　预期会计的应用基础

18.1.1　预期会计的限定条件

基于上一章的讨论，未来应在改进财务报告概念框架的基础上采用预期会计，而非在极致的公允价值主义下采用预期会计。如图18-1所示，以下提出预期会计应用的三个限定条件。

图18-1　预期会计的限定条件

一是保留会计分期假设。尽管现值技术是对会计期间的突破，但技术层面的突破不等于概念层面的突破。当《财务报告概念框架》以现时经济资源定义资产时，是遵循会计分期假设的。会计分期的功用有两个：(1)使资产负债表具有时点概念，以反映报告主体在资产负债表日的权益和义务；(2)使利润表具有期间概念，以反映主体在特定期间的经营成果。如果取消会计分期，在微观和宏观层面都将弊大于利。突破会计分期假设无异于强化会计在资本市场估值方面的作用，弱化会计在内部管理、会计监管、宏观统计方面的功能。从前一章的分析可知，保留会计期间是有必要性的；弱化会计期间假设，则属于单一的、偏执的、以资本市场估值有用性为导向的极化思维。

二是保留收益可预测性。将来对预期会计的应用不宜影响利润表的收益可预测性。一方面，在持续经营和会计分期两大假设下，利润表原本就提供了对未来收益的估计基础，报表使用者可以结合其风险偏好对未来现金流做出预判；另一方面，现值计量的不确定性，使得以会计分期为基础的收益计量模式，优于将未来现金流折现的跨期收益计量模式。前面已经讨论，如果仅强调会计的信使功能，对于将市场波动和主观判断等非决策支持信息纳入会计系统的种种弊端全然视而不见，实际上是在纵容金融投机，也是在包容和激励管理层滥用交易策略和计量工具。这不是明智之举。从会计管理的角度出发，规制经济行为也应成为会计的基本功能。因此，保留收益可预测性，控制计量不确定性，方能提升预期会计信息质量。

三是限定表内确认条件。首先，与现时状态无关的未来交易，由于还有未形成现实生产能力和收益能力，因此不宜在当期财务报表确认。假定某电力公司在年初有一项发电机组扩容计划，预期的未来发电量比现在增加三成。这项未来经济资源在具有可靠性和真实性的前提下，是否需要确认？考虑到相关的经济资源还是以货币形式存在，或者还处于管理层决策阶段，既没有改变经营现状，也没有现时生产能力，特别是没有增加实际产出和社会财富，所以不宜在当期确认。其次，已经在利润表反映收益可预测性的，由于该未来现金流量可以被当期收益解释，因此也不宜在当期确认未来交易。例如，某电力公司可能与电网运营商签订了十年的供电协议，那么收益确认范围是当期售电量，还是未来十年的收益现值？我认为没有必要报告收益现值，因为本期收入和本期成本已经为预测未来收益提供了可能性。最后，超出计量边界的未来现金流，由于难以量化和可靠估计，也不宜在表内确认，可以考虑做表外披露。

18.1.2 预期会计的适用情境

在上述三个方面的限定条件下,预期会计的适用情境可见于以下四个方面:

一是就预期会计的未来应用而言,建议同时满足以下三个条件。具体来说:(1) 有助于理解现行价值;(2) 不可或缺;(3) 具有可实现性。"现行价值"是指与计量日依存条件相适应的资产、负债、收入和费用项目的信息。"不可或缺"是指假如不把该预期计入当期财务报表,对资产、负债或权益现行价值的理解就不完整。"可实现性"是指将资产的货币计量转换为等量现金的可能性。可实现性小的预期信息,转换为等量货币的不确定性高;可实现性大的预期信息,转换为等量货币的不确定性小,从而能够支持决策。但凡计入财务报表的信息,就应有可实现性;不满足可实现性的数据,不宜在财务报表中列报。目前已有两项对预期会计的应用:一项是将油气资产的预计弃置费用计入固定资产期初计价,以得到该资产的完全成本[1];一项是将银行业的预计信用损失计入当期,以改进收益计量的期间错配[2]。这两项会计估计都需要利用前瞻性信息,并且未来现金流量折现技术是唯一计量方法,在满足可实现性的条件下,可适用预期会计计量资产价值。

二是预期会计适用范围应着眼于对特定资产或负债项目的计量优化,而非财务报表的系统性优化。鉴于近年来频繁发生金融震荡,预期会计的近期适用情境可能是:在市场震荡的情况下,假如有客观依据表明当前的市场价格严重偏离对未来现金流的合理预期,此时就应以前瞻性信息为基础估计现行价值。假设有这样一个承诺:在流动性紧缩的情况下,P 公司对未来 12 个月的股价给出了合理预期以及可能的补偿义务。那么,这项承诺为估计 P 公司股东权益的现行价值提供了不同于市价的计量基础,持有 P 公司股票的投资者能够以此项承诺为基础估计该金融资产的现行价值。其功用在于会计作为计量工具参与了解决市场价格扭曲的问题,是对

---

[1] 详见《企业会计准则第 27 号——石油天然气开采》(财政部,2006)。
[2] 详见 IFRS 9 的最新修订稿 *Financial Instruments*(IASB,2014)。

市场定价偏误的补救机制。但这有无可能带来其他经济后果，则还需要更多讨论和实践观察。

三是预设资本保全目的。预期会计可能是系统性危机发生时唯一适用的紧急救治策略。在此情境下，会计的计量技术可以阻断企业与市场的联系，以计算方式求得资产和权益的内在价值，从而帮助权益所有人保全资本。换言之，极端市场条件下，财务报表的职责不应局限于充分披露市场危机，还应兼顾资本保全的需要，这是会计作为管理活动的功能和职责所在。进一步来说，需要提升理论站位，使会计的信使功能与经济高质量发展和可持续发展的价值管理功能取得协调。一旦金融危机来临，几乎所有金融资产都在失去当前的收益实现能力，但不代表它失去了未来的收益能力。市值会计的"短视性"，有可能使报表主体迅速陷入流动性危机，这种情况对企业发展和市场秩序的破坏性较大。相反，在极端市场条件下引入预期会计，可以保全资本、稳定经济和纠正系统性偏差，这是会计参与经济治理的方式。

四是单独列示预计损益和预计权益。在利润表中增加预计损益项目，并在股东权益变动表中增加预计权益项目，以分类清晰、层次分明、方便用户理解的方式列报预期会计的影响。预计损益属于未来损益，反映资产从当前时点到未来时点即将发生的价格变动。预计权益用于记录预计损益对股东权益的累计影响数，应等于扣减本期递延所得税的股东权益净影响数加上股东权益净影响数期初数。预期损益，是对未来价值变动的估计，不是对现行价格变动的估计，所以它不同于公允价值的未实现损益。区分"已实现损益""未实现损益""预期损益"三个期间损益概念，可以增进对盈余结构、资产价值和可实现风险的理解。况且，从金融资产的计量和列报来看，资产负债表的隐蔽性其实是比利润表更大的，对投资者估值的引导能力也比利润表的导向力更大一些，因此需要在利润表和股东权益变动表中单独列报预期损益和预期权益，以辅助理解那些被资产负债表隐藏起来的额外利得和额外损失的变化情况。

18.2 预期会计的列报方式

尽管目前还很难预判，但一直都有关于预期的讨论。Barth（2006）提出可以考虑取消会计分期和列报全部未来交易，构建一个与现行概念框架完全不同的范式。斯科特（2012，p153）提出，决策有用性的计量观意味着财务报告的表内项目将来会大量使用现值计量。

18.2.1 确认预期信用损失

2009年，IASB在金融危机期间紧急发布《国际财务报告准则第9号——金融工具准则》，准许金融机构用预期损失模型对不良贷款进行减值测试，并在未来五年内摊销。经过修订，IASB在2014年再次发布《国际财务报告准则第9号——金融工具准则》，并于2018年1月1日生效。根据新IFRS 9的规定，资产减值的目标旨在确认信用风险自初始确认后显著增加的所有金融工具在整个存续期的预期信用损失，相关评估应考虑所有合理及可支持的信息，包括前瞻性信息（IASB，2014）。并且，IASB要求会计主体应当反映以下信息：通过评价一系列可能的结果而确定的无偏概率加权金额；货币的时间价值；以及在无须付出不当成本或努力的情况下可获得的有关过去事项、当前状况及未来经济状况预测的合理及可支持的信息（IASB，2014）。在IASB规定的计量要素中，前瞻性信息和历史信息共同制约了对折现率和信用风险概率的估计，而且主导因素是前瞻性信息，计量结果存在不确定性。

在预期信用损失模型初次提出时，大量学者认为这是IASB对金融市场崩盘期间金融机构计提巨额减值批评意见做出的紧急回应，如斯科特（2012）。其意义在于帮助投资者做出更好的预测，并且有望减轻会计信息的顺周期性，参与调节经济周期。所以，预期信用损失是对未来可能发生的信贷损失的提前确认，这是预期会计的列报方式之一。

这里还需要区分"未实现损失""已发生损失""预期信用损失"。虽然三者都是未来现金流估计，但含义不同。未实现损失是对当前价格变动的确认，已发生损失是指已发生的真实损失，这两项损失都遵从已发生原则。但"预期信用损失"是对前瞻性信息的利用和未来不确定事项的估计。所以，预期信用损失反映依存条件的变化，而非现实损益的变化，这是它与前两项损失的区别。

在计量层面，需要厘清的基本理论在于：（1）对预期损失的估计，归属于预期会计的应用；（2）对未实现损失的确认，归属于公允价值会计的应用；（3）对已发生损失的确认，归属于资产减值会计的应用。总的来说，预期信用损失具有预测价值，有利于实现前景评价目标，是会计理论向前发展的标志。

18.2.2 列报预期损益

从理论上说，对未来事项的全部预判都有助于预测和决策，但实践中很难具备预期全部未来事项的条件。所以，究竟如何反映未来事项估计，还需要更多探讨。以下先通过典型案例展开初步分析。以怡球资源（601388）收购 Metalico 为例。2016 年 1 月 5 日，怡球资源（601388）发布了一项重大资产重组预案，以 1.07 亿美元（约 6.80 亿元人民币）收购 Metalico 公司 100% 的股权，以进行产业链整合和进入再生资源上游行业。Metalico 公司在汽车自动化拆解方面拥有全球领先的技术优势，但受到杠杆并购和原材料价格调整的影响而陷入债务危机，因此在 2015 年市价低估时被怡球资源的实际控制人黄崇胜夫妇收购。Metalico 公司在被收购和私有化之后的第三个月，实现了财务报表的盈利，并将以一定价格出售给怡球资源上市公司。因此，国内多家机构普遍看好这起并购并发布了盈利预测报告，认为怡球资源在未来有能力整合国内千亿汽车拆解市场并带来超额价值。那么，在预期会计理念下，有哪些列报方式可用于反映 Metalico 公司的估值呢？如图 18-2 所示，作者在相关论文中提出过五种可被考虑的预期会计列报方式。

第一种是维持现行会计处理方式。在合并利润表中，不需要估计 Metalico 公司的未来收益或未来损失，只需要合并当期综合收益。

[图：列报预期损益的五种方式五边形图，五个角分别为：维持现行会计处理方式；表内确认未来损失＋不确认未来收益；表内确认未来损失＋附注中披露收益预测＋敏感性分析；表内确认未来损失＋表内确认未来收益；构建全新的报表体系。中心为"列报预期损益的五种方式"。]

图 18-2　列报预期损益的五种方式

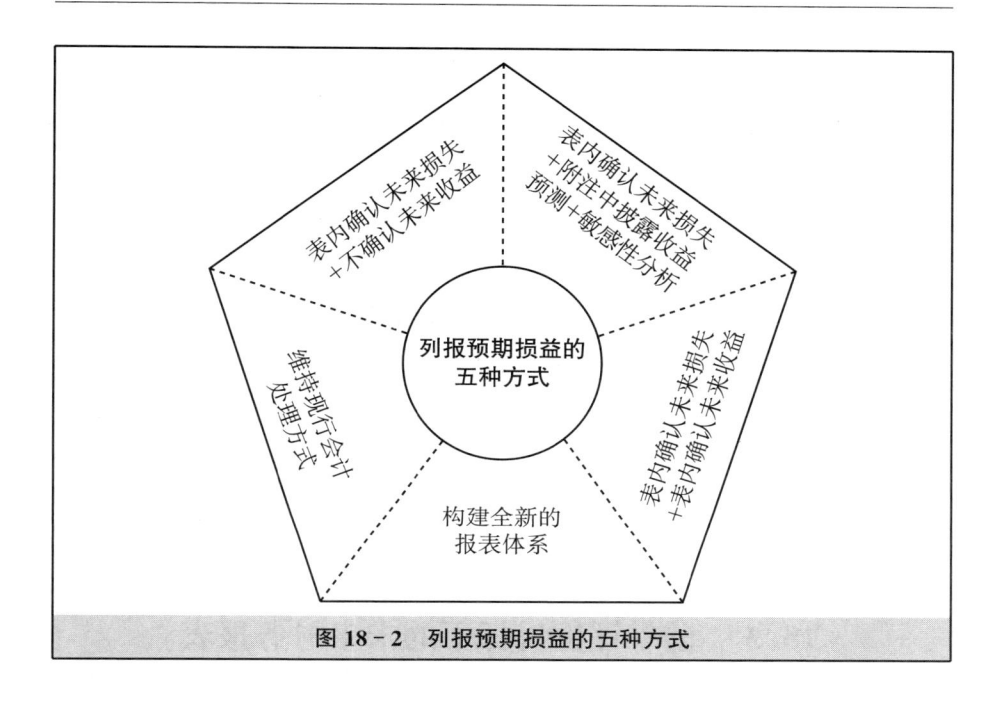

第二种是不确认未来收益，但表内确认未来损失。隐含的假设前提是：在决定现行市价时，投资者遵循稳健性原则，会考虑未来损失对当前价值的影响，但不会计算未来收益（曾雪云，2016b）。此时，需要预判 Metalico 公司在未来三年或五年内发生预期损失的概率以及时间价值。由于提前确认未来损失，而不是在经营状况恶化到一定程度才确认投资损失，因此该理念改进了会计与经济的互动方式，可以帮助投资者对未来进行预测。但预期未来损失的成本高昂且需要提前披露坏消息，这将是上市公司的管理层不愿接受的。

第三种是在表内确认未来损失，同时在附注中披露收益预测和做敏感性分析。它的特点是既不突破现行计量原则，又契合前景评价目标，从而很可能被参与准则制定的各方接受。其合理性在于：投资者在估值时会关注未来收益，只是对预期收益的估值系数可能不同于本期业绩，从而适合另行披露；加上收益预测有条件依赖性，因此需要敏感性分析，以帮助对未来的理解（曾雪云，2016b）。

第四种是某些特殊事件可能促成表内确认未来收益。这可能是经济震荡，也可能是市场失灵。由于亟待恢复投资者信心和帮助经济复苏，所以可能将预期会计作为紧急方案，以帮助重置资产价格和市场交易（曾雪云，2016b）。

第五种是探索有预测作用的全新报表体系。由于股票价格对前瞻性信息和前景评价极其敏感，所以对未来事项的估计将会得到关注，并且有可能形成新的报表体系。例如，构建"财务预期报表"，与当前财务报表形成双重报告模式；或者编报"综合预期报表"，也可能是有预测作用的分析模型、指标体系、数据资源变动表或者财务大数据。最后，一些专业机构，如国际综合报告委员会可能有意愿推动在会计准则中利用前瞻性信息（曾雪云，2016b）。

18.3 前景评价目标下的未来财务报表

无论编制预期报表与否，未来会计终将向利用前瞻性信息的方向发展。受此影响，未来财务报表可能发生以下几方面的变化。

18.3.1 表内确认部分预期损失和预计费用

将来很可能在财务报表的表内确认部分预期损失和预计费用。在表内确认部分预期损失和预计费用的促成因素很多，政治逻辑、经济逻辑和监管逻辑都可能导致计量改变。

这里主要分析经济逻辑。会计的经济逻辑与技术逻辑有时会发生冲突。以金融危机为例，IASB坚持认为会计应保持中立性，主要是为投资者服务，金融稳定不应作为财务报告的目标。但这些理念缺乏对会计信息在宏观经济领域所应具有的维持金融稳定的经济思考。从国家经济的大局来看，会计信息是可以发挥并且也有职责发挥作用的，不应局限于信息中立技术逻辑。

会计是经济体系的内生变量，不可能独立于经济体系。如果将会计信息判定为一个外生因素，那也无非是"理论辩护"而已。因为假如会计是外生的和纯粹中立的，那么会计不应偏重于任何一个报表使用者，包括市场投资者。从这个意义上说，会计不可能是单纯的外生因素，会计学者应当重视会计的经济内生性，并且认可会计信息应在多个目标间具有协调作用。

但从目前来看，会计的功能发挥还有局限性。将来还需要在修订概念框架和相关准则时考虑会计信息作为市场治理和宏观监管工具的角色，会计制度在促进金融稳定与经济发展方面具有重要功用。所以，从这个角度来说，将来在表内确认部分预期损失和预计费用是有可能的。

在前瞻性信息可用的情况下，预期信息可否计入财务报表的关键因素在于三个方面。一是新的计量风险是影响公司个体，还是影响市场整体。如果主要影响公司个体，那么是可以计入财务报表的，相关风险由报表使用者自己承担。二是微观层面的经济后果究竟利大于弊，还是弊大于利。如果是利大于弊，那么可以考虑接受计量风险并且计入财务报表。三是宏观层面是否有助于经济的平稳运行和金融稳定。如果有助于提升会计信息质量和促进金融市场监管，并且有益于经济发展，那么相关的预期会计信息也是可以计入财务报表的。

现在已存在一些以前瞻性信息为基础的预期会计的应用实例。这主要包括油气资产弃置费用的预计、金融机构预期损失的估计、生物资产未来生长参数及价值估计。这些都有商业模式和业务实质的支持，是预期会计的典型应用。它们可能存在一定估计误差和可接受风险，但总体来说有助于加强会计监管，提升会计信息质量。最后，由于商业模式的创新和数据资产的出现，以后在财务报表中使用预期会计的情况还会增加，这也将是有益的报表改进。

18.3.2 表外披露收益预测信息及敏感性分析

将来在财务报表的表外披露前瞻性信息及收益预测信息的可能性是极大的。财务报表由于受到会计期间的假设约束，因此能够纳入表内确认的预期信息是有限的。但是，在商业模式创新和科学技术创新的驱动下，企业的利益相关者将会比现在更加重视预期分析和数据调控，所以对预期会计的需求就极大地增加了。假如会计不能满足这些信息需求，那么会计的功能无疑会被技术替代。因此，从会计理论到会计实践，都需要主动拥抱新技术和新挑战。

在新技术和新经济的牵引下，政府监管部门的治理作用将得到强化，在市场监管、金融稳定、经济高质量发展等方面会有更大的管控能力。投资者对数据的要求将更高，现在以分散投资和散户投资为主导的结构将会向以机构投资和集中投资为主导的结构发生转变，这也是竞争的必然结果。所以，总的来说，对前瞻性信息和收益预测的需求是越来越凸显的，这就需要以适当的方式向利益相关者披露收益预测信息。

受此影响，收益预测表和敏感性分析可能成为重要的辅助报表做补充披露或单独披露。之所以提出是表外披露，而不是表内确认，是因为前面已经讨论过财务报表解决的是当前时点的资产、负债、权益的价值计量问题，原则上不需要也不能将未来事项大量反映在当期财务报表中。当下与未来可以有两个报表系统。在一个报表系统混合反映当下与未来，会产生信息来源的混乱和盈余管理等潜在问题。会计政策制定和会计理论构建，有责任确保会计主体提供清晰、有用、有序的高质量会计信息，不能仅仅强调决策有用性。

此外，在面向未来的决策机制下，除了需要重视当期财务报表和当期业绩，还需要重视市场价格变动、未来损益预测、业务依存条件、心理预期等其他因素，它们也会影响资产定价。这可能使财务报告的有用性下降，但财务报告依然是重要的。

18.3.3 现值计量技术得到更多应用

在未来，现值计量技术将得到较多应用。现值计量技术主要用于公允价值会计的收益法。但这里需要厘清公允价值会计与预期会计的区别。假若得到一个市场价格，可以说它是公允价值，因为"公允"的假设前提就是市场定价。但假若得到一个利用前瞻性信息计算现值，它就不是公允价值会计，而应该是预期会计，因为这不是交易基础的价值来源。这些概念应有清晰的界限，但后来给出的市价法、成本法和收益法计量技术，反而模糊了类公允价值会计、公允价值会计、预期会计的界限。那种希望以公允价值会计统一其他计量属性的想法是很牵强的和不符合现实的，还是应当对公允价值会计的边界做出定义，并将它与其他计量属性区别开来。

预期会计得到应用的一个可能前提是，公允价值会计（指市价会计）有三个明显缺陷。它们分别是：(1) 在市场持续上涨或者持续下跌的情况下，存在顺周期效应；(2) 在某些情况下，活跃市场报价不能代表计量日的公允价值；(3) 市场价格有较大波动性，价格风险难以控制。这三个缺陷的存在，使得市场价格信息与公允价值概念的联系断裂。此时，人们需要保留定价裁量权，以应对极端市场条件下的不确定性。这时，似有必要采用成本法和收益法核算公允价值。但若将成本法和收益法也算作公允价值的计量技术，实际上与公允价值的概念是冲突的。此时应该认识到，公允价值会计已经不能适用（也就是边界），可以改用在用价值或者预期会计作为估计技术（也是计量基础）。如图18-3所示，这样就把类公允价值会计、公允价值会计与预期会计很好地区分开来。

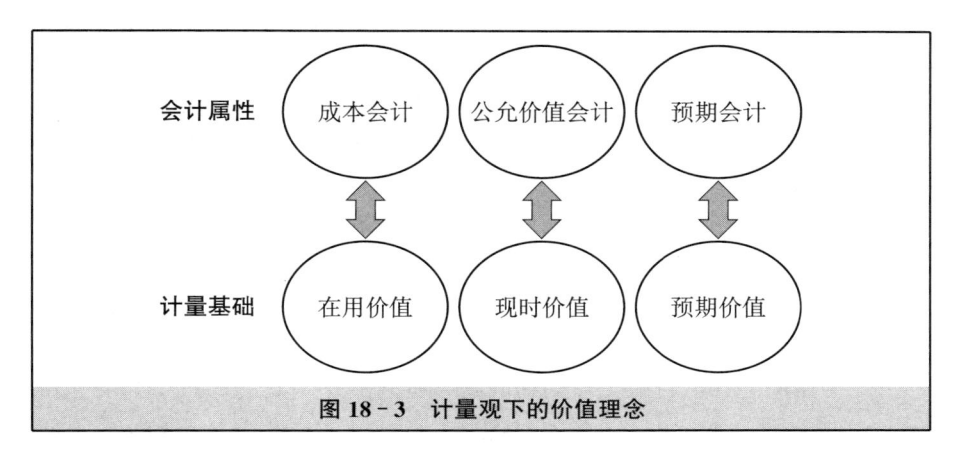

会计属性	成本会计	公允价值会计	预期会计
计量基础	在用价值	现时价值	预期价值

图18-3　计量观下的价值理念

最后，尽管预期会计在表内使用会受到限制和约束，但信息技术、数字经济和社会发展的缘故，它会在表内得到较多应用，这是很难避免的。一些新兴无形资产的确认和计量，很难用传统的方式获得价值估计。品牌资产、数据资产、人力资本、客户资源、管理能力等战略性资产对企业价值的影响越来越大，却很难用传统计量工具进行量化和确认，可以利用前瞻性信息进行算法设计和敏感性分析，做一些价值估计，并且有可能部分计入财务报表。此时，现值计量技术就有了用武之地。企业应该是有越来越大的兴趣去做这些价值估计，至少会做更多自愿性信息披露。

18.4 预期会计的未来职能

这里主要讨论预期会计在调节经济周期方面的职能。确切地说，是讨论预期会计能否减轻公允价值会计的顺周期效应，从而更好地发挥会计的反映职能和决策支撑作用。

18.4.1 减轻顺周期效应

学者们普遍认同公允价值会计具有顺周期效应（Schwarzman，2008；Ryan，2008；黄世忠，2009；郑鸣等，2009；王守海等，2009）。在经济萧条时期，公允价值会计迫使金融机构确认大量的投资损失和贷款减值损失，于是降低了银行业的资本充足率、信贷和投资能力，导致实体经济进一步恶化（曾雪云，2016a）。在经济繁荣时期，公允价值会计迫使金融机构确认更多的投资收益和计提较少的贷款减值损失，于是提高了银行业的资本充足率、信贷和投资能力，导致实体经济进一步膨胀（黄世忠，2009；曾雪云，2016a）。然而，也必须注意到，既然会计是反映性的，那么公允价值会计就必然有顺周期效应，这是内生的。重要的是，如何以新的计量技术对公允价值会计顺周期效应做出调节。

关于预期会计可否减轻顺周期问题，有两点是明确的。一是当公允价值会计的市场法难以提供决策有用性信息时，可以通过报告有利于金融稳定和经济增长的前瞻性信息来恢复投资者信心和重建市场预期。二是对"反向前瞻性信息"的利用理应有助于减轻公允价值市场法以及现行成本的顺周期问题，进而使会计信息具备调节经济周期的能力（曾雪云，2016b）。

反向前瞻性信息是指那些与当前经营现状或者宏观经济运行趋势相反的依存条件。例如，在宏观经济上行期，银行的信贷资产规模增加，当期业绩增长，但未来的信用风险也会增加，所以当期业绩的真实水平应等于已实现业绩减去未来损失。在预估未来损失时，对信用风险的计量应充分考虑未来经济下行或业绩衰退的可能性，这就是反向前瞻性信息。利用反向前瞻性信息，可以避免采用同向运行趋势作为参考时的决策误导，会引导人们在市场激进时关注衰减的信号和可能，在市场下行时提示未来走出低迷的信心和可能。

以下两个估值模型可以解释银行业真实业绩。模型一是按照固定比率对信贷资产分类计提风险准备金；模型二是在依存条件发生改变的初期就预计该资产在存续期的全部信用损失（曾雪云，2016b）。其中，模型一的分类和计算比较简便，但具有时滞性和顺周期性；模型二需要利用前瞻性信息估算未来现金流的折现值，有望减轻或抵消部分顺周期效应，但核算过程复杂且成本高昂。其作用机理在于：在业绩高涨时，利用前瞻性信息预计未来损失，可以减轻本期业绩与未来损失的期间错配；在业绩低落时，由于前期已经确认信用损失，因此对本期有缓冲作用，有利于减轻业绩波动。所以，以反向前瞻性信息为基础，对未来事项的估计有利于减轻顺周期问题（曾雪云，2016b）。这将使会计信息具有调节生产经营周期和经济周期的作用，进而突破以"照镜子"比喻传统的会计。此时，会计信息可解读为对经济的合理度量。

18.4.2 合理度量经济增长

1. 计量观下的预期会计功能

这里再次回到会计是什么的基本理论问题。学界从未就这一问题达成共识，但近年来计量观得到了较多的认同，现行财务报告概念框架也是建立在计量观基础之上的。首先，决策有用性的信息观认为预测公司未来业绩是投资者的责任，会计的责任是吸纳对投资者有用的信息并且向投资者报告这些信息（斯科特，2012）。然后，决策有用性的计量观会希望通过提高信息含量帮助投资者做出预测。在计量观下，会计人员应将现值融入财务报表中，以确认他们在帮助投资者预测公司业绩和价值时应承担更多的义务（斯科特，2012）。因此，在计量观下，会计具有了市场参与性，这可以支持预期会计在未来发挥经济调节和市场治理的功能。

另一方面，虽然计量观主张会计信息应有预测价值，但计量观也有和信息观相似的不足之处。这主要是当前的财务报告概念框架偏重于投资者视角，而缺乏对市场有效性、金融稳定性、经济可持续性以及会计与经济的内在关系的界定（曾雪云，2016b）。这就局限了对会计功能的理解，从而并不清楚将来的预期会计可能或者需要在哪些方面发挥作用。

2. 职能观下的预期会计功能

本土会计思想更具有开明性和适应性。当代会计学思想的兴起是在20世纪80年代，在改革开放之初，学者们对于会计的本原有着强烈的学习、探究和求知欲。一时间，"会计管理活动论""信息技术观""会计管理工具论""会计控制系统"等学术思想林立。经过激烈争辩得到基本一致的认识，会计具有反映和监督两个基本职能，并且有管理参与等派生职能。

本土学术思想的多样性和理念共通性，可以帮助后人更好地理解会计的内在属性和外显功能。会计管理活动论认为，会计是一项管理活动，提议从社会属性视角解释会计的作用。并且认为会计将来会成为宏观价值管理的一项重要措施。会计信息技术观也提出，我国的会计必须立足微观，着眼宏观，促进企业的微观经济活动，符合宏观经济发展的要求。这些学术思想以全局意识，从宏微观交叉融合的角度解释会计在经济体系中的作用，对于理解为何需要采用、为何可以采用预期会计这个新标尺具有重要启示。

中国本土对于"会计是什么"的解释显然有不同于西方的独到之处，将来也更可能创造性地发挥预期会计的功能。若用一句话总结，就是将来可能突破会计是一面"镜子"的功能定位，向经济的合理度量工具过渡。相信在未来，会计信息将朝着使资本配置更具效率和效果的方向，在预测、决策、调节方面均表现出重要性，进而成为推动经济可持续和高质量发展的力量。

第 19 章　下篇总结

本篇完整且系统地阐述了预期会计这个前瞻性会计理论，给出了从理论到应用的系统知识架构，为后续研究提供了新的话题。现对其内容总结如下。

（1）对预期会计给出定义。预期会计是基于未来事项估计资产或负债现行价值的特定会计活动。依据本篇的定义，预期会计与公允价值会计和类公允价值会计存在区别。公允价值会计和类公允价值会计遵从已发生原则，预期会计遵从未发生原则。公允价值会计遵从他评原则，类公允价值会计和预期会计主要遵从自评原则。

（2）结合资产的定义、会计假设、利润表等关键方面，阐述极致公允主义下的预期会计构想，并指出极致模式下未来现金流估计的不切实际。

（3）解读《财务报告概念框架》中的前景评价目标、前瞻性信息、资产定义、现行价值计量技术，将这些关键事项统合到"预期"的概念范畴下。进一步解析，预期会计的理论基础在于决策有用性计量观。这些理论阐述深化了对《财务报告概念框架》的理解。

（4）从会计与经济的关系以及会计在经济体系中的作用两方面阐述会计管理，并从改进利润表、重视可实现性、混合计量模式这三个角度阐述建构预期会计的基础理论导向。虽然现行财务报告概念框架以决策有用性计量观为理论基础，先验性地将对未来现金流的估计融入财务报告的编制，意图通过提高会计信息含量以帮助投资者做出更好的预测（斯科特，2012）；但现行概念框架的决策有用性目标主要指向资本市场，而缺少对内部管理、市场治理、宏观统计功能的界定，这在新经济下将日益引致会计功能的缺失。

（5）基于本土会计管理理念，对预期会计进行理论构建。先后讨论了预期会计的限定条件和适用情境，包括保留会计分期假设，保留收益可预测性，限定表内确认条件，明确适用条，界定适用范，预设资本保全目，单独列示预计损益和预计权益。

（6）基于本土会计管理理念，重点讨论了预期信用损失和预期损益列报。提出了预期损益的五种可选方式及其应用前提：1）维持现行会计处理方式；2）不确认未来收益，但表内确认未来损失；3）在表内确认未来损失，同时在附注中披露收益预测和做敏感性分析；4）某些特殊事件可能促成表内确认未来收益；5）探索有预测作用的全新报表体系。

（7）基于本土会计管理理念，重点讨论了预期会计重塑未来财务报表的可能性。将来有三个趋势：在表内确认部分预期损失和预计费用；在表外披露收益预测信息及敏感性分析；现值计量技术得到更多应用。

（8）基于本土会计管理理念，重点讨论了预期会计在减轻顺周期效应和合理度量经济增长两方面的作用。

参考文献

[1] Abarbanell J S, Bushee B J. Fundamental analysis, future earnings, and stock prices. Journal of Accounting Research, 1997, 35 (1): 1-24.

[2] Aboody D, Barth M E, Kasznik R. Revaluations of fixed assets and future firm performance: Evidence from the UK. Journal of Accounting and Economics, 1999, 26 (1-3): 149-178.

[3] Allen F, Carletti E. Mark-to-market accounting and liquidity pricing. Journal of Accounting and Economics, 2008, 45 (2-3): 358-378.

[4] Ball R, Brown P. An empirical evaluation of accounting income numbers. Journal of Accounting Research, 1968: 159-178.

[5] Barberis N, Huang M, Santos T. Prospect theory and asset prices. The Quarterly Journal of Economics, 2001, 116 (1): 1-53.

[6] Barberis N, Shleifer A, Vishny R. A model of investor sentiment. Journal of Financial Economics, 1998, 49 (3): 307-343.

[7] Barberis N, Shleifer A, Wurgler J. Comovement. Journal of Financial economics, 2005, 75 (2): 283-317.

[8] Barker R, Penman S, Linsmeier T J, et al. Moving the conceptual framework forward: Accounting for uncertainty. Contemporary Accounting Research, 2020, 37 (1): 322-357.

[9] Barth M E. Fair value accounting: Evidence from investment securities and the market valuation of banks. The Accounting

Review, 1994: 1-25.

[10] Barth M E. Fair values and financial statement volatility. The Market Discipline Across Countries and Industries, 2004: 323-333.

[11] Barth M E. Including estimates of the future in today's financial statements. Accounting Horizons, 2006, 20 (3): 271-285.

[12] Barth M E, Beaver W H, Landsman W R. Value-relevance of banks' fair value disclosures under SFAS No. 107. The Accounting Review, 1996: 513-537.

[13] Barth M E, Beaver W H, Landsman W R. The relevance of the value relevance literature for financial accounting standard setting: Another view. Journal of Accounting and Economics, 2001, 31 (1-3): 77-104.

[14] Barth M E, Clinch G. International accounting differences and their relation to share prices: Evidence from UK, Australian, and Canadian firms. Contemporary Accounting Research, 1996, 13 (1): 135-170.

[15] Barth M E, Hodder L D, Stubben S R. Fair value accounting for liabilities and own credit risk. The Accounting Review, 2008, 83 (3): 629-664.

[16] Barth M E, Gomez-Biscarri J, Kasznik R, et al. Bank earnings and regulatory capital management using available for sale securities. Review of Accounting Studies, 2017, 22: 1761-1792.

[17] Barth M E, Landsman W R. Fundamental issues related to using fair value accounting for financial reporting. Accounting Horizons, 1995, 9 (4): 97.

[18] Barth M E, Landsman W R. How did financial reporting contribute to the financial crisis? European Accounting Review, 2010, 19 (3): 399-423.

[19] Barth M E, Landsman W R, Lang M, et al. Accounting quality: International accounting standards and US GAAP. Manuscript, Stan-

ford University, 2006: 1-46.

[20] Barth M E, Landsman W R, Wahlen J M. Fair value accounting: Effects on banks' earnings volatility, regulatory capital, and value of contractual cash flows. Journal of Banking & Finance, 1995, 19 (3-4): 577-605.

[21] Barth M, Taylor D. In defense of fair value: Weighing the evidence on earnings management and asset securitizations. Journal of Accounting and Economics, 2010, 49 (1-2): 26-33.

[22] Beatty A, Chamberlain S L, Magliolo J. Managing financial reports of commercial banks: The influence of taxes, regulatory capital, and earnings. Journal of Accounting Research, 1995, 33 (2): 231-261.

[23] Beaver W. Financial reporting: An accounting resolution. Upper Saddle River, NJ: Prentice Hall, 1998.

[24] Beaver W, Kettler P, Scholes M. The association between market determined and accounting determined risk measures. The Accounting Review, 1970, 45 (4): 654-682.

[25] Benston G J. Fair-value accounting: A cautionary tale from Enron. Journal of Accounting and Public Policy, 2006, 25 (4): 465-484.

[26] Bernard V L, Merton R C, Palepu K G. Mark-to-market accounting for banks and thrifts: Lessons from the Danish experience. Journal of Accounting Research, 1995, 33 (1): 1-32.

[27] Bhat G. Impact of disclosure and corporate governance on the association between fair value gains and losses and stock returns in the commercial banking industry. SSRN Working Paper, 2013.

[28] Bischof J, Brüggemann U, Daske H. Asset reclassifications and bank recapitalization during the financial crisis. Management Science, 2023, 69 (1): 75-100.

[29] Boomer G. Blockchain: What it is, and why it matters to CPAs. Accounting Today, 2016, 10: 26.

[30] Bosch P. Value relevance of the fair value hierarchy of IFRS 7 in Europe—How reliable are mark-to-model fair values?. University of Fribourg Working Paper, 2012.

[31] Brooks L R D, Buckmaster D A. Further evidence of the time series properties of accounting income. The Journal of Finance, 1976, 31 (5): 1359-1373.

[32] Brousseau C, Gendron M, Bélanger P, et al. Does fair value accounting contribute to market price volatility? An experimental approach. Accounting & Finance, 2014, 54 (4): 1033-1061.

[33] Brown P R. Financial data and decision-making by sell-side analysts. The Journal of Financial Statement Analysis, 1997, 2 (3): 43-48.

[34] Buhr N. Histories of and rationales for sustainability reporting. in Unerman, J., Cooper, S. M. and Owen, D. L. (Eds), Corporate social reporting and stakeholder accountability: The missing link. Routledge, Oxford, 2007: 649-667.

[35] Chen X, Hellmann A, Mithani S R. The effect of fair value adjustments on dividend policy under mandatory International Financial Reporting Standards adoption: Australian evidence. Abacus, 2020, 56 (3): 436-453.

[36] Chung S G, Goh B W, Ng J, et al. Voluntary fair value disclosures beyond SFAS 157's three-level estimates. Review of Accounting Studies, 2017, 22: 430-468.

[37] Collins J H, Shackelford D A, Wahlen J M. Bank differences in the coordination of regulatory capital, earnings, and taxes. Journal of Accounting Research, 1995, 33 (2): 263-291.

[38] Dichev I D, Tang V W. Earnings volatility and earnings predictability. Journal of Accounting and Economics, 2009, 47 (1-2): 160-181.

[39] Dong M Y, Ryan S, Zhang X J. Preserving amortized costs within a fair-value-accounting framework: Reclassification of gains and

losses on available-for-sale securities upon realization. Review of Accounting Studies, 2014, 19 (1): 242-280.

[40] Du H, Li S F, Xu R Z. Adjustment of valuation inputs and its effect on value relevance of fair value measurement. Research in Accounting Regulation, 2014, 26 (26): 54-66.

[41] Dye R. Earnings management in an overlapping generations model. Journal of Accounting Research, 1988, 26: 195-235.

[42] Easton P, Zhang X J. Mixing fair-value and historical-cost accounting: Predictable other-comprehensive-income and mispricing of bank stocks. Review of Accounting Studies, 2017, 22 (4): 1732-1760.

[43] Eccher E A, Ramesh K, Thiagarajan S R. Fair value disclosures by bank holding companies. Journal of Accounting and Economics, 1996, 22: 79-117.

[44] Edwards E O, Bell P W. The theory and measurement of business income. University of California Press, 1961.

[45] Evans M E, Hodder L, Hopkins P E. The predictive ability of fair values for future financial performance of commercial banks and the relation of predictive ability to banks' share prices. Contemporary Accounting Research, 2014, 31 (1): 13-44.

[46] FASB. 1976. Scope and Implication of Conceptual Framework Project.

[47] FASB. 1980. Statements of Financial Accounting Concepts No. 2: Qualitative Characteristics of Accounting Information.

[48] FASB. 2006. FAS 157: Fair Value Measurement.

[49] FASB. 2007. Statement of Financial Accounting Standards No. 157: Fair Value Measurements.

[50] FASB. 2008. FAS 157-3: Determining the Fair Value of a Financial Asset When the Market for that Asset is not Active.

[51] FASB. 2009. FAS 157-4: Determining Fair Value When the

Volume and Level of Activity for the Asset or Liability.

[52] FASB. 2010. Statement of Financial Accounting Concepts No. 8, 11-12.

[53] Fiechter P, Landsman W, K Peasnell, et al. The IFRS option to reclassify financial assets out of fair value in 2008: The roles played by regulatory capital and too-important-to-fail status. Review of Accounting Studies, 2017, 22 (4): 1698-1731.

[54] Fiechter P. The effects of the fair value option under IAS 39 on the volatility of bank earnings. Journal of International Accounting Research, 2011, 10 (1): 85-108.

[55] Foster G. Quarterly accounting data: Time-series properties and predictive-ability results. The Accounting Review, 1977, 52 (1): 1-21.

[56] Freeman R, Ohlson J, Penman S. Book rate-of-return and prediction of earnings changes: An empirical investigation. Journal of Accounting Research, 1982, 20 (2): 639-653.

[57] Goh B, Li D, Ng J, et al. Market pricing of banks' fair value assets reported under SFAS 157 since the 2008 financial crisis. Journal of Accounting & Public Policy, 2015, 34 (2): 129-145.

[58] Gorton G B. Slapped by the invisible hand: The panic of 2007. Oxford University Press, 2010.

[59] Guo Y, Lu S, Ronen J, et al. Equity financial assets: A tool for earnings management—A case study of a Chinese corporation. Abacus, 2019, 55 (1): 180-204.

[60] Han J, He J, Pan Z, et al. Twenty years of accounting and finance research on the Chinese capital market. Abacus, 2018, 54 (4): 576-599.

[61] Hicks J. Value and capital (2nd ed.). Clarendon Press, 1946.

[62] Hirst D E, Hopkins P E. Comprehensive income reporting and

analysts' valuation judgments. Journal of Accounting Research, 1998, 36: 47-75.

[63] Hodder L, Hopkins P, Wahlen J. Risk-relevance of fair-value income measures for commercial banks. The Accounting Review, 2006, 81 (2): 337-375.

[64] Iansiti M, Lakhani R K. The truth about blockchain. Harvard Business Review, 2017, 1 (2): 119-127.

[65] IASB. 2009. Basis for Conclusions on Exposure Draft Fair Value Measurement.

[66] IASB. 2009. Fair Value Measurement (Exposure Draft).

[67] IASB. 2010. Conceptual Framework for Financial Reporting.

[68] IASB. 2011. IFRS 13: Fair Value Measurement.

[69] IASB. 2013. A Review of the Conceptual Framework for Financial Reporting (Discussion Paper).

[70] IASB. 2014. IFRS 9: Financial Instruments.

[71] IASB. 2015. Conceptual Framework for Financial Reporting (Exposure Draft).

[72] IASB. 2018. Conceptual Framework for Financial Reporting.

[73] IASC. 1989. Framework for Preparation and Presentation of Financial Statements.

[74] Jayaraman S. Earnings volatility, cash flow volatility, and informed trading. Journal of Accounting Research, 2008, 46 (4): 809-851.

[75] Jones M. Accounting for biodiversity: A pilot study. British Accounting Review, 1996, 28 (4): 281-303.

[76] Jones R C. Considering an entity's business model in financial reporting. Austin Journal of Accounting Audit & Finance Management, 2014, 1 (1): 1-5.

[77] Jordan C, Clark S, Smith W. Earnings management under

SFAS No. 115: Evidence from the insurance industry. Journal of Accounting and Economics, 1998, 22: 79-117.

[78] Khurana I, Kim M. Value relevance of fair value disclosures in the banking industry. Journal of Accounting and Public Policy, 2003, 1: 19-42.

[79] Kolev K. Do investors perceive marking-to-model as marking-to-myth? Early evidence from FAS 157 disclosure. SSRN Working Paper, 2008.

[80] Lachmann M, Stefani U, Wöhrmann A. Fair value accounting for liabilities: Presentation format of credit risk changes and individual information processing. Accounting, Organizations and Society, 2015, 41 (7): 21-38.

[81] Laghi E, Pucci S, Tutino M, et al. Fair value hierarchy in financial instruments disclosure. Is transparency well assessed for investors? Evidence from banking industry. Journal of Governance and Regulation, 2012, 1 (4): 23-38.

[82] Landsman W R. Is fair value accounting information relevant and reliable? Evidence from capital market research. Accounting and Business Research, 2007, 37 (sup1): 19-30.

[83] Laux C, Leuz C. Did fair-value accounting contribute to the financial crisis? Journal of Economic Perspectives, 2010, 24 (1): 93-118.

[84] Lee Y J, Petroni K R, Shen M. Cherry picking, disclosure quality, and comprehensive income reporting choices: The case of property-liability insurers. Contemporary Accounting Research, 2006, 23 (3): 655-692.

[85] Lev B, Thiagarajan S R. Fundamental information analysis. Journal of Accounting research, 1993, 31 (2): 190-215.

[86] Lim C Y, Gary P, Kevin O Y. Differences in the reliability of fair value hierarchy measurements: A cross-country study. Journal of Fi-

nance and Accounting, 2020.

[87] Lipe R C. The information contained in the components of earnings. Journal of Accounting Research, 1986, 24: 37 - 64.

[88] Lu H Y R, Mande V. Does disaggregation of fair value information increase the value relevance of the fair value hierarchy? Research in Accounting Regulation, 2014, 26 (1): 90 - 97.

[89] MacNeal K. Truth in accounting, 1929. University of Pennsylvania Press.

[90] Magnan M, Menini A, Parbonetti A. Fair value accounting: Information or confusion for financial markets? Review of Accounting Studies, 2015, 20 (1): 559 - 591.

[91] Maines L, Wahlen J M. The nature of accounting information reliability: Inferences from archival and experimental research. Accounting Horizons, 2006, 20 (4): 399 - 425.

[92] Maines L A, McDaniel L S. Effects of comprehensive-income characteristics on nonprofessional investors' judgments: The role of financial-statement presentation format. The Accounting Review, 2000, 75 (2): 179 - 207.

[93] Mansfield-Devine S. Beyond Bitcoin: Using blockchain technology to provide assurance in the commercial world. Computer Fraud & Security, 2017 (5): 14 - 18.

[94] Moyer S E. Capital adequacy ratio regulations and accounting choices in commercial banks. Journal of Accounting and Economics, 1990, 13 (2): 123 - 154.

[95] Nelson K K, Price R A, Rountree B R. The market reaction to Arthur Andersen's role in the Enron scandal: Loss of reputation or confounding effects? Journal of Accounting and Economics, 2008, 46 (2): 279 - 293.

[96] Nelson K K. Fair value accounting for commercial banks: An

empirical analysis of SFAS No. 107. The Accounting Review, 1996, 71 (2): 161-182.

[97] Ohlson J A. Earnings, book values, and dividends in equity valuation. Contemporary Accounting Research, 1995, 11 (2): 661-687.

[98] Ou J, Penman S H. Financial statement analysis and the prediction of stock returns. Journal of Accounting and Economics, 1989, 11 (4): 295-329.

[99] Paton W A. Cost and value in accounting. Journal of Accountancy, 1946, 81: 192-194.

[100] Penman S H. Financial reporting quality: Is fair value a plus or a minus? Accounting and Business Research Special Issue: International Accounting Policy Forum, 2007, 37 (sup1): 33-44.

[101] Penman S H. Return to fundamentals. Journal of Accounting, Auditing & Finance, 1992, 7 (4): 465-483.

[102] Petroni K R, Wahlen J M. Fair values of equity and debt securities and share prices of property-liability insurers. Journal of Risk and Insurance, 1995, 62 (4): 719-737.

[103] Pinzon C, Rocha C. Double-spend attack models with time advantage for bitcoin. Electronic Notes in Theoretical Computer Science, 2016, 329: 79-103.

[104] Plantin G, Sapra H, Shin H S. Marking to market, liquidity, and financial stability. Monetary and Economic Studies (Special Edition), 2005, 23 (S1): 133-155.

[105] Plantin G, Sapra H, Shin H S. Marking-to-market: Panacea or Pandora's box? Journal of Accounting Research, 2008, 46 (2): 435-460.

[106] Rajan R G. Fault lines: How hidden fractures still threaten the world economy. Princeton, Princeton University Press, 2010.

[107] Reinhart C M, Rogoff K S. This time is different: Eight cen-

turies of financial folly. Princeton, Princeton University Press, 2009.

[108] Riedl E J, Serafeim G. Information risk and fair values: An examination of equity betas. Journal of Accounting Research, 2011, 49 (4): 1083-1122.

[109] Ryan S G. Accounting in and for the subprime crisis. The Accounting Review, 2008, 83 (6): 1605-1638.

[110] Sadka G. Understanding stock price volatility: The role of earnings. Journal of Accounting Research, 2007, 45 (1): 199-228.

[111] Schneider D K, McCarthy M G. Fair value accounting broadened with FAS-159. Commercial Lending Review, 2007: 28-35.

[112] Scholes M, Wilson G P, Wolfson M A. Tax planning, regulatory capital planning, and financial reporting strategy for commercial banks. Review of Financial Studies, 1990, 3 (4): 625-650.

[113] Schwarzman S. Did an accounting rule fuel a financial crisis? New York Times, 2008.

[114] Skinner D J. Why do firms voluntarily disclose bad news? Journal of Accounting Research, 1994, 32 (1): 38-60.

[115] Song C J, Thomas W B, Yi H. Value relevance of FAS No. 157 fair value hierarchy information and the impact of corporate governance mechanisms. The Accounting Review, 2010, 85 (4): 1375-1410.

[116] Song X. Value relevance of fair values—Empirical evidence of the impact of market volatility. Accounting Perspectives, 2015, 14 (3): 91-116.

[117] Trueman B, Titman S. An explanation for accounting income smoothing. Journal of Accounting Research, 1988: 127-139.

[118] Underwood S. Blockchain beyond bitcoin. Communications of the ACM, 2016, 59 (11): 15-17.

[119] Venkatachalam M. Value-relevance of banks' derivatives disclosures. Journal of Accounting & Economics, 1996, 22 (1): 327-355.

[120] Watts R, Zimmerman J. Positive accounting theory. Englewood Cliffs, NJ: Prentice Hall, 1986.

[121] Watts R L. Conservatism in accounting part I: Explanations and implications. Accounting Horizons, 2003, 17 (3): 207-221.

[122] Waymire G, Basu S. Economic crisis and accounting evolution. Accounting and Business Research, 2011, 41 (3): 207-232.

[123] Wilson G P. Discussion write-offs: Manipulation or impairment. Journal of Accounting Research, 1996, 34: 171-177.

[124] Xu R Z, Talor G K, Dugan M T. Review of real earnings management literature. Journal of Accounting Literature, 2007, 26 (2): 195-228.

[125] Zeff S A. The rise of 'Economic Consequences'. The Journal of Accountancy, 1978, 12: 55-63.

[126] 曹国华, 艾林. 银行盈余管理季度差异性研究 [J]. 金融论坛, 2013 (6): 50-56.

[127] 查特菲尔德. 会计思想史 [M]. 北京: 中国商业出版社. 1989.

[128] 陈朝晖. 未来现金流量现值的会计计量 [J]. 当代财经, 2000 (9): 53-58.

[129] 陈朝琳, 叶丰滢. 借鉴 IASB 概念框架, 完善我国企业会计基本准则 [J]. 会计研究, 2019 (9): 21-27.

[130] 陈汉文, 林志毅, 严晖. 公司治理结构与会计信息质量——由"琼民源"引发的思考 [J]. 会计研究, 1999 (5): 29-31.

[131] 陈红蕊, 黄卫果. 编制自然资源资产负债表的意义及探索 [J]. 环境与可持续发展, 2014 (1): 46-48.

[132] 陈信元, 金楠. 新中国会计思想史 [M]. 上海: 上海财经大学出版社. 1999.

[133] 陈旭东, 逯东. 金融危机与公允价值会计: 源起、争论与思考 [J]. 会计研究, 2009 (10): 18-23.

[134] 陈艳利，弓锐，赵红云. 自然资源资产负债表编制：理论基础、关键概念、框架设计 [J]. 会计研究, 2015 (9): 18-26.

[135] 程新生. 论公司治理与会计控制 [J]. 会计研究, 2003 (2): 42-46.

[136] 程新生. 公司治理、内部控制、组织结构互动关系研究 [J]. 会计研究, 2004 (4): 14-18.

[137] 戴德明, 张妍, 何玉润. 我国会计制度与税收法规的协作研究——基于税会关系模式与二者差异的分析 [J]. 会计研究, 2005 (1): 50-54.

[138] 邓传洲. 公允价值的价值相关性：B 股公司的证据 [J]. 会计研究, 2005 (10): 55-62.

[139] 邓永勤, 康丽丽. 中国金融业公允价值层次信息价值相关性的经验证据 [J]. 会计研究, 2015 (4): 3-10.

[140] 丁方飞, 乔紫薇, 曹丰, 高开娟, 李苏. 新时代背景下技术创新与中国会计理论发展 [J]. 会计研究, 2019 (6): 95-97.

[141] 丁胜红, 吴应宇. 基于人本经济发展观的管理会计理论体系与计量方法创新探讨 [J]. 会计研究, 2019 (1): 53-58.

[142] 杜勇, 谢瑾, 陈建英. CEO 金融背景与实体企业金融化 [J]. 中国工业经济, 2019 (5): 136-154.

[143] 封志明, 杨艳昭, 闫慧敏, 潘韬, 江东, 肖池伟. 自然资源资产负债表编制的若干基本问题 [J]. 资源科学, 2017 (9): 1615-1627.

[144] 葛家澍. 美国关于高质量会计准则的讨论及其对我们的启示 [J]. 会计研究, 1999 (5): 2-9.

[145] 葛家澍. 中国会计学会成立以来的我国会计理论研究 [J]. 会计研究, 2000 (4): 12-23.

[146] 葛家澍. 财务会计理论研究 [M]. 厦门：厦门大学出版社. 2006.

[147] 葛家澍. 关于在财务会计中采用公允价值的探讨 [J]. 会计研究, 2007 (11): 3-8.

[148] 葛家澍. 关于公允价值会计的研究——面向财务会计的本质特征 [J]. 会计研究, 2009 (5): 6-13.

[149] 葛家澍, 高军. 论会计的对象、职能和目标 [J]. 厦门大学学报 (哲学社会科学版), 2013 (2): 30-37.

[150] 葛家澍, 黄世忠. 反映经济真实是会计的基本职能——学习《会计法》的一点体会 [J]. 会计研究, 1999 (12): 2-7.

[151] 葛家澍, 李翔华. 论会计是一个经济信息系统 [J]. 财经研究, 1986 (9): 44-49.

[152] 葛家澍, 唐予华. 关于会计定义的探讨 [J]. 会计研究, 1983 (4): 26-30.

[153] 葛家澍, 徐跃. 会计计量属性的探讨——市场价格, 历史成本, 现行成本与公允价值 [J]. 会计研究, 2006 (9): 7-14.

[154] 耿建新, 郭雨晴. 我国公允价值计量准则解析与国际比较 [J]. 财会月刊, 2020 (13): 44-52.

[155] 耿建新, 胡天雨, 刘祝君. 我国国家资产负债表与自然资源资产负债表的编制与运用初探——以 SNA2008 和 SEEA2012 为线索的分析 [J]. 会计研究, 2005 (1): 15-24.

[156] 郭复初. 论财务与会计 [J]. 会计研究, 1985 (4): 47-49.

[157] 郝项超. 委托理财导致上市公司脱实向虚吗?——基于企业创新的视角 [J]. 金融研究, 2020 (3): 152-168.

[158] 郝玉贵, 贺广宜, 李昀泽. 大数据战略与公允价值分层计量的价值相关性——基于中国金融业的实证研究 [J]. 审计与经济研究, 2018 (1): 81-92.

[159] 胡文龙, 史丹. 中国自然资源资产负债表框架体系研究——以 SEEA2012, SNA2008 和国家资产负债表为基础的一种思路 [J]. 中国人口·资源与环境, 2015 (8): 1-9.

[160] 胡奕明, 刘奕均. 公允价值会计与市场波动 [J]. 会计研究, 2012 (6): 12-18.

[161] 胡奕明, 王雪婷, 张瑾. 金融资产配置动机: "蓄水池"或

"替代"?——来自中国上市公司的证据 [J]. 经济研究,2017 (1): 181-194.

[162] 黄霖华,曲晓辉. 证券分析师评级、投资者情绪与公允价值确认的价值相关性——来自中国A股上市公司可供出售金融资产的经验证据 [J]. 会计研究,2014 (7): 18-26.

[163] 黄世忠. 公允价值会计的顺周期效应及其应对策略 [J]. 会计研究,2009 (11): 23-29.

[164] 黄世忠. 移动互联网时代财务与会计的变革与创新 [J]. 财务与会计,2015 (21): 6-9.

[165] 黄世忠. 旧标尺衡量不了新经济——论会计信息相关性的恶化与救赎 [J]. 当代会计评论,2018 (4): 1-23.

[166] 黄世忠,黄晓韡. 商业模式的角色地位亟待明确:从商业模式对会计的影响谈开去 [J]. 商业会计,2018 (21): 6-8.

[167] 黄晓韡,黄世忠. 财务报告概念框架修订热点问题综述 [J]. 会计研究,2016 (1): 25-30.

[168] 金芳. 德国现代企业的组织与控制 [J]. 外国经济与管理,1996 (3): 13-16.

[169] 会计信息质量特征研究课题组. 对建立我国会计信息质量特征体系的认识 [J]. 会计研究,2006 (1): 16-24.

[170] 刘春航,张新. "繁华预期"、流动性变化和资产价格 [J]. 金融研究,2007 (6): 1-12.

[171] 刘贯春,张军,刘媛媛. 金融资产配置、宏观经济环境与企业杠杆率 [J]. 世界经济,2018 (1): 148-173.

[172] 刘峰,葛家澍. 会计职能·财务报告性质·财务报告体系重构 [J]. 会计研究,2012 (3): 15-19.

[173] 刘浩,孙铮. 公允价值的目标论与契约研究导向——兼以上市公司首次确认辞退补偿为例 [J]. 会计研究,2008 (1): 4-11.

[174] 刘永泽,孙蔓. 我国上市公司公允价值信息的价值相关性——基于企业会计准则国际趋同背景的经验研究 [J]. 会计研究,2011

(2): 16-22.

[175] 陆建桥. 新国际财务报告概念框架的主要内容及其对会计准则制定和会计审计实务发展的影响 [J]. 中国注册会计师, 2018 (8): 9-17.

[176] 陆宇建, 张继袖, 刘国艳. 基于不确定性的公允价值计量与披露问题研究 [J]. 会计研究, 2007 (2): 18-23.

[177] 毛新述, 戴德明, 张栋. 财务报告概念框架: 变革与挑战 [J]. 会计研究, 2019 (9): 14-20.

[178] 潘红波, 余明桂. 政治关系、控股股东利益输送与民营企业绩效 [J]. 南开管理评论, 2010 (4): 14-27.

[179] 裘宗舜. 会计与信息革命 [J]. 江西财经学院学报, 1985 (1): 20-24.

[180] 曲晓辉, 毕超. 会计信息与分析师的信息解释行为 [J]. 会计研究, 2016 (4): 19-26.

[181] 任世驰, 冯丽颖, 李志强. 决策有用还是受托责任——IASB财务报告概念框架基础研究 [J]. 财经科学, 2017 (1): 105-115.

[182] 任世驰, 李继阳. 公允价值与当代会计理论反思 [J]. 会计研究, 2010 (4): 13-20.

[183] 斯科特. 陈汉文等译. 财务会计理论 [M]. 北京: 有中国人民大学出版社. 2012.

[184] 孙丽影, 杜兴强. 公允价值信息披露的管制安排 [J]. 会计研究, 2008 (11): 29-34.

[185] 孙岩, 张晓雪. 客户的公允价值会计估计行为对审计调整决策的影响——基于信任理论的实验检验 [J]. 审计研究, 2017 (2): 65-72.

[186] 孙铮, 贺建刚. 中国会计研究发展: 基于改革开放三十年视角 [J]. 会计研究, 2008 (7): 7-15.

[187] 谭洪涛, 蔡春. 新准则实施会计质量实证研究——来自A股上市公司的经验证据 [J]. 中国会计评论, 2009 (2): 127-156.

[188] 谭洪涛, 蔡利, 蔡春. 公允价值与股市过度反应——来自中国

证券市场的经验证据 [J]. 经济研究, 2011 (7): 130-143.

[189] 王建成, 胡振国. 我国公允价值计量研究的现状及相关问题探析 [J]. 会计研究, 2007 (5): 10-16.

[190] 王雷, 李冰心. 强制分层披露提高了公允价值信息的决策有用性吗？——基于中国A股上市公司的经验证据 [J]. 审计与经济研究, 2018 (4): 86-95.

[191] 王世定. "管理活动论"的哲学基础 [J]. 会计研究, 1993 (4): 34-39.

[192] 王守海, 刘志强, 张叶, 吴韶珺. 公允价值、行业专长与审计费用 [J]. 审计研究, 2017 (2): 48-56.

[193] 王守海, 孙文刚, 李云. 公允价值会计和金融稳定研究——金融危机分析视角 [J]. 会计研究, 2009 (10): 24-31.

[194] 王鑫. 综合收益的价值相关性研究——基于新准则实施的经验证据 [J]. 会计研究, 2013 (10): 20-27.

[195] 王玉涛, 薛健, 李路. 公允价值具有价值相关性吗？基于金融资产的研究 [J]. 中国会计评论, 2010 (4): 383-398.

[196] 吴秋生, 田峰. 第三层次公允价值运用与会计信息质量 [J]. 山西财经大学学报, 2018 (6): 101-112.

[197] 吴水澎. 会计"信息系统论"与"管理活动论"可以"合二而一"——对会计定义的看法 [J]. 厦门大学学报 (哲学社会科学版), 1987 (1): 15-19.

[198] 吴水澎. "价值"是会计学的逻辑起点 [J]. 厦门大学学报 (哲学社会科学版), 2001 (3): 5-12.

[199] 吴水澎. 对第四次新技术革命与会计变革有关问题的看法 [J]. 会计之友, 2020 (12): 10-12.

[200] 吴战篪, 罗绍德, 王伟. 证券投资收益的价值相关性与盈余管理研究 [J]. 会计研究, 2009 (6): 42-49.

[201] 夏冬林. 受托责任、决策有用性与投资者保护 [J]. 会计研究, 2015 (1): 25-31.

[202] 夏冬林，刘峰．试论会计管制与政府行为 [J]．会计研究，1995 (5)：16-22．

[203] 谢德仁．会计理论研究的逻辑起点及会计理论体系 [J]．会计研究，1995 (4)：1-6．

[204] 谢诗芬．会计计量中的现值研究 [M]．成都：西南财经大学出版社．2001．

[205] 谢诗芬．公允价值：国际会计前沿问题研究 [M]．长沙：湖南人民出版社．2004．

[206] 徐经长，曾雪云．公允价值计量与管理层薪酬契约 [J]．会计研究，2010 (3)：12-19．

[207] 徐经长，曾雪云．金融资产规模、公允价值会计与管理层过度自信 [J]．经济理论与经济管理，2012 (7)：5-16．

[208] 徐经长，曾雪云．综合收益呈报方式与公允价值信息含量——基于可供出售金融资产的研究 [J]．会计研究，2013 (1)：20-27．

[209] 薛爽，徐浩萍，施海娜．公允价值的运用与应计利润功能——基于中国新旧会计准则比较的研究 [J]．南开管理评论，2009 (5)：125-135．

[210] 薛爽，赵立新，肖泽忠，程绪兰．会计准则国际趋同是否提高了会计信息的价值相关性？——基于新老会计准则的比较研究 [J]．财贸经济，2008 (9)：62-67．

[211] 阎达五．成绩、问题、展望——评三年来我国会计理论的研讨 [J]．会计研究，1983a (4)：20-26．

[212] 阎达五．经济效果与会计理论建设．阎达五文集 [M]．北京：中国人民大学出版社．1983：443-453．

[213] 阎达五．马克思的价值学说与会计理论建设——纪念马克思逝世一百周年 [J]．会计研究，1983c (1)：1-5．

[214] 阎达五．会计管理理论的框架结构．阎达五文集 [M]．中国人民大学出版社．2004：518-526．

[215] 杨纪琬．关于"会计管理"概念的再认识 [J]．会计研究，

1984（6）：7-12.

[216] 杨纪琬. 充分发挥会计的核算和监督职能——学习《会计法》的一点体会 [J]. 财务与会计，1985（3）：3-4.

[217] 杨纪琬，阎达五. 开展我国会计理论研究的几点意见——兼论会计学的科学属性 [J]. 会计研究，1980（1）：2-10.

[218] 杨纪琬，阎达五. 论"会计管理" [J]. 经济理论与经济管理，1982（4）：39-45.

[219] 杨胜刚，安青松. 全球关注：公司治理结构的国际比较 [J]. 国际问题研究，2003（1）：19-24.

[220] 杨时展. 现代会计的特质（上）[J]. 财会通讯，1991（2）：3-6.

[221] 杨时展. 现代会计的特质（下）[J]. 财会通讯，1991（3）：3-6.

[222] 杨雄胜. 加强会计法制建设 深化会计理论研究 [J]. 会计研究，1999（12）：15-18.

[223] 叶康涛，刘金洋，曾雪云. 会计管理活动论的当代意义 [J]. 会计研究，2020（1）：5-15.

[224] 于永生. 金融危机背景下的公允价值会计问题研究 [J]. 会计研究，2009（9）：22-28.

[225] 曾雪云. 会计管理活动论的理论涵义——回顾、重述与展望 [J]. 上海立信会计学院学报，2011（6）：48-55.

[226] 曾雪云. 利润表的改进：融入新的报告理念与收益划分原则 [J]. 中国注册会计师，2013（6）：112-114.

[227] 曾雪云. 公允价值计量与金融市场风险 [M]. 北京：北京大学出版社. 2014.

[228] 曾雪云. 公允价值会计准则的发展历程：1975～2015 [J]. 金融理论探索，2016（4）：8-15.

[229] 曾雪云. 预期会计的理论基础与前景——未来现金流视角 [J]. 会计研究，2016（7）：3-9.

[230] 曾雪云. 区块链分布式账本技术下的复式簿记——基础概念、运行机制与应用前景 [J]. 会计之友，2020（16）：155-160.

[231] 曾雪云. 会计的管理职能与企业高质量发展——基于经济发展的新格局 [J]. 会计之友, 2021 (14): 2-7.

[232] 曾雪云, 马宾, 徐经长, 马添翼. 区块链技术在财务与会计领域的未来应用: 一个分析框架 [J]. 财务研究, 2017 (6): 46-52.

[233] 曾雪云, 秦中艮, 周愈博. 金融业的综合收益波动与风险相关性研究: 其他综合收益是风险定价因子吗? [J]. 财政研究, 2016 (10): 101-113.

[234] 曾雪云, 王丹妮. 银行和保险部门的金融资产公允价值信息风险与决策有用性边界——基于文献述评 [J]. 财务研究, 2016 (1): 79-85.

[235] 曾雪云, 徐经长. 公允价值计量与资产价格波动 [A]. 中国会计学会教育分会. 中国会计学会 2011 学术年会论文集 [C]. 中国会计学会教育分会: 中国会计学会, 2011: 549-564.

[236] 曾雪云, 徐雪宁. 智能化与信息科技革命驱动的财务成本会计研究——中国会计学会财务成本分会 2019 学术年会综述 [J]. 会计研究, 2020 (2): 191-193.

[237] 张金若, 宋颖. 关于企业财务报表分类列报的探讨 [J]. 会计研究, 2009 (9): 29-35.

[238] 张金若, 张飞达, 邹海峰. 两类公允价值变动对高管薪酬的差异影响研究——基于我国 A 股上市公司 2007—2008 数据检验 [J]. 会计研究, 2011 (10): 63-68.

[239] 张瑞丽, 曲晓辉, 张国华. 投资性房地产计量模式选择的动机及影响因素研究——来自中国 A 股市场的经验证据 [J]. 当代财经, 2014 (7): 115-129.

[240] 张昕. 中国亏损上市公司第四季度盈余管理的实证研究 [J]. 会计研究, 2008 (4): 25-32.

[241] 张炎兴. 公司治理结构和会计控制观 [J]. 会计研究, 2001 (8): 10-14.

[242] 赵玉珉. 学习马克思论会计职能的一点体会 [J]. 会计研

究，1983（3）：10-15.

[243] 郑安平. 关于会计目标定位的思考 [J]. 会计研究，2020（3）：3-18.

[244] 郑鸣，倪玉娟，刘林. 公允价值会计制度对金融稳定的影响——兼论美国金融危机的启示 [J]. 财经研究，2009（6）：17-28.

[245] 周华. 资产减值会计规则的潜在危害 [J]. 新理财，2017（4）：21-23.

[246] 周华，刘俊海. 会计理论的演进与盯市会计的形成 [J]. 理论学刊，2009（8）：40-46.

[247] 周明春，刘西红. 金融危机引发的对公允价值与历史成本的思考 [J]. 会计研究，2009（9）：15-21.

[248] 周守华，刘国强. 2017，会计与治国理政同行——《会计研究》新年献辞 [J]. 会计研究，2017（1）：3-4.

[249] 周守华，吴春雷. 会计功能与创新社会治理 [J]. 北京工商大学学报（社会科学版），2015（2）：63-65.

[250] 朱德惠. 科学的实践辉煌的成就——庆祝中国会计学会成立二十周年 [J]. 会计研究，2000（4）：24-27.

[251] 朱凯，赵旭颖，孙红. 会计准则改革、信息准确度与价值相关性——基于中国会计准则改革的经验证据 [J]. 管理世界，2009（4）：47-54.

[252] 朱元午. 会计信息质量：相关性和可靠性的两难选择——兼论我国现行财务报告的改进 [J]. 会计研究，1999（7）：10-15.

图书在版编目（CIP）数据

中国本土会计管理观与会计理论创新 / 曾雪云著. -- 北京：中国人民大学出版社，2023.12
国家社科基金后期资助项目
ISBN 978-7-300-32417-3

Ⅰ.①中… Ⅱ.①曾… Ⅲ.①会计管理－研究－中国 Ⅳ.①F233

中国国家版本馆 CIP 数据核字（2024）第 003937 号

国家社科基金后期资助项目
中国本土会计管理观与会计理论创新
曾雪云　著
Zhongguo Bentu Kuaiji Guanliguan yu Kuaiji Lilun Chuangxin

出版发行	中国人民大学出版社			
社　　址	北京中关村大街 31 号		邮政编码	100080
电　　话	010-62511242（总编室）		010-62511770（质管部）	
	010-82501766（邮购部）		010-62514148（门市部）	
	010-62515195（发行公司）		010-62515275（盗版举报）	
网　　址	http://www.crup.com.cn			
经　　销	新华书店			
印　　刷	唐山玺诚印务有限公司			
开　　本	720 mm×1000 mm　1/16		版　　次	2023 年 12 月第 1 版
印　　张	17.75　插页 2		印　　次	2023 年 12 月第 1 次印刷
字　　数	253 000		定　　价	76.00 元

版权所有　侵权必究　印装差错　负责调换